FRANZ PRINZ ZU SAYN-
WITTGENSTEIN

Salzburger-Land

FRANZ PRINZ ZU SAYN-
WITTGENSTEIN

Salzburger Land

PRESTEL VERLAG MÜNCHEN

Für Johannes Moy

© Prestel-Verlag München 1977
Passavia Druckerei GmbH Passau
ISBN 3 7913 0415 1

INHALT

DAS BERCHTESGADENER LAND

ANHANG

Zur Geschichte

Das österreichische Bundesland Salzburg ist vorwiegend Gebirgsland. Es reicht vom Kamm der Hohen Tauern im Süden bis an den Fuß der nördlichen Kalkalpen und umfaßt darüber hinaus noch einen Teil des Alpenvorlands, den Flachgau. Vor dreißig Millionen Jahren begann die letzte Auffaltung der Alpen, die zehn Millionen Jahre dauerte. Fünf Gaue bilden das Land: Flachgau, Tennengau, Pinzgau, Pongau und Lungau, von denen die beiden ersten ihre Namen erst im 19. Jahrhundert erhalten haben.

Dank der günstigen Verkehrslage für die Verbindung nach Westen, Süden und Norden war das Salzburger Land schon in der Jungsteinzeit, also zwischen 4000 und 1800 vor Chr. besiedelt. In der Hallstattzeit, 1000 bis 500 vor Chr., erreichte der Kupferbergbau seinen Höhepunkt. Er erlag dann allmählich und machte dem Salzbergbau Platz. Von Hallstadt ging eine alte Salzstraße über den Tauern nach Kärnten, eine andere führte entlang der Traun ins Donautal, und auf der Salzach selbst wurden Salz und andere Güter befördert.

Dann kamen die Kelten, die wahrscheinlich gut 400 Jahre vor den Römern, vermutlich sogar noch früher, im Salzland ansässig waren, zur Zeit der Hallstatt- und Latène-Kultur, also etwa ab 500 vor Chr. Es sei erlaubt, auf dieses interessante Volk einzugehen, das die Kultur unserer Bereiche nachhaltig beeinflußte und durch Jahrhunderte in seinen Beziehungen zu Griechen und Römern eine Rolle gespielt hat. Von den Menschen, welche die Hallstattkultur schufen, wissen wir noch nicht allzu viel. 1948 wurde in Gmunden am Traunsee ein Hügelgräberfeld aus der Zeit zwischen 1500 und 1400 vor Chr. untersucht. Aus den Funden schloß man, daß die frühesten bronzezeitlichen Siedler im Salzkammergut zu einem der Stämme gehörten, die mit den Indogermanen nach Westeuropa gekommen waren, und dort den ›Kurgan‹, das Hügelgrab, eingeführt hatten. Das Hügelgrab kam dann außer Gebrauch, da man die Sitte der Leichenverbrennung und Urnenbestattung von den Vorgängern übernahm. Diese Periode wird Urnenfelderkultur genannt, und einige Prähistoriker bezeichnen die Menschen jener Zeit bereits als Kelten, während andere diesen Namen erst für die Menschen der Zeit um 600 vor Chr. zulassen wollen. Unbestritten ist es aber, daß die Urnengräberleute ihre Vorfahren sind. Die Kurganleute gehören zu den östlichen Steppenvölkern, die zwischen 2400 und 2300 vor Chr. in den Kaukasus vordrangen und von dort weiter zum Schwarzen Meer vorstießen. Sprachforscher haben inzwischen das Keltische rekonstruiert. Wann aber trat diese Sprache zum ersten Mal auf? Aus alten Flußnamen, wie Rhein, Main, Neckar, Tauber, Ruhr, Lippe, Isar, Inn, Elbe, oder Städtenamen wie Kampodunum (Kempten), Moguntiacum (Mainz), Juvavum (Salzburg), Mediolanum (Mailand), um nur einige zu nennen, kann geschlossen werden, daß um die Mitte des zweiten vorchristlichen Jahrtausends im ganzen Raum zwischen Ostsee und Alpen, den Britischen Inseln, Ungarn und dem Balkan eine einheitliche Sprache gesprochen wurde, welche der Indogermanist Hans Krahe ›Alteuropäische Sprache‹ nennt. Sie sei um 1000 vor Chr. in Einzelsprachen zerfallen. Die Sprachforscher haben ferner nachgewiesen, daß sich elf Grundidiome nahestanden, das Indo-Iranische, Armenische, Griechische, Italische, aus dem das Latein hervorging, das Illyrische, Baltische, Germanische, Hethitische, Slawische und Keltische. Aus ihnen haben sich etwa fünfzig moderne Sprachen entwickelt.

Die Indogermanen sollen am Rand des Urals gelebt haben und von dort nach Westen und Süden vorgestoßen sein. Für die Zeit nach 2000 vor Chr. sind Hügelgräber (Kurgans) und Schnurkeramikkultur, wie sie im Kubanbecken entdeckt wurden, auf dem Balkan nachgewiesen. Dann erschienen Steppenvölker an der mittleren Donau, zogen weiter nach Westen und Norden, erreichten Dänemark, Südnorwegen und Schweden, setzten um 900 vor Chr. auf die Britischen Inseln über und ließen sich auch in Frankreich nieder, wo wir sie als Gallier kennen. Böhmen und Niederlausitz sollen die ersten Siedlungsgebiete der Kelten gewesen sein. Sie schufen dort eine reiche Kultur, die nach dem Fundort bei Prag ›Kultur von Aunjetitz‹ genannt wird, und ab 1800 vor Chr. einsetzt. Diese Kultur erstreckte sich über ganz Mitteldeutschland, die heutige Tschechoslowakei und Niederösterreich. Aus ihr sind die späteren Italiker, die Illyrer und ihre Vettern, die Veneter, und schließlich um 500 vor Chr. die Kelten hervorgegangen. Um 400 vor Chr. fielen die Kelten in Italien ein und verdrängten die Etrusker aus der Poebene; sie gründeten das Reich der Galater in Kleinasien, zogen nach Griechenland und weiter nach Spanien, wo sie sich mit der iberischen Urbevölkerung vermischten.

Der Hallstatter Kulturraum, der uns hier besonders interessiert, bestand aus zwei großen Kreisen, einem westlichen, der immer deutlicher hervortretende keltische Züge aufweist, und einem östlichen, den die in Kärnten, im Adriawinkel und in Jugoslawien lebenden Illyrer und Veneter prägten. Nun erst begannen sich die drei aus Böhmen stammenden Völker endgültig voneinander zu trennen. Keltische Elemente aber finden sich in der illyrischen, illyrische dagegen in der keltischen Kunst.

Die Besiedlung des Salzburger Landes ging langsam vor sich, bis auch die entferntesten Täler des Salzburger Gebiets, Kärntens und der Steiermark keltisch geworden waren. Als die Wanderung ihren Abschluß gefunden hatte, bildeten sich allmählich politische Verbände: Die Helveter in der Schweiz, die Vindeliker in Oberbayern, die Bojer in Böhmen und in den Ostalpen im letzten Jahrhundert vor Chr. das Norische Königreich, dessen Grenzen im Süden in Kärnten und in den Dolomiten lagen, im Norden etwa der heutigen österreichischen Staatsgrenze entsprachen. Im Herzen des heutigen Kärntens erhebt sich denn auch der Magdalenenberg bei Maria Saal, der einst die Hauptstadt des kelto-illyrischen Königreichs trug, eine ausgedehnte Anlage mit Befestigungen, Tempel und Burg, großartig angelegt und heute erst zum

Teil wieder ausgegraben. Die Beziehungen zu Rom waren im großen ganzen freundlicher Natur.

Die Bezeichnung ›Kelten‹ müßte mit Vorsicht verwendet werden, wüßte man nicht von der Kultur im Hallstatter Raum, die um 500 vor Chr. begann und nach Ausweis der Funde keltisch ist. Linguisten haben festgestellt, daß die kriegerischen Stämme, die Rom und Griechenland in Schrecken versetzten, sich erst gegen Ende des 6. Jahrhunderts zu einem größeren Verband zusammenschlossen und damit die Ausbildung einer eigenen keltischen Sprache begann.

Als im 5. vorchristlichen Jahrhundert die Germanen begannen, nach Süden vorzustoßen, trafen sie allenthalben auf Kelten. Diese scheinen geahnt zu haben, was ihnen nun bevorstand, denn sie bauten eine vierhundert Kilometer lange Verteidigungslinie vom Fichtelgebirge bis zum Hunsrück auf, mit festen Plätzen, wie der Steinsburg bei Römhild am Südrand des Thüringer Waldes oder Otzenhausen und die Anlage auf dem pfälzischen Donnersberg. Auch die Fluchtburg auf dem Odilienberg bei Straßburg gehört dazu. Diese Verteidigungslinie haben die Germanen zwischen dem 2. und 1. Jahrhundert vor Chr. durchstoßen und dann die Kelten aus dem ganzen Land zwischen Rhein, Main und Elbe verdrängt.

Um die Mitte des ersten vorchristlichen Jahrhunderts wurde die Lage schließlich auch für die Ostkelten gefährlich, als germanische Stämme sich in Süddeutschland festsetzten und die keltische Bevölkerung in Böhmen – übrigens auch die keltischen Helveter in der Schweiz – bedrohten. »Das Volk der Kelten lebte im 12. Jh. n. Chr. kaum noch irgendwo in seiner alten Ordnung«, schreibt G. Herm, »es sei denn hoch oben im schottischen Norden, an den Rändern von Wales oder in den Gebieten Irlands, die noch nicht von Wikingern oder Normannen kontrolliert wurden.« Wir finden sie noch heute in jenen Ländern und in der Bretagne. Die Inselkelten haben im frühen Mittelalter eine hervorragende Rolle im romanisch-germanischen Geistesleben gespielt. Auf den Britischen Inseln konnten sich die Kelten ihre Eigenart am besten erhalten. Theodor Mommsen bringt den Untergang der keltischen Rasse auf dem Kontinent mit dem Mangel an Eintracht und festem Regiment in Verbindung. Es war eine in hohem Maße feudalisierte aristokratische Welt von starker Religiosität, die in der späteren christlichen Missionstätigkeit erneut zum Durchbruch gelangte. Der römische Historiker Strabo berichtet, die Kelten seien stolz, hochfahrend und sehr leicht erregbar gewesen, auch hätten sie üppige Feste geliebt. Sie waren zudem außerordentlich geschickte Metallarbeiter, wie die Funde beweisen, und in die Schlacht stürmten sie vollkommen nackt. Ein keltischer Charakterzug ist die Liebe zum Märchen. Nie bekamen sie die Wirklichkeit in den Griff. In Märchen und Sagen lebt die Essenz keltischen Wesens fort. Lesen wir von König Artus, Tristan und Isolde, dem Zauberer Merlin, vom Gral oder die irischen Sagen und Legenden, sind wir immer wieder fasziniert vom Reichtum der Phantasie.

Die Römer haben es verstanden, vorhandene Kulturen aufzunehmen. Das taten sie auch mit der keltischen Kultur, als sie das im Jahre 15 vor Chr. eroberte Königreich Noricum im Verlauf der ersten Hälfte des 1. Jahrhunderts nach Chr. zur römischen Provinz machten. Für Salzburg selbst gibt es keinen Hinweis auf ein römisches Kastell, aber frühe römische Siedlungsreste fanden sich am Südfuß des Nonnbergs und in der Altstadt. Das römische Juvavum wurde unter Kaiser Marc Aurel im Markomannenkrieg, der von 166 bis 180 nach Chr. geführt wurde, zerstört, und der Wiederaufbau ging nur langsam vor sich. Heute stehen Kirchen, Paläste und Häuser über den römischen Bauten, so daß an vielen Stellen nicht mehr gegraben werden kann.

Die Germanen hatten die keltische Welt in Trümmer gelegt, wobei die griechisch-römische Kultur in West- und Mitteleuropa, einschließlich Oberitalien, fast ausgelöscht wurde. Im 6. Jahrhundert beklagte Papst Gregor der Große den Niedergang der Bildung. In Irland aber lebte sie fort und wurde von dort vom 7. bis 10. Jahrhundert wieder auf den

Kontinent gebracht. Irland war ein Hort christlich-antiker Bildung; lateinische Klassiker wurden in den Klöstern gelesen, das Griechische gelehrt, und die starke Wanderlust, der Missioneifer der iroschottischen Mönche brachte alles das über den Ärmelkanal zurück.

Doch wieder zur germanischen Landnahme. Als die Bajuwaren zu Beginn des 6. Jahrhunderts das Salzburger Land friedlich besetzten, war von Juvavum vermutlich nur noch wenig vorhanden. Die Annahme, daß die Markomannen, welche in Böhmen den keltischen Bojern gefolgt waren, Kern des bayerischen Stammes gewesen seien, wird heute von einigen Gelehrten angezweifelt. In der ersten Hälfte des 6. Jahrhunderts jedoch erfolgte die Abwanderung aus dem böhmisch-mährischen Raum in mehreren Wellen in das Gebiet des heutigen Altbayern, wo diese Gruppen dann ein Stamm geworden sind, und zwar unter Führung eines vom fränkischen Merowingerkönig Theodebert I. eingesetzten Herzogs, der alsbald Selbständigkeit gewann. Die Herzöge aus dem Stamm der Agilolfinger waren es, welche die aus Böhmen, Mähren und westlich des Plattensees abgewanderten Volksgruppen zu einem Stamm zusammenschlossen, von dem Bismarck sehr viel später gesagt hat: »Bayern ist vielleicht das einzige deutsche Land, dem es durch materielle Bedeutung, durch die bestimmt ausgeprägte Stammeseigentümlichkeit und durch die Begabung seiner Herrscher gelungen ist, ein wirkliches und in sich selbst befriedigtes Nationalgefühl auszubilden.«

Salzburg war damals bereits ein wichtiges kirchliches Zentrum; es missionierte in der Steiermark und in Kärnten und wurde von den karolingischen Herrschern sehr gefördert. Ganz Altbayern und das Land im Südosten bis nach Ungarn war eine Kirchenprovinz mit dem Mittelpunkt Salzburg, das 798 von Papst Leo III. zum Erzbistum erhoben worden ist. Von Bayern aus erfolgte auch die weitere Erschließung des Landes. Im Jahre 996 taucht die Bezeichnung Ostarîce für seine Bewohner auf. Wesen und Aufbau eines geistlichen Fürstentums, wie wir sie im Gefüge des alten Reichs gehabt haben, sind sicherlich heutigen Betrachtern in mancher Hinsicht unverständlich, ebenso wie die Kritik unserer Zeit an Luxus, Verschwendungssucht und Machtstreben den geistlichen Fürsten der vergangenen Jahrhunderte unbegreiflich, ja höchst ärgerlich gewesen wäre. Diese Herren hätten eine derartige Kritik mit Entrüstung zurückgewiesen, denn ihnen galten Pracht und Pomp, vor allem in der Renaissance und im Barock, als unerläßliche Darstellung des hohen Amtes, der Kirche, die sie vertraten. Dieser Haltung entsprechen die über dem Tor des Osttraktes der Abtei Melk an der Donau angebrachten Worte: »Absit gloriari nisi in cruce – Fern sei uns Ruhm, außer im Kreuze.« An das Kreuz allerdings dachten in den späteren Zeiten vielleicht nur wenige. Die meisten jener Herren folgten ihrer Baulust nicht anders als ihre weltlichen Kollegen, und wenige waren von so festem Charakter oder so tiefer Frömmigkeit wie etwa Bischof Julius Echter von Mespelbrunn in Würzburg, Lothar Franz Graf von Schönborn als Kurfürst-Erzbischof von Mainz, die beides zu vereinen wußten, oder Johann Ernst Graf von Thun, Erzbischof von Salzburg (1687-1709), der nicht nur ein tüchtiger Regent und großer Bauherr gewesen ist, sondern ein gewissenhafter, frommer Mann von tadellosem Wandel. »Ich bin«, so herrschte er einmal den Theatinerprior Don Felix Fossa an, »der Herr und Fürst in diesem Land, in allem und jedem lasse ich der Gerechtigkeit ihren Lauf, und darin können mich weder der Papst noch der Kaiser irren. Verstanden?!« Man war eben nicht allein geistlicher Oberhirt, man war auch Reichsfürst und Landesherr.

Seit 870 war der Salzburger Erzbischof Kanzler, oder wie es damals hieß ›Erzkaplan‹ für ganz Bayern, von 896-918 für das gesamte ostfränkische Reich. Seit 1026 war er ›Legatus natus‹ des apostolischen Stuhls, und seit 1650 führte er den Titel eines ›Primas Germaniae‹. Als Legat durfte er den Purpur tragen, der den Kardinälen erst von Papst Bonifaz VIII. zwischen 1298 und 1308 verliehen worden ist. Infolge dieser

Würde und der riesigen Ausdehnung der Erzdiözese mit acht Suffragan- und Eigenbistümern nannte man den Erzbischof zuweilen den ›Roten Papst‹, und Salzburg das ›Deutsche Rom‹. Zur Zeit des Investiturstreits zwischen Kaiser Heinrich IV. und Papst Gregor VII. stand Salzburg unter den Erzbischöfen Gebhard (1060-1088) und Konrad I. (1106-1147) auf Seiten Roms, während Erzbischof Eberhard II. Graf von Regensberg aus dem Thurgau (1200-1246) als persönlicher Freund Kaiser Friedrichs II. zum staufischen Hause hielt. Eberhard, der eine Rolle in der Reichspolitik spielte, gilt als der eigentliche Begründer des geistlichen Staates Salzburg. Er gründete 1215 das Bistum Chiemsee, zwei Jahre später Seckau und 1226 Lavant, außerdem vermehrte er durch den Erwerb von Grafschaftsrechten und Besitz ausgestorbener Adelsfamilien den Umfang seines Staates.

Im Dreißigjährigen Krieg gelang es Salzburg unter seinem Oberhirten Paris Graf von Lodron (1619-1653) neutral zu bleiben. Der Erzbischof befestigte die Stadt, organisierte die Landfahne aus Landesbewohnern und gebot daneben über Soldtruppen. Als Gustav Adolf von Schweden im Jahre 1632 in München einzog, bestand höchste Gefahr für das Erzstift, und der Fürst bot die Landfahne auf. Als ein Fähnrich der kaiserlichen Truppen, die im Salzburgischen standen, kurzerhand einen Müller erschoß, der sich über ihn beschwert hatte, ließ Lodron ihn festnehmen. Der Fähnrich sagte, ihm liege nichts an einem Bauern, worauf Lodron antwortete, weil dem Fähnrich an einem Bauern nichts gelegen sei, liege ihm auch an einem Fähnrich nichts, und ließ ihn hinrichten. Gustav Adolf verlangte die Überlassung von Stützpunkten, doch der Erzbischof blieb fest und wurde später als Pater patriae gefeiert. König Ludwig I. von Bayern ließ die Büste des Fürsten in der Walhalla aufstellen. Lodron vollendete 1628 den Dombau, gründete 1623 die Universität. Auf seinem Grab ließ der die Worte anbringen:»... nun gehet hin und lernet sterben.«

Der letzte Erzbischof Hieronymus Graf von Colloredo-

Mansfeld (1772-1803), ein kluger, kühler, sparsamer, auf-
klärungsfreundlicher Herr, wollte dem Vorbild Kaiser Josephs ii. folgen und aus Salzburg einen Musterstaat machen.
Er war gegen allen kirchlichen Prunk und verwendete die
Kirchengeldüberschüsse für Armenpflege und Schulwesen.
Das Volk sagte: »Unser Fürst Colloredo hat weder Gloria
noch Credo!« Er war wenig beliebt, auch weil er viele alte
Volksbräuche, sowie das Tragen von Gamsbärten und Spiel-
hahnfedern verbot. Über seine Wahl gibt es einen Bericht von
1772. Während einer Abendgesellschaft beim kaiserlichen
Gesandten Grafen Hartig kam das Gespräch auf die Wahl des
neuen Oberhirten. Hartig fragte die anwesenden Domherren,
was ihnen an Colloredo nicht passe. Der Domherr Graf
Waldburg-Zeil meinte: »Ich bin der erste, der meinem gnä-
digsten Herrn Landesfürsten die Hände küsse und mich in
tiefster Ehrfurcht zu all hochfürstlicher Hulden und Gnaden
untertänig gehorsamst empfehle«. Hartig schickte sogleich
einen Kurier mit einem Bericht nach Wien. Die Bedienten und
Domherren erzählten es in der Stadt. Alles war betroffen und
betrübt. Tags darauf, am Wahltag, klebte ein Zettel am Dom-
portal: »Weiber, Wein und Nacht haben unsern Fürsten
g'macht!« Eine Frau in der Kirche rief aus: »Jetzt haben wir
die Geißel Gottes!« Aber Colloredo machte aus Salzburg eine
Stadt der Bücher und Presse, denn hier erschien unter anderem die im Reich sehr bekannte ›Oberdeutsche allgemeine
Literaturzeitung‹. Mit diesem Fürsten nahm die Salzburger
Herrlichkeit ihr Ende, denn das alte, traditionsreiche Erzstift
wurde 1803 säkularisiert. Schnell wechselten die neuen Herren. Salzburg wurde zusammen mit dem Fürstentum Berchtesgaden und verschiedenen anderen Territorien zunächst
Erzherzog Ferdinand, dem Bruder Kaiser Franz i. von Österreich, als Entschädigung für das verlorene Großherzogtum
Toskana übergeben, kam aber schon 1805 als Äquivalent für
das bayerisch gewordene Tirol an Österreich, mußte dann
1809 an die Franzosen abgetreten werden, die es bereits ein
Jahr später Bayern überließen. 1816 schließlich kam das

Land durch den Münchner Vertrag wieder an Österreich, freilich ohne die Fürstpropstei Berchtesgaden, den Ruperti-winkel und die Ländereien links der Salzach. 1850, als Folge der Revolution von 1848, wurde Salzburg ein selbständiges Kronland, das 1861 einen Landtag erhielt, und seit 1918 ist es – abgesehen von seinem Status als ›Reichsgau Salzburg‹ von 1938 bis 1945 – ein österreichisches Bundesland.

SALZBURG

Erzbischof Wolf Dietrich

Erzbischof Wolf Dietrich von Raitenau ist der erste in der langen Reihe der großen Kirchenfürsten, denen Salzburg sein heutiges Stadtbild verdankt. Er starb im Jahre 1617 nach langer Haft auf der Hohensalzburg. Sein Nachfolger ließ, entgegen dem Wunsch des unglücklichen Fürsten, ein Staatsbegräbnis bereiten. Wolf Dietrich ist insofern eine interessante Erscheinung, als an ihm die Zwiespältigkeit des Amtes von Kirchen- und Reichsfürst offenbar wird, zudem eines Mannes, der nicht aus eigenem Antrieb Geistlicher wurde, sondern auf Wunsch der Eltern.

Die Raitenau waren mäßig begüterter Landadel, wohl aus dem Aargau. Der soziale Aufstieg erfolgte durch die Heirat Hans Werners mit Gräfin Helena von Hohenems 1558, zwei Jahre nachdem Ferdinand I. seinem Bruder Karl V. als Kaiser folgte. Die Hohenems ihrerseits hatten durch die enge Verwandtschaft zu den Medici Fortüne gemacht. Damals, wie später, bedeutete eine große Familienallianz viel für das Selbstbewußtsein eines Geschlechts. Helena war die Schwester des Kardinals und Bischofs von Konstanz Markus Sittich von Hohenems, der sich Altemps nannte (nicht zu verwechseln mit dem gleichnamigen späteren Fürstbischof von Salzburg 1612-1619). Hans Werner von Raitenau kaufte 1560 die Herrschaft Langenstein im Hegau, die sich heute im Besitz der Grafen von Douglas befindet. Ein Jahr zuvor war Wolf Dietrich geboren worden. Mit sechzehn Jahren erhielt er ein Kanonikat in Salzburg; von 1576-1581 besuchte er das Collegium Germanicum in Rom und ging dann auf Reisen. 1587 wählte das Domkapitel den jungen Mann, der in enger Verbindung mit Papst Sixtus V. und der römischen Kurie stand, als Oberhirten des Erzstiftes, und sogleich ging er an die Reformierung von Gottesdienst, Missale und Brevier nach römischem Muster. Das erste Religionsedikt wurde erlassen, das bei Weigerung, zur katholischen Kirche zurückzukehren, in Übereinstimmung mit den Grundsätzen des Westfälischen

Friedens zur Auswanderung zwang. Nach diesem ersten scharfen Vorgehen gegen die Protestanten im Erzbistum wurde Wolf Dietrich milder, aber er entwickelte sich zum absolutistisch regierenden Herrn, der die Teilnahme des Domkapitels an der Regierung ablehnte. Er faßte die Herren nicht mit Samthandschuhen an, behandelte ebenso grob die Landstände und erklärte, er habe nicht die Absicht, politische Fragen mit ihnen zu erörtern. Es sei »der Weltlauf dieser Zeit in mehr Orten seltsam geschwind und gefährlich genug, weshalb man ohne Zeitverlust und ohne viel einzelne Zusammenkünfte handeln müsse.« Diese Haltung erinnert an Fürstbischof Julius Echter von Würzburg, der jedoch über weitaus tiefere politische Einsichten verfügte. Wolf Dietrich regierte tatkräftig, korrigierte selbst die Konzepte seiner Beamten, war mildtätig, schützte seine Landeskinder vor behördlichen Übergriffen, verbesserte das Schulwesen und verbot den Lehrern die damals übliche drakonische Strenge.

Der Fürst war gescheit, er verstand sich schnell umzustellen, aber es war ihm doch nicht gegeben, seine Politik geschickt den jeweiligen Verhältnissen anzupassen. Er war ein begabter Mathematiker und sehr offenherzig in kirchlichen Dingen. So sagte er, es gäbe zwar das Fegfeuer, aber man wisse nicht, wo es sei; und: das Trienter Konzil habe vieles beschlossen, doch die Kirche könne auch irren.

Im Salzburger Land war der Erzbischof mit dem Katzenkopf und den großen dunklen Augen volkstümlich, und das verdankte er auch seiner Bautätigkeit, denn er war es, der das gotische Salzburg in eine moderne Residenzstadt verwandelte. Im Jahre 1592 ging er an den Neubau des bischöflichen Stadtschlosses, dann ließ er nach dem Dombrand von 1598 den alten romanischen Dom abbrechen und beauftragte den Palladioschüler Vincenzo Scamozzi mit der Planung eines Neubaus, der allerdings nicht zur Ausführung kam. Als man den Erzbischof bat, den ehrwürdigen Bau Virgils doch nicht einfach zu zerstören, soll er geantwortet haben: »Ach was, Virgilius' Maurer haben ihn gebaut!« 1606 ließ er für seine

Geliebte Salome Alt die Altenau, das später Mirabell genannte Schloß errichten; 1607 folgte der Hofmarstall. Seine Nachfolger konnten bei ihren Bauunternehmungen auf die von
ihm festgelegte Stadtplanung zurückgreifen.

Salome Alt war Wolf Dietrich bis zu seinem Tode in tiefer
Liebe verbunden. Sie entstammte einer vornehmen Salzburger Bürgerfamilie, und der Kaiser erhob sie und ihre fünfzehn
Kinder 1609 in den Adelsstand mit dem Prädikat ›von Altenau‹. Wahrscheinlich hatte Wolf Dietrich sich mit ihr schein-
trauen lassen, um ihre Bedenken gegen die Verbindung mit
einem hohen Geistlichen zu zerstreuen.

Salzburgs größter und gefährlichster Gegner war der Herzog von Bayern, der sich von jeher in der Rolle eines Vor-
munds des Erzstifts gefiel. Reibungsflächen waren in Fülle
vorhanden, vor allem hinsichtlich des Salzwesens, einer der
Haupteinnahmequellen des Landes. Als der Salzpreis erhöht
wurde, erreichte Herzog Wilhelm v., daß Bayern die Hälfte
des Gewinns erhielt. Vor allem war die an sich reichsunmittelbare Fürstpropstei Berchtesgaden ein Zankapfel zwischen
beiden Staaten. Wolf Dietrich gestand dem Fürstpropst die
Erhöhung des Salzpreises nicht zu, worauf sich dieser mit
dem Herzog in Rom beschwerte und 1591 den Papst zu
bestimmen suchte, Wolf Dietrich abzusetzen. Im Jahre 1594
schlossen Salzburg und Bayern einen neuen Salzvertrag, wodurch der gesamte Salzhandel zu Wasser Bayern übertragen
wurde. Zwischen dem Erzbischof und den Herzögen Wilhelm v. und Maximilian i. bestand tiefe persönliche Abnei-
gung. Im Jahre 1606 bestimmte das Salzburger Domkapitel,
daß nie ein bayerischer Prinz oder ein österreichischer Erzherzog zum Bischof gewählt werden dürfe, damit die Selbständigkeit des Bistums gewahrt bliebe, doch setzte der Herzog bei Papst Paul v. durch, daß dieses Statut aufgehoben
wurde. Es kam zum offenen Bruch, als Herzog Maximilian
vom Kaiser die Erlaubnis erhielt, auf alle nach Bayern einge-
führten Waren doppelten Zoll zu erheben. Das lief auf eine
Kündigung des Salzvertrages hinaus, und überdies wollte der

Herzog die Berchtesgadener Salzbergwerke in die Hand bekommen. 1611 wurde der Vertrag gekündigt: Wolf Dietrich ließ Berchtesgaden besetzen. Doch Maximilian konterte mit der Kriegserklärung, beschlagnahmte die Einkünfte aus Salzburger Gütern in Bayern und rückte vor das damals salzburgische Tittmoning, das sich ergab. Am 26. Oktober 1611 zog der Herzog in Salzburg ein. Wolf Dietrich hatte die Stadt verlassen, wurde jedoch von herzoglichen Truppen, die seelenruhig durch kaiserliches Gebiet marschierten, in Kärnten gefangen genommen und auf die Burg Werfen, dann nach Salzburg gebracht, wo auch der Nuntius Antonio Diaz erschien, um an den Verhandlungen teilzunehmen. Wolf Dietrich sollte bedingungslos resignieren. Er willigte ein, um wenigstens seine Freiheit zurück zu gewinnen, aber man ließ ihn in Haft, da man fürchtete, er würde die Hilfe protestantischer Fürsten anrufen. Sein Nachfolger und sogar eigener Vetter Hohenems (1612-1619), der Markus Sittich hieß wie der Konstanzer Kardinal Altemps, hielt es für gefährlich, ihm die Freiheit zu schenken. Das Furchtbare für Wolf Dietrich mag die Tatenlosigkeit in der Gefangenschaft gewesen sein, die heillose Verwirrung seiner Lage, die Trennung von der geliebten Frau. Vielen erschien er als doppelzüngig und verworfen, andere, wie sein Vetter Hohenems, verbreiteten Lügen über ihn. Er konnte sich niemanden mehr erklären, weil niemand da war, ihn anzuhören. Die Haft wurde strenger, er durfte sein Zimmer nicht mehr verlassen, und schließlich wurde ihm der Prozeß gemacht. Der Nuntius stellte fest, »bodenlos sei seine Schlechtigkeit«. Vergeblich riefen Wolf Dietrichs Brüder kaiserliche Hilfe an. 1617 starb der unglückliche Fürst. Johann Stainhauser, sein Biograph, schrieb: »Man sag und schreib von ihm, was man wöll, so höre ich, die Wahrheit zu bekennen, daß er noch vilemals gewinschet und begert wird.«

Rundgang durch die Stadt

Über Salzburg ist so viel geschrieben worden, daß ich mich mit einigen Schlaglichtern begnügen will. Schon die Lage als Einfallstor nach Österreich ist vortrefflich, denn hier war die kulturelle Verbindung zum südöstlichen Bayern besonders kräftig ausgeprägt, weil das Erzbistum ja über die Salzach ins heutige Bayern hinein reichte. Die Stadt ist schön, so schön, daß ihr selbst der berühmte Schnürlregen nichts anhaben kann. Eine Stadt voller Geschichte und Geschichten ist es außerdem. Von den vielen Anekdoten sei eine typisch österreichische von Erik Graf Wickenburg wiedergegeben:

Ein Salzburger Hofrat besuchte seinen im Sterben liegenden Bürodiener, der sich viele Male entschuldigte, ihn nicht besser empfangen zu können, da er ja auf den Tod darnieder liege. »Aber, lieber Pepi«, sagte der Hofrat, »ich weiß, ich weiß, lassen Sie sich nur durch mich nicht stören.«

Salzburg ist die Stadt der Festspiele. 1877 fand das erste von der Internationalen Mozartstiftung veranstaltete Mozartfest statt, und 1917 gründeten Hugo von Hofmannsthal, Max Reinhardt, Richard Strauss und andere die ›Salzburger Festspielhausgemeinde‹. Seit 1920 ist nun Salzburg zur Festspielzeit das Ziel eines internationalen Publikums. Aber schöner ist es dort, wenn der gewaltige Schwall verrauscht ist, die Straßen und Gassen nicht mehr von Autoschlangen verstopft sind, wenn man nicht mehr um Billette für unsinnige Preise kämpfen muß. Früher war das nicht so schwierig. Einmal beauftragte die alte Gräfin Lützow ihre Freundin Gräfin Montgelas Karten zu besorgen. Diese telegraphierte: »Sitze besorgt Österreichischer Hof.« Prompt kam die Anfrage: »Warum sitzest du besorgt Österreichischer Hof?« Also vor oder nach den Festspielen erschließt sich der volle Reiz salzburgischer Architekturen an Kirchen, Pälasten und Bürgerhäusern auf die anmutigste Weise als eine sehr besondere Welt. Die ganze Stadt ist ein wohlgegliederter Baukörper, in dem Plätze und Straßen nicht getrennt nebeneinander liegen, sondern auf das schönste miteinander verbunden sind. In den engen Gassen mit hohen, heiter geschmückten Häusern stehen die vielen herrlichen Kirchen, alles das durchschnitten von der Salzach mit ihren Brücken, von denen wir auf die grünen Waldberge schauen und auf die mächtige über der Stadt thronende Hohensalzburg. Salzburg ist unbestritten die Krone der Salzachstädte, das Herz dieser österreichisch-bayerischen Landschaft, denn ihr Einfluß strahlte aus bis nach Mühldorf am Inn, das als Exklave zum Besitz des Erzstifts gehörte.

Mit Bamberg, Würzburg oder Passau hat es das Gemeinsame einer Residenz, den Charakter eines zugleich geistlichen wie weltlichen Fürstentums, mit der mittelalterlichen Burg auf steilem Fels und seiner im 17. und 18. Jahrhundert geschaffenen fürstlichen Stadt ist es eine gewaltige Bühne für die Festspiele, die keinen angemesseneren Ort gefunden haben könnten als hier inmitten eines Stammes, dem das Schauspiel im Blut liegt. »Es ist nichts Zufall«, schreibt Hugo von Hofmannsthal, »alles Geographische Wahrheit, tiefer Zusammenhang zwischen scheinbar nur Geistigem und scheinbar nur Physischem.« In Salzburg schnitten sich die kulturellen Linien von Wien nach München, Prag und Rom; es ist eine Stadt, die von der Renaissance, vom italienischen und deutschen Barock gleichermaßen geformt worden ist. ›Italienisch‹ ist der von Palästen gefaßte Platz am strengen Dom, über den die waldigen Höhen hereinschauen, was ihn wieder deutsch macht. Hier rauscht in der schönen Jahreszeit immerzu das Wasser aus der marmornen Schale des Residenzbrunnens, fließt über die Rücken der schönen Pferde und wird vom Wind als silbriger Schleier über den riesigen Platz geweht. Gibt es einen schöneren Raum als den vor Dom und Residenz für den ›Jedermann‹, auch wenn das Stück vielleicht heute nicht mehr so auf uns zu wirken vermag wie einst? Wo klängen die Rufe ›Jedermann‹ von den Türmen der Kathedrale, von der Veste, vom Petersfriedhof, begleitet vom Schall der Glocken, magischer, unheimlicher als hier?

Zwischen Nonnberg und Mönchsberg auf der einen, Kapuzinerberg auf der anderen Seite des Flusses drängt sich die Stadt, die man nicht durchstreifen kann, ohne immer wieder den Namen der Erzbischöfe Wolf Dietrich von Raitenau und seiner Nachfolger Markus Sittikus Graf von Hohenems, Paris Graf Lodron, der Grafen von Thun und des Leopold Freiherrn von Firmian zu begegnen, die Salzburg zur Residenz ausgebildet haben. Raitenau baute die Dompropstei, schuf die vier Plätze beim Dom, begann eine neue Residenz, baute den Hofmarstall unter dem Mönchsberg und den Kernbau von Schloß Mirabell auf dem rechten Salzachufer, das Lukas von Hildebrandt 1721-1727 für Franz Anton Fürsten von Harrach völlig umgestaltet hat.

Ein großer schmuckloser Block ist das *Neugebäude,* das Wolf Dietrich von Raitenau östlich vom Dom ab 1592-1602 in Etappen als fürstliche Absteige baute. Ob sie sein endgültiger Wohnsitz sein sollte oder als Zwischenlösung vor dem Neubau der alten Residenz gedacht war, wissen wir nicht. Nach 1604 machte Vincenzo Scamozzi dem Fürsten Vorschläge zur Erweiterung des Baus in Richtung auf den heutigen Mozartplatz zu. Sie kam nicht zustande. So blieb es zunächst bei vier Flügeln, denen er nach 1600 einen fünften Flügel, den östlichen Trakt des zweiten Hofs, zufügte. Das Interessanteste am Neugebäude ist seine Ausstattung, die allerdings nie vollendet wurde. Der reiche Stuck des Treppenhauses ist um 1600 anzusetzen. Die Repräsentations- und Wohnräume liegen im zweiten Obergeschoß an der Ecke Residenz-Mozartplatz. Sie wurden zwischen 1600 und 1603 von Elia Castello aus in der Masse gefärbtem, mit Glassplittern versetztem Gips stuckiert. Ähnliches findet sich in der Villa d'Este in Tivoli bei Rom. In zahlreichen Räumen hat sich diese Dekoration erhalten. Der Plafond des früheren Vorsaals zeigte die vier Kardinaltugenden, der Gloriensaal Szenen aus der Jugend Christi um eine Gloriole von Engelschören. Graf Moy nimmt an, daß es sich bei diesem Raum um den Empfangssaal handelte, wo der Fürst seine Gäste begrüßte. Die Decke des Ständesaals ist mit drei Darstellungen staatstreuen Verhaltens aus der frühen römischen Geschichte geschmückt, und der Feldherrnsaal, zeigt an der Decke die schönen Büsten Karls des Großen, Gottfrieds von Bouillon, Karls v. und des Don Juan d'Austria. Sie waren Wolf Dietrichs verehrte Vorbilder. Das ehemalige Badezimmer ist mit Mosaiken und Putten dekoriert. Im gleichen Stockwerk gibt es einen kleinen Vorraum mit reich vergoldeter Schnitzerei und gemalten Putten am Plafond. Es folgt ein Saal, in dem sich ein Rest der alten Dekoration erhalten hat, die wohl zum Reichsten gehört hat, was der Palast aufgewiesen hat. Der Bischofssaal trägt eine sehr reich geschnitzte Kassettendecke mit dem Raitenauwappen. Infolge der Verwendung aller dieser Räume als Büros sind sie unterteilt und nur schwer zugänglich. Erzbischof Johann Ernst von Thun setzte 1701 auf den Turm das Glockenspiel, das er 1695 dem Antwerpener Glockengießer Melchior de Haze abgekauft hatte und das ein Jahr später in Salzburg eintraf. Aber erst im Jahre 1702 vermochte der Hofuhrmacher Jeremias Sauter das Spielwerk mit seinen 35 Glocken zusammenzusetzen, und 1705 war es so weit. »Damals erklangen die Glocken zum erstenmal vor einer andächtig lauschenden Volksmenge, wie sie heute noch täglich vor Tausenden erklingen« (Bernhard Paumgartner).

Markus Sittikus von Hohenems baute mit Santino Solari den neuen Dom, den Paris Lodron vollendete, und die Platzfront der neuen Residenz. Seine reizendste Schöpfung ist das Lustschloß Hellbrunn vor den Toren der Stadt, mit Weihern, Wasserspielen und Grotten, das wir noch besuchen werden.

Die *Residenz* selbst ist ein großer Komplex, an dem von 1595-1792 gebaut worden ist. »Da ist«, schreibt Johannes Graf Moy, »im Carabinierisaal die fein und präzis verzierte Marmorarbeit unter Wolf Dietrich mit ihren zurückhaltenden edlen Proportionen, die vom Hochbarock Johann Ernsts mit seinen schweren Portalüberbauten und seiner Deckengestaltung erdrückt wird, da ist der Rittersaal, in dem die etwas schwerfällige Eleganz des Wiener Spätbarocks unter Harrach an der Decke von den harten trockenen Louis-seize-Dekorationen Colloredos an den Wänden brüskiert wird. Da ist das Ungleichartige der Residenzfassade und des Hauptportals durch ihre Umfrisierung im Spätbarock.« Die Salzburger Residenz – das Rokoko fehlt vollkommen – ist also kein Bau aus einem Guß wie etwa jene in Würzburg. Dennoch ist die Ausstattung des Innern sehenswert, mit den Deckenfresken Michael Rottmayrs aus dem späten 17. Jahrhundert und Martin Altomontes des frühen 18. Jahrhunderts, mit Gemälden, Mobiliar und Gobelins. Die›Residenzgalerie‹ mit den Sammlungen Czernin und Schönborn-Buchheim erfreut durch einen guten Überblick über die europäische Malerei vom 16. bis 20. Jahrhundert.

Markus Sittikus ließ unweit der Residenz ein Felsentheater ausbauen, in dem Opern aufgeführt wurden, sozusagen die Vorläufer der Salzburger Festspiele.

Deutlich läßt sich die fürstliche Stadt um den Dom von der Bürgerstadt am Fluß unterscheiden, welche sich in höchst malerischen Gassen hinzieht, deren hohe Häuser mit Grabendächern hinter geraden Stirnmauern und farbig getönten Fassaden das Bild so südlich erscheinen lassen, obwohl es sich dabei um die durchaus im Alpengebiet entstandene ›Innbauweise‹ handelt.

Salzburg besitzt zahllose Kirchen. Da ist der mächtige *Dom* mit doppelgeschossiger Marmorfassade. Schön ist der helle, an beiden Seiten von Bögen abgeschlossene Domplatz mit dem Standbild der Immaculata von Johann Baptist Hagenauer von 1771. Rechter Hand, vom Dom aus gesehen, liegt die Südfront der Residenz, links die ihr angeglichene Fassade des zum Stift Sankt Peter gehörenden Traktes von 1658.

Der Bombenangriff vom 16. Oktober 1944 zerstörte die Kuppel und den östlichen Innenraum des Domes. Die Legende erzählt, daß der heilige Rupertus dem Abt Balderich von Sankt Peter erschienen sei und gesagt habe »Wenn mein Licht erlischt, wird die Stadt verwüstet werden.« Deshalb brannte seit dem 12. Jahrhundert an seinem Grabmal ein ewiges Licht. Es erlosch, als das Stift 1942 von den Nationalsozialisten aufgehoben wurde. Der Schutz des Heiligen war der Stadt verloren gegangen.

1959 war die Instandsetzung des Domes beendet. Während dieser Arbeiten wurden auch Grabungen durchgeführt, welche die Grundmauern des vom heiligen Virgil (745-784) erbauten ersten Domes freilegten. Wahrscheinlich war es eine dreischiffige Basilika ohne Querhaus, mit kleeblattförmigem Chor. Der heutige Dom liegt nach Süden verschoben über diesen Fundamenten.

Erzbischof Konrad I. von Abenberg (1106-1147) baute die Westtürme, aber erst der große Umbau unter Konrad III. von Wittelsbach (1177-1183) gab der Kathedrale den großartigen romanischen Charakter, den wir auf alten Stadtansichten aus der zweiten Hälfte des 15. Jahhunderts, vor allem auf dem berühmten Holzschnitt aus der Schedelschen Weltchronik von 1493, vor uns haben. Es war eine fünfschiffige Basilika, 122 Meter lang, mit einem 57 Meter breiten Querschiff, oktogonalem Vierungsturm, seitlichen Rundtürmen und Apsiden. Dieser Bau, größer als der Dom von Speyer, war auch größer als der heutige Dom. Er war vielleicht – das ist meine persönliche Ansicht – in seiner romanischen Schwere, im Ernst, der jenen Gebäuden eigen ist, eindrucksvoller. Der romanische Dom ist infolge wiederholter Brände immer wieder erneuert und verändert worden, doch erst Erzbischof Wolf Dietrich von Raitenau ließ ihn nach dem verheerenden achten Brand im Jahre 1598, der fünf Türme zerstört hatte, ab 1600 abreißen.

Dieser Abbruch wurde gründlich durchgeführt »*Unter den abstürzenden Quadern der Türme zerschellen die gotischen Skulpturen am Westportal. Man bricht die Altäre ab, öffnet die Gräber, hebt das Pflaster aus. Die Grabsteine werden ›zerknirscht und verschlagen‹, zu Kalk gebrannt. Auch der Domfriedhof verschwindet, desgleichen Kloster*

*und Kreuzgang auf der anderen Seite; selbst in der Erde bleibt
kaum ein Rest, kaum ein behauener Stein«*(Bernhard Paumgartner). Die heutigen Denkmalpfleger hätten die Hände ge-
rungen ob dieser Barbarei.

Das erste Bauprojekt Wolf Dietrichs wird 1601 erwähnt,
das zweite von Vincenzo Scamozzi von 1606 ist bekannt. Er
sah einen gewaltigen Bau vor, wie es dem ins Große gehenden
Charakter des Fürsten entsprach. Aber erst im Jahre 1611
wurde der Bau nach dem stark reduzierten Plan Scamozzis
oder seines Adoptivsohnes Francesco de Gregorii begonnen.
Im Jahr darauf ereilte Wolf Dietrich das Schicksal: er verwik-
kelte sich in kriegerische Auseinandersetzungen, wurde ge-
fangengenommen und abgesetzt. Sein Vetter Markus Sittikus
von Hohenems folgte ihm als Erzbischof. Dieser berief noch
im Jahr seines Amtsantritts 1612 Santino Solari aus Verona
als Leiter des salzburgischen Bauwesens. Solari ließ die Fun-
damente wieder herausreißen. 1614 wurde der Grundstein
nach seinem Entwurf gelegt. Als die Mauern schon bis zum
Dachansatz hochgeführt waren, starb Hohenems. Sein Nachfolger Paris Graf Lodron (1619-1653) konsekrierte am 25.
September 1628 feierlich den neuen Dom. Die Türme wurden allerdings erst in den Jahren zwischen 1652 und 1655
fertiggestellt. Solari hielt sich streng an italienische Vorbilder,
an Sankt Peter und Il Gesù in Rom und den Dom von Como.
In allen Teilen ist der Bau großartig, doch wirkt er seltsam
kühl, fast unfreundlich nüchtern. Die Seitenfronten aus
dunklem Nagelfluh sind ungegliedert, nur die Westfassade
erhielt eine Verkleidung aus weißem Untersberger Marmor
und Figurenschmuck. Der Giebel trägt die Statue des Erlösers, sowie die Wappen Hohenems und Lodron. Zu beiden
Seiten des Giebels stehen Moses und Elias, die mit Christus
die Verklärungsgruppe bilden, welche auf die Auferstehung
hinweist, wie sie das Gemälde des Hochaltars schildert. Im
Mittelfeld über dem ersten Geschoß stehen die vier Evangelisten, und die vier großen Portalfiguren Petrus, Paulus, Rupertus und Virgil – erstere von Bernhard Michael Mandl

1697/98, letztere von Bartholomäus Opstal bereits um 1660 geschaffen – symbolisieren die Macht der Kirche. Drei Portale mit Bronzetoren führen ins Innere. In den Jahren 1957 und 1958 entstanden, zeigen sie links das Tor des Glaubens von Toni Schneider-Manzell, rechts das Tor der Hoffnung von Ewald Mataré und in der Mitte das Tor der Liebe von Giacomo Manzù. Gerade Manzùs Werk zeigt, daß sich ›neue‹ Kunst ohne Bruch in das große Vergangene einfügen läßt, wenn sie gut ist.

Franz Schubert schrieb 1825 in einem Brief von seinem Dombesuch:

Das Innere der Kirche wird von vielen marmornen Säulen getragen, ist mit Bildnissen der Churfürsten geschmückt und in allen seinen Teilen wirklich vollendet schön. Das Licht, welches durch die Kuppel hereinfällt, erleuchtet jeden Winkel. Diese außerordentliche Helle macht eine glückliche Wirkung, und wäre allen Kirchen anzuempfehlen.

Trotz der reichen, schweren Stuckverzierungen, die nach Entwürfen von Andrea Orsolini und Giuseppe Bassarino zwischen 1631 und 1635 angetragen wurden, der Deckenfresken von Arsenio Mascagni und Santino Solaris Sohn Ignazio geht die Strenge der klargefügten Architektur nicht verloren, und doch: ihr fehlt das Geheimnisvolle, sie läßt kalt in ihrer herrschaftlichen Kühle und Pracht – ein Meisterwerk baumeisterlicher Vernunft, wie wir sie in der ganzen Stadt ausgeprägt finden. Gerade auf dem Dom- oder Residenzplatz empfinden wir die Wirkung des architektonisch genutzten Geländes dieser wahrhaft fürstlichen Stadt, im Gegenspiel von Weite der Plätze und Geschlossenheit der Gassen.

Zum Dombezirk im weiteren Sinne gehört eigentlich auch das Stift Sankt Peter, das mit seinem Nordflügel an den Domplatz heranreicht, wie wir schon gehört haben. Doch wollen wir uns den Besuch des Stiftes zunächst noch versagen, da ihm ein eigenes Kapitel gewidmet ist. Wir durchschreiten die Arkaden, die den Domplatz im Westen so feierlich begrenzen, gehen ein kurzes Stück die Franziskanergasse

entlang und gelangen, rechts um die Ecke biegend, vor den
Eingang der *Franziskanerkirche.*

Sie ist vermutlich im 13. Jahrhundert neu gebaut worden.
Aus jener Zeit stammt noch das dämmerig schmale Langhaus, das sich dann in den herrlichen hellen Chor öffnet, den
Hans Stethaimer 1408 begonnen und Stephan Krumenauer
um 1450 vollendet hat. Und hier thront inmitten des gold-
strahlenden Hochaltars die wundervolle Muttergottes von
Michael Pacher, der 1495-1498 den gesamten Altar geschaffen hatte. Das ursprüngliche Christuskind ist verlorengegan-
gen und durch eine Neuschöpfung des vorigen Jahrhunderts
ersetzt worden. Pachers Werk mußte dem barocken Hochaltar weichen, der nach Entwurf Johann Bernhard Fischers von
Erlach 1709 aufgestellt wurde. Fragmente der Pacherschen
Altartafeln sind erhalten: drei in der Wiener Österreichischen
Galerie, eine in Privatbesitz. »Ein dazu gehöriges wundervolles Gemäldebruchstück (Brunnenwerfung aus der Geschichte
des ägyptischen Joseph) hat man im Zuge der letzten Restaurierung als Möbelbrett in einem Sakristeischrank eingebaut
gefunden.« (Bernhard Paumgartner)

Neben der Franziskanerkirche, die man mit Fug und Recht
als das Herz der Stadt bezeichnen könnte, machen vor allem
die Bauten Fischers von Erlach Salzburg zu der Stadt, wie wir
sie kennen und lieben: sie setzen dem unvergleichlichen
Stadtbild die feinsten und elegantesten Akzente auf. *Fischer
von Erlach* ist der Begründer des ›Reichsstils‹, der nach der
Befreiung Wiens von den Türken 1683 aus der Verschmelzung italienischer und deutscher Elemente hervorgegangenen
neuen deutschen Architektur, die sich durch ihre Abwand-
lungsmöglichkeiten als so ungeheuer fruchtbar erwies. Fischer arbeitete in einem Zeitalter, das im besten Sinn des
Wortes weltbürgerlich gewesen ist. Heute ist Europa als kulturelle Einheit in höchster Gefahr; es ist zudem viel weniger
›europäisch‹ als damals. Der Kreis von Fischers Bauherren
deckte sich mit jenem politischen Kreis, der als ›Reichspartei‹

in Wien bekannt war. Unter den großen Baumeistern des Barock, dieser ›von der noblen Raserei‹ der Bauwut besessenen Epoche, steht als der bedeutendste Fischer von Erlach. 1670 oder 1671 ist er als etwa Fünfzehnjähriger nach Italien gegangen, wo er sechzehn Jahre im Kreise um Bernini lernte. Wieder in der Heimat, führte er den Titel eines ›Königlichen Hofingenieurs‹ und erhielt 1705 die Inspektion über das gesamte kaiserliche Bauwesen. Sein großer Rivale war später Lukas von Hildebrandt. Fischers Genie hat die Architektur des österreichischen Raumes und darüber hinaus durchaus geprägt und beherrscht. Fürst Adam von Schwarzenberg sprach von ihm, allerdings ebenso bewundernd wie tiefblickend: »Der kayserliche Architectus Fischer von Erlach, der wenig seinesgleichen in diesen Landen und doch im Kopf sichtbarlich einen Sparren zu viel hat.«

Wie Andreas Schlüter kam Fischer von der Bildhauerei zur Baukunst. Die großartige, majestätische und pathetische Architektur Berninis hat er ins Elegante und Feinere seines eigenen Stils transportiert, und mit Bernini teilte er die Auffassung von der königlichen Aufgabe der Architektur. Seinen Kollegen von heute dürfte diese Auffassung durchaus fremd sein. Die Wiener Baukunst war damals ganz von Italienern beherrscht, ehe der Stern Fischers strahlend aufging. Den ersten Auftrag erhielt er vom Fürsten Liechtenstein, für den er das Gartenschloß in der Rossau und das Reitstallgebäude im mährischen Eisgrub baute. Und nun entwickelte er den Stil, den Hans Sedlmayr infolge des damals wieder einsetzenden Reichsbewußtseins den ›Reichsstil‹ nennt. Sein erster, nicht ausgeführter Entwurf für das kaiserliche Schloß Schönbrunn übte auf die Zeitgenossen eine tiefe Wirkung aus. Nun begannen Adel und Bürgertum die Umgebung Wiens mit Schlössern und Landhäusern zu schmücken, und Lady Montague schrieb 1716: »I must own, I never saw a place so perfectly delightful as the faubourg of Vienna.« Im Schloßbau schuf Fischer seinen ganz eigenen Stil, indem er hier italienische und französische Formelemente zu vereinen verstand.

Auf dem Höhepunkt seiner staatlichen und geistigen Machtentfaltung im späten 17. und frühen 18. Jahrhundert bedeutet Österreich für das Deutsche Reich formkünstlerisch und gedanklich, erlebnishaft und gesinnungsmäßig das Kraftfeld einer neuen Zeit, die freilich nur wenige Jahrzehnte verheißungsvoll über dem Gesichtsfeld der Nation schwebte und dann für immer versank. (Hans Sedlmayr).

Der Glanz des wieder erstarkten Kaiserhauses fiel bis in die letzten Winkel des Reichs, und die großen wie die kleinen Landesherren schickten ihre Söhne gern nach Wien, damit sie dort ›Mores‹ lernten.

Spätestens 1693 wurde Fischer von Erlach Hofarchitekt des Fürsterzbischofs von Salzburg, Johann Ernst Grafen von Thun-Hohenstein, der sein großzügigster Auftraggeber gewesen ist. Hier in Salzburg zeigt sich Fischer zum ersten Mal als Kirchenbauer von hohem Rang. Er baute in der knappen Zeit zwischen 1694 und 1709 die Dreifaltigkeitskirche, die Kollegienkirche, Ursulinenkirche (heute Markuskirche) und Johanneskirche mit Spital, die Fassade des Marstalls, die Pferdeschwemme sowie das Schloß Klesheim. Als Baumeister des Kaisers, des Prinzen Eugen von Savoyen, des kaiserlichen Hofkanzlers Grafen Strattmann, des Adels und des Salzburger Erzbischofs nahm er eine großartige Stellung ein unter den Architekten seiner Zeit. Er war ›Oberinspector sämtlicher kaiserlicher Hof- und Lustgebäu‹.

Die *Kollegienkirche,* (1694-1707) ist vielleicht die schönste unter Fischers Salzburger Kirchenbauten. In kräftiger Schwellung wölbt sich die Fassade dem Besucher entgegen, reich gegliedert durch zarte Pilaster und weichgeschweifte Fensterverdachungen, darüber der elegante Giebel, bekrönt von überkuppeltem Tambour und flankiert von zwei schlanken Türmen mit phantastisch und zierlich geschweiften, prachtvoll bewegten Abschlüssen. So bewegt und kontrastreich im Spiel von Licht und Schatten die Fassade ist, so streng und feierlich still präsentiert sich der Innenraum mit den Kolossalordnungen der Wandgliederung auf hohen Sokkeln. Harald Keller schreibt: »Der erste Eindruck beim Betreten des Innenbaus wird von den überhohen Raumverhältnissen beherrscht. – Das sind beinahe wieder die Maße der hochgotischen Kathedralen. – Fischer hat jedes der vier Wandfelder als riesigen Triumphbogen behandelt, so daß vier völlig gleiche Durchgangsbauten paarweise einander gegenübertreten.« Den Altarraum scheiden zwei frei stehende riesige Säulen vom Schiff; durch die hohen Fenster des Chors bricht das Licht wie die ›himmlische Glorie‹ ein. Wer eine Aufführung der ›Rappresentazione di anima e di corpo‹ eine ›geistliche Oper‹ des frühen 17. Jahrhunderts aus Italien, in der Kirche erlebt hat, wird Größe und Majestät des Raumes besonders stark empfunden haben.

Fischer, sagt Sedlmayr, *ist zusammen mit Andreas Schlüter der erste große deutsche Künstler nach dem Ereignis, das Wilhelm Pinder den ›Untergang der altdeutschen Kunst‹ genant hat – nach dem Tode Dürers, Altdorfers und Holbeins. Er ist weit mehr als ein großer Architekt unter Architekten. Er ist der größte deutsche Künstler zwischen Dürer und Johann Sebastian Bach und Händel und der universalste zwischen Dürer und Goethe.*

Mozart nicht zu vergessen, dessen *Geburtshaus* in der Getreidegasse 9 steht, mit hübschem Rokokoportal, mit einem Relief im Giebel, das im Volksmund das ›Schleierweiberl‹ genannt wird, mit dem in Arkaden geöffneten Hof, kurz: das typische wohlhäbige Salzburger Bürgerhaus. Die Mozart, auch Motzhardt geschrieben, trifft man allenthalben im Gebiet des ehemaligen Hochstifts Augsburg als Handwerksmeister an, wie zum Beispiel den Maurermeister David Mozart, der im 17. Jahrhundert am Turmbau der Pfarrkirche in Dillingen an der Donau mitgewirkt und dort zwei Häuser gebaut hat. Leopold Mozart, der Vater des Wunderkindes, übersiedelte bereits von Augsburg nach Salzburg und zog 1773 aus der Getreidegasse in das sogenannte Tanzmeisterhaus am heutigen Makartplatz, das Erzbischof Paris Lodron als Ballhaus gebaut hatte, doch ist die eigentliche Mozart-Gedenkstätte im alten Haus eingerichtet worden. Carl J. Burckhardt schrieb mir von seinem Besuch im Jahre 1968:

Die Herren des Mozarteums haben so etwas vom Schubertkreis. Ein exzellenter Musikkenner war dabei, der mir auf allen Instrumenten, die Leopold und Wolfgang Amadeus gehört haben, wirklich meisterhaft vorspielte... Mein stärkster Eindruck war das Mozartsche Familienportrait in der großen Stadtwohnung. Es stellt Wolfgang Amadeus und seine Schwester beim Vierhändigspielen dar; der Vater sitzt hinter dem Flügel, alt, schon wie halb jenseitig. Die in Paris verstorbene Mutter ist in einem Portrait an der Wand des dargestellten Raumes vorhanden. Mozart, vielleicht zwanzigjährig, hat eine unglaubliche Ausdruckskraft; da ist es einem mittleren Maler gelungen, etwas vom Geheimnis des Genies physiognomisch festzuhalten.

Drüben, auf der anderen Seite der Salzach und in der Andräer Vorstadt, liegt in seinem Garten das bereits genannte *Schloß Mirabell,* dieser heitere Bau, den Johann Lukas von Hildebrandt für Erzbischof Franz Anton Fürst von Harrach 1721-1727 umgebaut hat. Vormals hieß dieser schöne Sitz Altenau, weil Wolf Dietrich von Raitenau ihn für seine Geliebte Salome Alt errichten ließ. Und zwar soll er diesen Platz für das Schloß gewählt haben, weil er in seinem Blickpunkt lag, wenn er von den Fenstern seiner Residenz auf der Hohensalzburg auf die Stadt hinunter sah. Ebenso hat man von unten, von den Gärten Mirabells, einen einzigartig schönen Blick zur stolz und mächtig auf ihrer Höhe liegenden Veste. Im Jahre 1818 brannte das Schloß teilweise nieder. Es wurde instandgesetzt, doch mußte der charaktervolle Turm an der Ostfassade fallen, auch die Dachbalustraden mit Vasen und Figuren sind nicht erneuert worden. Heute ist also nur noch die Südfassade im Hof als unverfälscht hildebrandtisch zu bezeichnen. Das prächtige Stiegenhaus mit üppigem Volutengeländer ist besetzt mit Statuen und reizenden Puttenbübchen aus der Werkstatt des Georg Raphael Donner geschmückt. Von des Meisters eigener Hand dagegen stammt der Paris.

Längs der Lodronschen Befestigungen zieht sich das Gartenparterre mit vier großen Gruppen der Elemente von Ottavio Mosto, 1690, mit Götterfiguren von Bartholomäus Opstal und Johann Frölich, 1689, sowie Kopien der Borgheseschen Fechter von Bernhard Michael Mandl und Andreas Götzinger, als Begleitfiguren eines nicht vorhandenen Portals. Außerdem steht seit 1913 im Garten der 1661 in Kupfer getriebene Pegasus des Innsbruckers Kaspar Gras, nach anderer Version aber von dem Brixener Maximilian Röck geschaffen. Er stand zuerst auf dem Kapitelplatz, kam dann vor das Schloß auf den Mirabellplatz, dann auf den Makartplatz war darauf jahrelang im Museum, um dann endlich Ruhe im Mirabell-Garten zu finden. Paumgartner berichtet, man habe ihn »vor nicht zu langer Zeit über Intervention einer hohen Dame aus ehemals regierendem Haus seiner kostbarsten Güter beraubt, die er jüngst erst wieder zurückerhalten hat.«

Auf der Bastion sind wir im sogenannten ›Zwerglgarten‹ mit den lustigen Figuren mißgewachsener Zwerge in Callots Manier. Solch groteske Gestalten waren einst beliebt und bevölkerten barocke Gärten, so in dem des Hohenlohe-Schlosses Weikersheim im Taubertal oder im oettingenschen Schloßgarten in Öttingen. Die Salzburger Zwerge mißfielen Kronprinz Ludwig von Bayern so sehr, daß er sie in einen Kalkofen stecken lassen wollte. Sie wurden jedoch versteigert, aber nach und nach kam fast die Hälfte der heiteren Schar zurück. Auf der Bastion steht auch das hübsche Vogelhaus, von zierlich gearbeiteter Drahtkuppel überspannt, in dem heute Ausstellungen veranstaltet werden.

Der Garten ist schön, vor allem im Frühjahr, wenn Tausende von Tulpen blühen. Über ihm erhebt sich die Schloßfassade, und beide, Garten und Sommersitz, gehören zusammen, sind aufeinander bezogen, wie es im Barock gefordert war. Natürlich hatte Mirabell einst eine Orangerie. Das Diarium Salisburgense (1745-48) von Franz Heinrich Pichler

meldet eine »im Grund stehende Orangerie«. Und zwar
»seyen so viele Bameranschen Baum als wie ein gleiner Wald
bis 2 Span tick in Stengel und stehen alle in der Erden einge-
graben.« Die Pomeranzenbäume, die Franz Anton Danreiter
in seinen Salzburger Prospekten wiedergibt, lassen erkennen,
daß es sich wohl um über hundert Jahre alte Bäume gehandelt
haben muß, die wahrscheinlich einen Teil des Gartens beim
›Neubau‹ Raitenaus ausmachten. Hören wir, was Bernhard
Paumgartner zu diesem Garten sagt:

*Hier, im salzburgischen Barock, kreuzten sich die olympi-
schen Götter und Heroen aufs anmutigste mit einheimischen
Bauerndirnen von der schweren Pinzgauer Rasse. Und das
gibt bei aller Erotik, bei aller betonten Rückschau in die
griechisch-römische Klassizität eine wunderbare Bodenstän-
digkeit. Das Salzburger Barocktheater hat seine Requisiten
ausgepackt: Kronen, Federnhelme, blecherne Harnische und
Messingschwerter, Schilde aus Pappendeckel und brokatene
Mäntel. Nun beginnt das uralte Spiel vom Trojanischen
Krieg, vom großmütigen Aeneas oder von der ›edlen, wider
ihren Willen geraubten Göttin Proserpina‹. Es beginnt inmitten der lieblichen Blumenfülle, die der Gärtnermeister alljährlich aus den schwarzen Beeten hervorzaubert; es endet
erst, wenn der Schnee dicke Hauben über Chronos, Bacchus
und Jupiter stülpt und die prallen Blößen der Ceres oder
Diana mit einem warmen Federkleid zudeckt.*

Übrigens ist der Vater des Malers Hans Makart, des seinerzeit berühmten Malerfürsten, dieses späten großbürgerli-
chen Tiepolos, Aufseher in Mirabell gewesen. Vom Mirabell-
Garten aus zu erreichen ist auch das zauberhafte *Salzburger
Barockmuseum* mit seinen hinreißenden Bozzetti und Mo-
delli aus der Sammlung Rossacher.

Am Südende der Stadt liegt das andere große Schloß, das
vornehme *Leopoldskron,* das Erzbischof Leopold Anton von
Firmian ab 1736 von dem Schottenbenediktiner Pater Bernhard Stuart aus einer bereits vorhandenen Hausburg umge-

stalten ließ. Das Obergeschoß ist durch Umbau am Ende des Jahrhunderts verändert worden. Von 1918-1956 gehörte Leopoldskron Max Reinhardt, dem großen Theaterfürsten; heute dient es als Sitz eines Seminars. Annette Kolb ist oft in diesem Schloß Gast Reinhardts gewesen und berichtet in ihrem Buch ›Festspieltage in Salzburg‹ von einem Besuch im Jahre 1937, zu einer Zeit, als die Lichter in Europa zu verlöschen begannen. »Breite Bäche, Gruppen von Bäumen, die für sich bleiben, aber auch Wiesenflächen gibt es hier, nur wenig begangen mehr, von schmalen Wasserstraßen durchzogen, die tagsüber ein Volk von Mücken umsummt.« Die Stimmung war nicht nach Festen. »Der große Saal, in dem bei Kerzenschein die Kammermusik spielte, dient nur als Durchgang; die Freitreppe, eine einzige Lichtfläche damals, liegt im Halbdunkel, und wie verweht sie erscheinen, die Geladenen von damals. Lebendig dagegen und heimisch in diesem Rahmen ist Hofmannsthals Schatten... Was soll das ganze Getue mit Mozart eigentlich heißen? Keine Zeit könnte seinem Geist ferner und zuwiderer sein.«

Salzburg ist eine südlich wirkende Stadt, eine Stadt der rauschenden Brunnen, der weiten Plätze, eine sehr festliche Residenz, in der man mit immer neuer Freude herumstreift, um stets neue Entdeckungen zu machen. Größe und Anmut stehen geschwisterlich vereint. Müde vom Gehen und Schauen sitzen wir schließlich unter den Kastanien beim Tomaselli, trinken Kaffee und lassen die Menschenmenge vorüberziehen. Das tat auch meine Frau, als sie vor Jahren an einem Herbsttag unseren Gast, die lustige, scharf beobachtende oberhessische Bäuerin, Frau Lina Filsinger, nach Salzburg gebracht hatte. Sie hatte alles genossen und saß nun erschöpft und schwitzend da. Plötzlich sagte sie: »Gell, der Tomaselli war doch der Kerl, der mit der Königin von Sachsen fortgemacht hat?« »Nein«, antwortete meine Frau, »das war der Komponist Toselli.« »Macht nichts«, rief Frau Filsinger, »die Reiche werde von der Wollust als mehr gestoche als die Arme!«

Wenn wir das Stadtbild in uns aufnehmen, werden wir gewahr, wie die Architekturen ihre Richtigkeit haben, eine Wirkung, der wir uns nicht entziehen können. Diese Wirkung ist nicht an einen bestimmten Stil gebunden; Zeitabschnitte folgen einander, entwickeln sich, überschneiden sich. Erst im 19. Jahrhundert kommt es zum Stilbruch, zum Verlust der Unbefangenheit. Betrachten wir aber, was um die alte Stadt in den letzten Jahrzehnten gebaut worden ist, so möchten wir allerdings meinen, daß sich daneben die Architektur des späten 19. Jahrhunderts geradezu noch gut ausnimmt.

Die Benediktiner-Erzabtei Sankt Peter

Betrachten wir die Franziskanerkirche als das Herz der Stadt, so ist Sankt Peter ihre Wiege, denn es ist die älteste Kirchengründung in Salzburg. Mit Erlaubnis des Herzogs Theodo von Bayern gründete der heilige Rupertus um 690 das Kloster als Missionsstation, von wo aus das Land bis nach Ungarn hinein dem christlichen Glauben zugeführt worden ist. Sankt Peter ist also die Urzelle christlichen Lebens in Salzburg. Die Mönche lebten nach der irischen Regel, und nach irischem Brauch war der Abt zugleich Bischof der Stadt. 988 war die Trennung beider Ämter vollzogen worden, aber erst im Jahre 1110 gab Erzbischof Konrad I. seinen Sitz in Sankt Peter für einen Neubau an Stelle der heutigen Residenz auf.

Bereits unter Rupertus hatte das Stift eine Klosterschule, die im 17. Jahrhundert zu einem ›Akademischen Gymnasium‹ ausgebaut wurde, 1927 ist das Stift zur Erzabtei erhoben worden, die 1942 von den Nationalsozialisten aufgehoben wurde. Heimlich hielten die Mönche ihre Gottesdienste, bis sie 1945 ihre Arbeit ungestört aufnehmen konnten.

Durch eine schmale Durchfahrt gelangen wir in den Klosterhof mit dem von Bartholomäus Opstal in den siebziger Jahren des 17. Jahrhunderts geschaffenen Fischbrunnen, auf dessen Säule der Apostel Petrus steht. Der Hof ist umgeben von schlichten Gebäuden, die unter Abt Sinhuber 1688 umgestaltet worden sind. Hier ist nichts von der Pracht anderer barockisierter Benediktinerabteien in Österreich und Bayern zu sehen.

Die ursprüngliche Kirche ging in einem Brand unter und wurde 847 neu gebaut. Von diesem Bau ist lediglich das Turmuntergeschoß erhalten, denn 1127 fiel die Kirche wiederum einer Feuersbrunst zum Opfer und wurde 1130-1143 neu errichtet. Zwischen 1605 und 1625 erhielt sie im Zusammenhang mit der ersten Barockisierungswelle den rechteckigen Chor und die hohe Vierungskuppel, die 1757 in die heutige Gestalt gebracht wurde. Unter Abt Beda Seeauer (1753-1758) erhielt die Stiftskirche auch ihr heutiges Kleid, und in den Jahren 1925 und 1926 baute man westlich der Stiftsgebäude das Kolleg Sankt Benedikt.

Der Eingang zur *Stiftskirche Sankt Peter* liegt unter dem hohen Turm mit dem prächtigen, reichbewegten Helm von 1756. Die Form des Helms ist mir immer als besonders wohlgelungene Erfindung des Baumeisters erschienen, so elegant, kräftig und fest schwingt er aus und ein. Dem Turm ist eine Vorhalle mit Marmorportal von 1757 und Giebel von 1781 vorgelegt. In dieser Vorhalle stehen wir vor dem schönen Stufenportal von etwa 1250, mit eingestellten Säulen im Gewände, gefügt aus rotem und weißem Marmor. Im Tympanon sehen wir Christus zwischen den Aposteln Petrus und Paulus, und die lateinische Inschrift lautet in Übersetzung: »Ich bin das Tor des Lebens. Kommt ihr Heilsbedürftigen alle, geht durch mich ein. Es gibt keinen anderen Weg zum Leben.«

Der Kirchenraum selbst wird abgeschlossen durch ein prachtvolles schmiedeeisernes Gitter des Hofschlossers Philipp Hinterseer von 1768 mit dem Wappen des Abtes Seeauer.

Der romanische Charakter des Raumes selbst ist noch deutlich spürbar durch den Stützenwechsel: Pfeiler–Säule–Säule–Pfeiler, doch wird heute der Eindruck wesentlich bestimmt durch die eleganten grünen Stukkaturen des Benedikt Zöpf auf weißem Grund, die goldglänzenden Altäre und die Deckenfresken von Franz Xaver König, welche Szenen aus dem Leben Petri schildern. Nur einiges soll aus der Fülle genannt werden. Aus der Zeit des Erzbischofs Wolf Dietrich von Raitenau (1587-1612) stammt ein großes Gemälde ›Ausführung Christi‹ von Kaspar Memberger (1591) an der Südwand des Langhauses, dem auf der gegenüberliegenden Seite die ›Kreuzerhöhung‹ des Ignaz Solari (1632) entspricht, des Sohnes Santino Solaris, des Dombaumeisters. Der hohe, säulengeschmückte Hochaltar, 1777-1778 gearbeitet, mit dem eindrucksvollen Bild der Muttergottes von Johann Martin Schmidt, ›Kremserschmidt‹ genannt, der alle Altarbilder der Kirche gemalt hat, zeigt die vergoldeten Statuen der Heiligen Amandus, Vitalis, Virgil und Rupertus, die Franz Hitzl geschnitzt hat.

Im nördlichen Seitenschiff steht der Rupertusaltar mit dem Grabmal des Heiligen und Klostergründers, ein römischer Sarkophag, darüber der gotische Grabstein von 1444. Seit dem 12. Jahrhundert brennt hier ein ewiges Licht.

Im südlichen Querschiffsarm stehen der große und kleine Vitalisaltar. Unter dem kleinen ist das Grab des Heiligen aus der Mitte des 15. Jahrhunderts, das größte und besterhaltene Salzburger Grabrelief der Spätgotik. Dort liegt auch Werner von Raitenau, der Vater des Bischofs Wolf Dietrich. Auf dem nördlichen Querhausaltar sehen wir eine der anmutigen ›Schönen Madonnen‹ Salzburgs, die ›Maria auf der Säul‹, um 1420 entstanden, und eine schöne sitzende Muttergottes, um 1500, befindet sich in der Marienkapelle, durch die man in den Kreuzgang gelangt.

In der Südostecke des Klosterhofs liegt der berühmte Peterskeller, wo man die köstlichen ›Salzburger Nockerln‹ bekommt. Es ist dies zwar eine Salzburger Spezialität, die man in allen Wirtshäusern zuzubereiten weiß: aber hier im Peterskeller schmecken sie doch am besten.

Zwischen Kirche und Keller führt ein Torbogen in den *Petersfriedhof,* einen der schönsten Friedhöfe der Welt, im Sommer eine grüne, blühende Stätte seliger Toter, mit Grabmälern aus vielen Jahrhunderten, mit geschmiedeten Kreuzen, mit Kapellen – ein Ort, wo ich begraben sein möchte. Man kann ihn besuchen, so oft man will: Immer wieder wird man von der anheimelnden Freundlichkeit dieses stillen Bezirks gefesselt sein, eines Bezirks, in dem wir der Salzburger Geschichte auf Schritt und Tritt begegnen. Alles in ihm, Architekturen, Gräber und Natur sind im Lauf der langen Zeit harmonisch zusammengewachsen. Über den Arkaden, die Christoph Gottsreiter 1627 gebaut hat, stehen die grauen Felsmassen des Mönchsbergs. Hinter der Kreuz- und der Ägidienkapelle, die der Tradition zufolge einst die Gebetsgrotte des heiligen Rupertus gewesen sein soll, geht es hinauf zu den sogenannten Katakomben, frühen christlichen Gebetsstätten, die vermutlich bis ins 3. Jahrhundert zurückreichen. Der Weg zu den Katakomben berührt die ›Kommunegruft‹, in der Joseph Haydns Bruder, der Kapellmeister und Komponist Michael Haydn, und Maria Anna Mozart, das berühmte Nannerl, begraben liegen. Auch der Dombaumeister Santino Solari wurde 1646 im Friedhof beigesetzt, und im Boden der 1309 geweihten Margaretenkapelle finden wir die Grabplatte für Johann Staupitz, den Freund Luthers, der von 1522-1524 Abt von Sankt Peter gewesen ist.

So liegt die Kirche im Frieden des Gottesackers und des Klosterbezirks, mitten in der Stadt und doch ganz für sich.

Dieses Sankt Peter, schreibt Franz Martin, *ist nicht nur die Wiege Salzburgs, sondern das einzige Kloster Deutschlands überhaupt, das seit dem 7. Jahrhundert ohne Unterbrechung besteht. Das will heißen: Als Sankt Peter gegründet wurde, regierten noch die Agilolfinger in Bayern, gab es noch nicht einmal die Karolingische, geschweige denn die Babenbergische Ostmark, jenes kleine Land, aus dem das nun auch schon zerfallene Habsburgische Reich hervorgegangen ist. Dynastien verschwanden, Reiche wurden zertrümmert, auch die Herrlichkeit des souveränen Erzstifts Salzburg ist dahin. Grenzen haben sich verschoben, ungeheure Reichtümer bedeutender Kunstsammlungen haben sich zusammengeballt und sind wieder in alle Winde zerstoben: Im Sankt Peter-Bezirk aber erschallt immer noch, ohne daß es einen Tag unterlassen worden wäre, das Gloria Patri und das Magnificat der Mönche wie vor 1200 Jahren.*

Stift Nonnberg und weitere Kirchen

Von der Festung Hohensalzburg, dem Mönchsberg und dem Benediktinerinnenstift Nonnberg haben wir den schönsten Blick auf die Altstadt, die wie auf einer Bühne unter uns liegt und so sinnvoll komponiert erscheint. Ihr Bild aber entstand durchaus aus den natürlichen Gegebenheiten: Ebene, begrenzende Berge, Fluß.

Wie Sankt Peter, ist *Stift Nonnberg* ein stiller Bezirk klösterlichen Lebens. Es liegt im Süden der Stadt, dicht unter der Burg, mit Kirche und Abtei, umzogen von einer Mauer, an der sich Grab an Grab reiht. Es ist ein uraltes Stift, um 700 vom heiligen Rupertus gegründet, der seine Nichte Erentrudis dort als erste Äbtissin einsetzte.

Alle Stürme der Zeit, auch die Säkularisierung, hat das Stift überlebt, nur die kostbarsten Stücke der Bibliothek ließ König Max I. Joseph von Bayern in die Münchner Staatsbibliothek überführen.

Besondere Wohltäter der Abtei war das heilige Kaiserpaar Heinrich II. und Kunigunde, mit deren Hilfe die Äbtissin Wiradis um das Jahr 1000 Kirche und Kloster neu aufführte. Im 13. Jahrhundert verlieh Papst Gregor IX. den Äbtissinnen das Recht, sich des Faltstuhls und der Pontifikalien zu bedienen. Bei ihrer Weihe empfängt die Äbtissin jedoch statt einer Inful eine Krone, die sie in früherer Zeit bei festlichen Anlässen auch getragen hat. Heute ist man in Anbetracht der Zeitverhältnisse von diesem schönen alten Brauch abgegangen.

Im Jahre 1423 brannte die Kirche durch Blitzschlag nieder. Sie wurde dann, nach einer notdürftigen Instandsetzung,
über den alten Fundamenten neugebaut, und zwar begann
man 1463 mit der Krypta. Das Langhaus der Kirche errichteten Hans und Wolfgang Wiesinger aus Braunau am Inn,
unter deren Ägide der ganze Kirchenbau 1507 abgeschlossen
war. 1711 wurde der romanische Turm erhöht und erhielt die
hübsche geschweifte Haube. Im Portal aus der Zeit von
1497-1499 der kleinen Vorhalle stehen im Gewände die
Holzstatuetten Kaiser Heinrichs ii., der Muttergottes, des
heiligen Rupertus und der Erentrudis (Kopien der heute im
Stiftsmuseum verwahrten Originale). Über dem Türsturz ist
ein romanisches Architekturstück mit Rankenwerk einge-
fügt, und im Tympanon sehen wir das um 1200 geschaffene
Marmorrelief der Muttergottes zwischen Engeln, betender
Nonne, Rupertus und Erentrudis. Die Inschriften lauten auf
der Spiralranke: »Porta patet vitae, Christus via vera. venite –
Die Pforte des Lebens steht offen. Christus ist der wahre Weg.
Kommet«. Über dem Relief lesen wir: »Splendor imago pat-
ris fecunda viscera matris, janua, lux, partus. Salvantis credi-
tus ortus – Glanz, Ebenbild des Vaters, fruchtbarer Mutter-
schoß, Pforte, Licht, Ursprung, Glaube an die Geburt des
Erlösers«.

Wir betreten den feierlichen langgestreckten basilikalen
Kirchenraum, der im Westen durch die prachtvolle, reich mit
Fialen, Maßwerk, Kielbögen und Figurenwerk geschmückte
Wand vor dem Nonnenchor abgeschlossen ist. Unter dem
Nonnenchor liegt ein dunkler Raum, in dem Freskenreste aus
der Mitte des 12. Jahrhunderts aufgedeckt wurden: sie zäh-
len – wenn auch nicht zu den ältesten, so doch zu den bedeutendsten Österreichs aus jener Zeit. Wir sehen in Nischen die
Brustbilder der Heiligen Augustinus, Benedikt, Rupert, Gregor, Stephanus, Florian, eine Märtyrerin (Agnes?), einen Dia-
kon (Vinzenz?), alle von der strengen Würde jener Zeit getragen. Die übrigen Fresken, von denen lediglich Fragmente
erhalten sind, fielen dem Einbau des Chors zum Opfer. Die

Fresken gehen auf byzantinische Vorbilder des 11. Jahrhunderts aus den griechischen Klöstern von Hosios Lukas in Phokis oder Daphni bei Athen zurück, die über Italien vermittelt worden sind.

Sechs mächtige Bündelpfeiler mit vorgelegten Runddiensten tragen eine Empore mit Maßwerkfries, und darüber liegt ein schönes strenges Netzrippengewölbe, das in den Seitenschiffen reicher ausgebildet ist. Infolge der weiten Arkaden wirkt der Raum sehr breit und ruhig. Der erste Eindruck ist der von Vielgestaltigkeit, doch klar und entschieden in der Harmonie der auf einander bezogenen Raumteile und des Dekors, ohne Ablenkung durch Farben und ganz auf den schönen bräunlichen Konglomeratstein und den hellen Wandton gestimmt. An einigen Stellen sind Akzente von besonderer Pracht gesetzt, wie die Abschlußwand des Nonnenchors oder der farbig leuchtende Hochaltar. An den Seitenschiffwänden stehen rotmarmorne Äbtissinnen-Grabsteine des 13. bis 17. Jahrhunderts.

Erhöht liegt der Chor, dessen Mittelfenster der Elsässer Peter Hemmel aus Andlau 1480 gemalt hat. Der prächtige Hochaltar von etwa 1515, mit den Statuen der Gottesmutter von 1640 in der Mitte, die vermutlich vom Liebfrauenaltar des alten Doms stammt, den Figuren der Heiligen Rupertus und Virgil sowie, der Kreuzigung im Gesprenge, kam 1853 aus Scheffau auf den Nonnberg. Die Innenseiten der Flügel zeigen Reliefdarstellungen der Passion, die Außenseiten Malereien nach Albrecht Dürers ›Marienleben‹. Am Aufgang zum Chor finden wir eine gute Statue der heiligen Erentrudis aus dem späten 15. Jahrhundert.

Den Altar der nördlichen Apsis schmückt eine Pietà des ersten Viertels des 15. Jahrhunderts, den der südlichen Apsis ein kleiner Flügelaltar der heiligen Katharina, von Meister Wenzel 1522 gearbeitet. In den Seitenkapellen gibt es Altäre des 18. Jahrhunderts mit guten Malereien von Peter Anton Lorenzoni (Heilige Benedikt und Scholastika), von Peter P. Perwanger (Anbetung des Allerheiligsten) und von Arsenio

1 Im Salzburger Dom *Sepiazeichnung von Georg Pezolt, um 1840*

Dreifaltigkeitskirche Kapuzinerkloster   Kapuzinerberg

Schloß Mirabell   Kollegienkirche   Franziskanerkirche   Dom   San
                                                                                 Pete

2 Blick vom Mönchsberg auf Salzburg
   Aquatinta von Beda Weinmann, um 1830

Festung Hohensalzburg   Roter Turm

3 Am Friedhof von Sankt Peter in Salzburg

Aquarell von Johann Fischbach, um 1840

4 Die Hofstallschwemme mit der heute verschwundenen Alten Waage

Bleistiftzeichnung von Georg Pezolt, um 1840

5 Die Kollegienkirche vom Mönchsberg aus
Bleistiftzeichnung von Georg Pezolt, um 1840

Mascagni (zugeschrieben: Beweinung Christi, 17. Jahrhundert).

Dem Grundriß des Chors entspricht die Krypta von 1463 mit Netzrippengewölbe über achtzehn Säulen, den Gräbern der heiligen Erentrudis und der seligen Regintrudis, Gemahlin des bayerischen Herzogs Theodo, die als Witwe den Schleier nahm. Zur Zeit des Kirchenneubaus waren Krypten bereits seltener geworden. Wahrscheinlich hat man sie zu Ehren der ersten Äbtissin Erentrudis angelegt.

Neben der Klosterpforte führt ein Aufgang zur *Johanneskapelle,* wo sich der 1498 entstandene reiche Flügelaltar mit der Anbetung der Hirten und Flügelreliefs mit Szenen aus dem Marienleben befindet. Der Altar stammt aus dem alten Dom und kam, als dieser abgebrochen wurde, auf Befehl des Erzbischofs Wolf Dietrich von Raitenau auf den Nonnberg. Man hat angenommen, daß der Altar ein Werk des Veit Stoß sei, neigt aber jetzt der Auffassung zu, daß er wohl von Veit Stoß entworfen, aber von einem begabten Mitarbeiter des Meisters geschnitzt worden ist.

Wir vertrauten uns der Führung von Frau Gertrudis (die Schwestern führen hier Titel und Anrede ›Frau‹) an, die uns einen Blick in den zur Klausur gehörenden Nonnenchor tun ließ, wo sich die Klosterfrauen zum feierlichen Chorgebet versammeln. Die Gewölbe dieses Raumes sind 1625 mit Darstellungen von Engeln und Nonnen freskiert worden. Die Malereien werden Matthäus Ostendorfer zugeschrieben, dürfen jedoch, wie Frau Gertrudis meint, eher von einem Lehrling ausgeführt worden sein.

Die Konventsgebäude bestehen aus schmucklosen Bauten des 13. bis 19. Jahrhunderts und liegen um den stillen schlichten Kreuzgang, dessen Anlage auf romanischem Grundriß in das letzte Drittel des 16. Jahrhunderts zurück geht. Hier sehen wir ein eindrucksvolles Kruzifix aus der Zeit um 1160/70. Wir steigen die Treppe hinauf und kommen an einer schönen steinernen Madonna des 14. Jahrhunderts in einer Wandnische vorüber. Frau Gertrudis erzählt begeistert von der Wirkung der Figur, wenn nachmittags die Sonne die Stiege herunter wandert und die Plastik aufleuchten läßt.

In einem Klostergang stehen wir dann vor dem außerordentlich bewegenden sogenannten Mystikerkreuz, einem Kruzifix um 1300 aus dem alten Dom. Ein Blick in den Kapitelsaal mit restaurierten Fresken von 1571 tut sich auf, dann kommen wir in das *Stiftsmuseum* und stehen überwältigt von der Fülle und Qualität der hier ausgestellten Kunstwerke: Figuren, Gemälde, kunstgewerbliche Arbeiten. Einmal, so erzählt unsere Führerin, habe sich ein wohl protestantischer Besucher entzückt über die Schönheit einer Madonna geäußert. Ja, wenn der Wurm nicht wäre, hätte sie eingeworfen. Darauf der Herr: »Ach, dagegen kann man heute sehr viel tun!« Er hatte die Figur der ›Heiligen Margareta‹ mit dem ›Wurm‹ für eine Madonna gehalten. Da sind Flügelaltäre des 16. Jahrhunderts, ein Büstenreliquiar der heiligen Erentrudis von 1316, getriebene Silberblechreliefs, Medaillons und Miniaturen, Elfenbeinschnitzereien von hoher Qualität, die herrliche, graziöse Statuette des sitzenden heiligen Hieronymus mit dem Löwen aus dem späten 15. Jahrhundert, mit alter Fassung und von ganz monumentaler Wirkung. Da ist das reizende Weihnachtsreiterlein von 1520, ein Kind im bestickten Kleid, mit goldbetreßtem Hütchen, das die Schalmei blasend die Geburt des Herrn verkündet. Ebenso schön ist das ›Trösterlein‹, ein Christkindfigürchen aus dem beginnenden 16. Jahrhundert, im bestickten roten Brokatgewand, ein goldbesticktes Käppchen auf dem Kopf. Das Haupt etwas zur Seite geneigt schaut das ›Trösterlein‹ träumerisch lächelnd vor sich hin. Die kostbarsten Stücke aber sind der Faltstuhl, die Inful und eine Grabkrone, ein Juwel der Textilkunst des 15. Jahrhunderts.

Laut Urkunde des Erzbischofs Eberhard I. von 1242 erhielt die Äbtissin Gertraud von Stein für sich und ihre Nachfolgerinnen das Recht, sich, »wo immer sie auch sei«, des Faltstuhls zu bedienen. Er besteht aus rot lackiertem Holz mit figürlichen Einlagen in Bein, Bronzefüßen in Form von Krallen und beinernen Knäufen in Gestalt von Löwenköpfen. Die oberen Querleisten sind überdies an den Außenseiten mit kleinen Bildern in Tempera verziert. Die aus Bein gefertigten Reliefs der Innenseiten zeigen Samson, ein nacktes, von einem Löwen bedrohtes Kind, sowie wahrscheinlich Szenen aus der Eustachiuslegende. Über die Datierung des Stuhls gehen die Meinungen auseinander. Einige glauben, er sei zur Zeit der Verleihung des Rechts an die Äbtissin gearbeitet worden, andere meinen auf Grund des Altersunterschieds der Reliefs – einige konnten inzwischen dem 9. Jahrhundert zugeschrieben werden –, daß er ein Jahrhundert älter und für die Verleihung nur umgearbeitet worden sei. Es wird auch gesagt, daß der Stuhl aus kaiserlichem Besitz an den Erzbischof gelangt sein könnte. Dehio schreibt, daß eine »lokale Zuweisung des einzigartigen Stückes nicht möglich« sei.

Der andere altehrwürdige Gegenstand ist der elfenbeinerne Stab, der der Äbtissin ebenfalls 1242 verliehen wurde. Der aus einzelnen Stücken zusammengefügte Stab läuft in einer Schnecke aus, die sich aus dem Rachen eines Drachen entwikkelt und im Kopf eines Untiers mit langer Zunge endet. Die Krümme wird ausgefüllt durch das Opferlamm mit Heiligenschein und Kreuzstab, ihre Oberseite ist mit Krabben besetzt. Der prachtvolle Stab ist wohl oberitalienisches Exportgut aus dem ersten Viertel des 13. Jahrhunderts.

Alle genannten Jahrzahlen für Baugeschichte und Kunstgegenstände erscheinen uns angesichts dieser uralten Stätte fast überflüssig. Uns beeindruckt viel mehr die Einheit des Ganzen im Geiste des Ordenslebens, das hier über tausend Jahre wirkt.

Dann standen wir wieder draußen, schauten über die unvergleichlich schöne Stadt hin und stiegen gemächlich ins Tal hinab, unter den mächtig aufschießenden Mauern und Bastionen der Burg, in deren Schutz Stift Nonnberg nun so lange schon geborgen ist.

Unterhalb des Nonnbergs liegt die *Erhardkirche,* die das Domkapitel durch Caspar Zugalli 1685 bis 1689 errichten ließ, ein Bau von interessantem, bewegtem Umriß, mit vorgelagertem Portal, flankiert von jonischen Säulen über doppelläufiger Freitreppe. Zwei Türme unter barocken Hauben steigen zu Seiten der Fassade auf, und über der Mitte der Kirche erhebt sich über rundem Tambour die hohe Kuppel. Innen fällt vor allem der schwere farbige Stuck mit vielen vollplastischen Figuren und Reliefs des Francesco Brenno auf.

Natürlich ist damit die Reihe der sehenswerten Salzburger Kirchen noch nicht abgeschlossen: sicherlich werden wir bei unseren Wanderungen durch die Stadt immer wieder auf Sakralbauten stoßen, die entweder so versteckt und verborgen liegen wie die reizende *Michaelskirche* am Residenzplatz oder so exponiert wie die Pfarrkirche der ehemaligen Vorstadt *Mülln* mit ihrer sehenswerten Ausstattung. Besonders erwähnt werden soll auch die *Sebastianskirche* an der Linzer Gasse jenseits der Salzach, weil man durch sie oder durch ein kleines Gittertor neben ihr in den berühmten *Sebastiansfriedhof* gelangt. Inmitten des heute von Wohnbauten umsäumten Areals steht die Gabrielskapelle, das Mausoleum des Erzbischofs Wolf Dietrich, welche Elia Castello gebaut hat, der ebenfalls hier begraben liegt. Im Äußeren gliedern Pilaster den zylinderförmigen Bau, dessen Innenraum ganz und gar mit kleinen, bunten, schimmernden Fliesen verkleidet ist, an den Wänden schachbrettartig und vorwiegend weiß, in der Kuppel mit rhombenförmigen Plättchen in Blau und Rot. Von der glänzenden Fläche heben sich die Architekturteile in Weiß und Gold scharf ab, und in Nischen stehen die großen weißen Stuckfiguren der vier Evangelisten. Im Tonnengewölbe sind in neun Feldern Hochreliefs der vier Kirchenväter, der vier Kardinaltugenden und des erzbischöflichen Wappens aus farbigem Stuck angebracht, ähnlich dem Deckenschmuck im Neugebäude, den ja derselbe Castello geschaffen hat. An der Westwand des Friedhofs liegt das Grabmal des

Arztes Paracelsus. Der Tod dieses merkwürdigen Mannes hat die Phantasie des Volkes beschäftigt. So soll er, als er das Ende nahen fühlte, seinem Diener eine Schachtel übergeben haben, in der sich ein Pulver befand, und dazu die Anweisung gegeben haben: »Sobald mein Leib kalt geworden, zerhackst du ihn so klein du kannst, bestreust den Brei mit diesem Pulver und gibst alles sodann in ein Gefäß, das du sorgfältig verschließen mußt. Ganz bessonders aber sei dir ans Herz gelegt: öffne das Gefäß ja nicht vor Ablauf von neun Monaten.«

Der Diener versprach es und tat wie ihm geheißen. Aber dann plagte ihn die Neugierde so sehr, daß er schon nach sieben Monaten das Gefäß öffnete. Er sah darin ein kleines Kind zappeln, das infolge des Zutritts der Luft sofort starb. Hätte er die vollen neun Monate abgewartet, so meint die Legende, wäre Theophrastus Paracelsus wieder zum Leben erwacht.

Die Festung Hohensalzburg

Von welcher Seite wir auch kommen, die Veste ist das erste, was wir sehen. Wie eine Krone sitzt sie über der Stadt, breit, grau und mächtig. Wird aber die moderne Bebauung des Vorlandes so fortgesetzt wie bisher, wird die Burg aus der Ferne bald nicht mehr als das alles beherrschende Bauwerk zu sehen sein.

Der Blick von der Festung über Stadt und Land ist immer wieder überraschend schön, ja großartiger, als man sich erinnert. Die Festung selbst ist ein gewaltiger Komplex von Bauten um Höfe und Höfchen, altersgrau, abweisend, kalt und leblos, wie alle Burgen, die nicht mehr bewohnt sind. Laut ›Dehio‹ ist sie 1077 gebaut und im Lauf der Zeit, hauptsächlich 1465 bis 1519, erneuert, erweitert und verstärkt worden. Erzbischöfliche Wappen erzählen davon: Die Rübe Leonhards von Keutschach (1945-1519), die Kugel Wolf Dietrichs von Raitenau (1587-1612) der Löwe von Paris Graf

Lodron (1619-1653), die Kugeln Max Gandolfs von Kuenburg (1668-1687).

Im Äußeren sind die Architekturen schmucklos. Die
Nüchternheit und Geschlossenheit der Baumassen wirkt daher um so eindrucksvoller; es ist eine wirkliche Landesburg,
wie etwa die von Burghausen über der Salzach, mit Schießscharten, Rondellen, Basteien, Türmen und Wehrgängen. Als
Festung hat sie praktisch nur zweimal eine besondere Rolle
gespielt: 1523, als Erzbischof Matthäus Lang von Wellenburg in Kämpfe mit der Salzburger Bürgerschaft verstrickt
war, dann zwei Jahre später, als die Bauern sie belagerten, bis
die Truppen des Schwäbischen Bundes unter Herzog Ludwig
x. von Bayern und Jörg von Frundsberg sie entsetzten.

Steigen wir von der Stadt hinauf, wächst die Burg immer
mächtiger über uns auf. Durch zwei Sperrbögen, den Lodron-
und Keutschachbogen, gehen wir über den Graben unter der
Feuerbastei von 1681 hin, deren hohe glatte Wand als einzigen Schmuck das Kuenburgwappen trägt. Durch den dritten
Sperrbogen, den von Lodron 1644 umgebauten Schlangen-
bogen, über dem der Trompeterturm steht und an den sich
linkerhand das Schlangenrondell und die untere Nonnberg-
bastei anschließen, gelangen wir in den großen Hof und
gehen weiter durch die Roßpforte, vorüber an den Zeughäu-
sern, dem Arrestantenturm und dem Arbeitshaus, zum Geier-
turm, Hasenturm, Recken- oder Gerichtsturm, wo sich die
Haltestelle der Bergbahn befindet, mit der man schneller und
bequemer hinaufkommt. Den besseren und eindrucksvolle-
ren Überblick jedoch gewinnen wir auf dem genannten
Rundgang, der uns die Großartigkeit dieser Burg erst richtig
erschließt. Im Dreißigjährigen Krieg hatte Paris Lodron die
Burg so stark befestigt, daß die Schweden auf einen Zug von
München nach Salzburg verzichteten.

Steigen wir von der Bergstation zur Festung auf, passieren
wir den kleinen alten Schloßhof, den düsteren, zugigen Feuer-
gang und erreichen den großen äußeren Hof. Zwischen den
kleinen äußeren und inneren Höfen erhebt sich die alte Kern-

burg. Im großen Hof sehen wir über dem Portal der *Georgskapelle* das marmorne Christophorus-Relief, das Leonhard
von Keutschach 1501/02 anfertigen und anbringen ließ, und
an anderer Stelle der Kapellenmauer, unter der Darstellung
der Kreuzigung das prachtvolle Mamorrelief des segnenden
Erzbischofs Leonhard, das Hans Valkenauer 1515 geschaffen hat. Da steht er, der strenge Herr, flankiert von zwei
Leviten mit Legatenkreuz, Legatenhut und Missale. Die Inschrift sagt: ›Hie gibt Erzbischove Leonhard zu Salzburg,
geborn v. Keutschach, den Segn über das Stifft Salzburger
Landt. A. D. 1515.‹ Das Denkmal soll auf Grund einer Vision
entstanden sein. Keutschach wohnte fast immer auf der Burg,
und eines Tages, als er, Regierungsgeschäfte bedenkend, im
Zimmer auf und ab ging, sah er sich plötzlich selbst am
Fenster stehen, die Hand segnend über das Stiftsland erhoben. Die Sage erzählt weiter, daß mit dem Segen des Landesherrn das Gold aus der Salzach in die Hohen Tauern zurück-
gewichen sei, wo es dann gewonnen werden konnte.

Überall an der Burg finden wir sein Rübenwappen, denn
er ist es vor allem gewesen, der sie so aufwendig ausgebaut
hat, um die aufsässige Bürgerschaft in Schach halten zu können. Kaiser Friedrich III. hatte im Jahre 1487 der Stadt das
Recht verliehen, sich selbst Bürgermeister und Beamte zu
wählen, sowie die Freiheiten einer Reichsstadt zu genießen.
Daher wagten es die Salzburger, ihrem geistlichen Herrn auf
dem Landtag von 1508 zu sagen: »Es würde gemeiner Landschaft mehr fürträglich und nutz sein, sich ohne Mittel unter
das Heilige Römische Reich zu begeben, als unter einem
solchen Fürsten dergestalt zu sitzen.«

Der Fürst kochte vor Zorn, aber er beherrschte sich und
wartete die Gelegenheit ab, die Rebellen zu strafen. Der
geeignete Augenblick kam, und der Erzbischof lud die Stadt-
väter zum Abendessen. Sie kamen in der Hoffnung, den
Bischof ihren Wünschen geneigt zu finden, und in der Erwar-
tung eines ausgezeichneten Diners. Aber wie sehr wurden sie
enttäuscht: Keutschach ließ sie sofort greifen, ohne Decken

und Mäntel in Schlitten setzen und durch die eiskalte Winter-
nacht, begleitet vom Scharfrichter, nach Radstadt bringen.
Die Stadt, starr vor Schrecken, sandte sogleich eine Abordnung auf die Burg, die zitternd um Gnade bat. Keutschach
herrschte sie an: »Ich will euch den Grind abschlagen lassen!« Als die Bürgerschaft demütig und untertänig versprach,
auf Reichsfreiheit und alle kaiserlichen Zusagen wieder zu
verzichten, ließ er die Gefangenen frei.

Das Innere der Kapelle schmücken ebenfalls große Mar-
morreliefs, 1502 von zwei unbekannten Meistern geschaffen:
›Christus‹ und die ›Zwölf Apostel‹.

*Göttliche Landsknechte in einer himmlischen Wachtstu-
be,* nennt sie Bernhard Paumgartner. *Denn das sind diese
Apostel, steingewordene Kämpen des Keutschachers mit
Helmparte, Schwert und Spieß, untersetzte mächtige Feldob-
riste der himmlischen Legion, bereit, im Ernstfall herabzu-
steigen und den Feind von den Zinnen der Festung in die Tiefe
zu schmettern.*

Im Hof steht auch die alte Linde, die aus dem von einem
Kreuzzug mitgebrachten Samen gewachsen sein soll.

Aus dem inneren Höfchen mit reizvoll gebildeten Erkern
und dem schönen Marmorrelief des segnenden heiligen Rupertus von 1498 unter dem Chörlein der Leonhardskapelle,
kommen wir zum Eingang in den *Palas.* Er enthält die Fürstenzimmer, die im Stil der späten Gotik ausgestattet sind. Da
ist vor allem die ›Goldene Stube‹ mit ihrem raffinierten, phantasievollen Schmuck von Rankenwerk, in dem Wappen und
Heiligenfigürchen sitzen, mit der reichen Kassettendecke, alles farbig gefaßt und vergoldet. Der wundervolle, gewaltige,
reich verzierte, bunte Salzburger Kachelofen von 1501 hat
einst sicher behagliche Wärme verbreitet. »Den schönsten
Ofen der Spätgotik in Österreich« nennt ihn der ›Dehio‹.
Hübsch ist das erzbischöfliche Schlafzimmer, dessen Türen
mit dem elegantesten Maßwerk überreich verziert sind.
Schließlich der Festsaal mit gewundenen Marmorsäulen. Alles in allem erinnert die Ausstattung an Tratzberg am Inn.

Nach der Säkularisierung kümmerte man sich nicht mehr um die Hohensalzburg; sie verwahrloste, diente als Kaserne, Magazin und Militärgefängnis, bis sie in unserer Zeit wieder instandgesetzt worden ist.

In Salzburgs Umgebung

Vor den Mauern Münchens hatten einst Adel und reiches Bürgertum ihre Sommersitze, reizende Villeggiaturen, die zum größten Teil verschwunden sind. Wir können sie auf Ansichten des 18.Jahrhunderts noch bewundern. Um Salzburg sind die Schlösser und Schlößchen noch erhalten, einige von ihnen in großen Parks, vielfach durch schnurgerade Alleen mit der Stadt verbunden. Sie gehören durchaus zum Bild der Stadt, das vor dem Entstehen der heutigen dichten, meist unschönen modernen Bebauung außerordentlich reizvoll gewesen sein muß. Das Salzburger Land hat, im Gegensatz zu anderen Staaten des Alten Reichs, nur wenige große Schlösser auf seinem Gebiet. Sie liegen vorwiegend in unmittelbarer Nähe der Hauptstadt, abgesehen von den landesherrlichen Burgen wie Hohenwerfen, Mittersill, Moosham, Mauterndorf oder Staufeneck bei Reichenhall und Tittmoning an der Salzach, welche erst durch den Vertrag von München 1816 endgültig an Bayern gefallen sind. Sie sind reine Wehrbauten gewesen, während Schlösser wie Klesheim, Mirabell, Leopoldskron, Hellbrunn mehr ›Maisons de plaisance‹ waren, wie Johannes Graf Moy sie nennt, einer der besten Kenner des Landes. Sie waren also keine dauernd bewohnten Sitze. Im Salzburgischen gab es keine durch reich begüterten Adel gebildeten ländlichen Mittelpunkte wie in anderen österreichischen Ländern oder in Deutschland. Die Struktur der Oberschicht unterschied sich auch durchaus von jener in den genannten anderen Gebieten. Güter von einiger Bedeutung sind Glanegg, heute im Besitz der Freiherren von Mayr-Melnhof, Weitwörth am Haunsberg, Eigentum der Fürsten von Auersperg, oder Anif der Grafen von Moy. Sie sind jedoch

erst im 19. und 20. Jahrhundert nach und nach zusammengekauft worden. Vor 1800 hatten die Schlösser andere Funktio-
nen. Sie waren, wie die Landesburgen, entweder Behördensit-
ze, düstere Kästen, in denen nur die Räume für den Landesherrn reicher ausgestattet waren, oder lediglich sommerliche
Lustsitze vor der Stadt.

Die einzigen Geldquellen des Hochstifts, Salzwesen und
Goldbergbau, befanden sich in der Hand der Erzbischöfe.
Die Hochgebirge waren kaum geeignet für die Bildung er-
tragreicher Güter. Auch vermochte sich in diesem geistlichen
Staat keine einflußreiche Aristokratie zu entwickeln, da die
Erzbischöfe scharf darauf sahen, daß möglichst alles in kirch-
lichem Besitz blieb, was an Grafschafts- und Herrschafts-
rechten erworben worden war. Sie schufen sich einen von
ihnen abhängigen Beamtenadel, und daher ist die Zahl der
Hofmarken mit eigener Gerichtsbarkeit im Land vergleichs-
weise sehr gering gewesen. Um 1800 gab es deren neun;
sieben davon in der Hand des Adels. Die Sommersitze um die
Stadt gehörten zum größten Teil den Domherren oder den
Familien, aus denen sie stammten.

Schlösser um Salzburg

So besaß Ernst Fürst von Schwarzenberg, später Bischof von
Raab, von 1804 bis 1821 das Gut *Aigen* am Abhang des
Gaisbergs, wo er den berühmten Garten mit Hilfe des Land-
schaftsmalers Ferdinand Runk und des Gärtners Sebastian
Rosenegger zu einer romantischen Anlage ausbaute, die seine
Vorgänger Basil von Amann und der Salzburger Erbmar-
schall Hieronymus Graf von Lodron begonnen hatten. Auf
Schwarzenberg trifft das Wort des weltbekannten Garten-
schöpfers Fürsten von Pückler-Muskau zu: »Wer mich ganz
kennen lernen will, muß meinen Park kennen, denn mein
Park ist mein Herz.« Michael Haydn, der jüngere Bruder des
berühmten Komponisten, widmete Schwarzenberg das Lied
›An den Hain von Aigen‹. Aigen war in der ersten Hälfte des

19. Jahrhunderts der Hauptanziehungspunkt für Besucher Salzburgs. Dieser Park und jener von Anif sind die größten im Salzburger Land, zudem die ältesten im englischen Geschmack angelegten Gärten in Österreich. Nur weniges aus der Fülle der Gartenbauten und Statuen ist erhalten. Verwilderte Parks haben – wenigstens für mich – meist etwas ungemein Trauriges. Sie sind ihrer Entsprechung zum dazugehörigen Haus verlustig gegangen, sie haben, wenn man will, ihren Geist verloren. Goethe schrieb einst über sein Gartenhaus:

> Übermütig sieht's nicht aus,
> Dieses stille Gartenhaus;
> Allen, die daselbst verkehrt,
> Ward ein froher Mut beschert.
>
> Schlanker Bäume grüner Flor,
> Selbstgepflanzter wuchs empor.
> Geistig ging zugleich alldort
> Schaffen, Hegen, Wachsen fort.

Zu Füßen des Untersbergs liegt das Schlößchen *Glanegg,* vermutlich als Grenzbefestigung gegen Berchtesgaden im 14. Jahrhundert erbaut und seit 1812 Besitz der Freiherren Mayr von Melnhof.

Des Schlosses *Klesheim* sei gedacht, das sich Erzbischof Johann Ernst Graf von Thun 1700-1709 von Johann Bernhard Fischer von Erlach bauen und Leopold Anton Freiherr von Firmian 1732 im Innern ausstatten ließ. Letzterer legte auch die Auffahrtsrampe mit den liegenden Hirschen, seinen Wappentieren, an – sie sind von Josef Anton Pfaffinger – und ließ den Balkon an der Hauptfassade anbringen.

Ab 1866 bis 1919 lebte der Bruder Kaiser Franz Josephs, Erzherzog Ludwig Viktor, in Klesheim. Seit 1921 gehört das Schloß dem Land Salzburg und wird für Empfänge benutzt. Die Zeit zwischen 1940 und 1945, in der es als ›Gästehaus des Führers‹ bestimmt war, brachte wenigstens eine durchgehende Restaurierung mit sich.

Das Schloß, in seinem riesigen, mauerumschlossenen Park, besteht aus Mittelrisalit und zwei Flügeln. Die Hauptfassade trägt den firmianschen Balkon auf Pfeilern und auf der Attika das dreifache Wappen Salzburg-Thun-Harrach, von Bernhard Michael Mandl 1707 geschaffen. Die Stukkaturen im Innern sind von Paolo d'Allio und Diego Francesco Carlone (1709). Im Park steht auch das ehemals Lusthaus, dann ›Hoyoshaus‹ genannte Schlößchen, das Fischer von Erlach 1694 gebaut hat. Carl Jacob Burckhardt schrieb mir im Jahre 1960:

Wir wohnten im Cavaliershaus in Klesheim, wo wir besonders hübsch, aber unordentlich und bei schlechtem Essen untergebracht waren... Der Auftakt zur Eröffnung [Festspiele] war einmal noch im alten Sinne elegant. Das Schloß Klesheim ist sehr gut in Stand gestellt, ganz Europa war einmal noch vorhanden, sehr viel schöne Frauen und einige in ihren Manieren angenehm gelöste Österreicher der alten Schule, die als Hausherren wirkten, wenn sie es auch nicht mehr waren.

An der Straße, die über Hallein und Golling in den Pongau und Pinzgau führt, kommen wir durch das Dorf Anif. Es liegt in einem der landschaftlich schönsten Teile des Salzachtals auf weiter Fläche mit Wiesen und Hainen, kleinen Herrensitzen, umstellt von waldigen Vorbergen, hinter denen sich die Schroffen und Grate des Hochgebirges erheben. Hier steht im See, inmitten des riesigen Parks, *Schloß Anif,* nicht nur eine der interessantesten, sondern auch malerischsten und anmutigsten Schöpfungen der Neogotik.

Anif war gute hundert Jahre lang Sommersitz der Bischöfe von Chiemsee. Deren letzter, Siegmund Christoph Graf von Waldburg-Zeil und Trauchburg, während der napoleonischen Zeit ausgezeichneter Administrator des Erzstifts, hat bald nach 1800 den herrlichen Englischen Park angelegt. Bis 1837 war Anif eine schlichte kleine Wasserburg, die im 13. Jahrhundert den Herren von Anif gehört hatte. Im frühen 16.

Jahrhundert wird die Burg zum ersten Mal als salzburgisches Lehen erwähnt. So war sie 1530 im Besitz des Kanzlers Nikolaus Ribeisen, 1560-1592 des Christoph Perner von Bettenwörth. Dieser baute die Burg um. Seit 1693 war dann Anif Sommersitz der Chiemseer Bischöfe. Der älteste Teil des Schlosses, der wohl noch aus dem 15. Jahrhundert stammt, ist der südliche Trakt des Hauptbaues.

1837 kaufte Alois Graf von Arco-Stepperg das Gut. Er war der Sohn der Erzherzogin Maria Leopoldine von Österreich, Witwe des Kurfürsten Karl Theodor von Pfalz-Bayern, die in zweiter Ehe ihren Oberststallmeister Ludwig Grafen von Arco geheiratet hatte. Der neue Besitzer baute das Schloß in den Jahren 1838 bis 1848 um, doch kam dieser Umbau fast einem Neubau gleich. Im Kern blieb der östliche Hauptbau erhalten; er erhielt lediglich Giebelzinnen. Der um ein Geschoß erhöhte Südflügel verbindet diesen Bau mit der Kapelle, über der ein mächtiger Bergfried errichtet wurde, und schließlich wurde auf der Westseite eine von schlanken achteckigen Marmorsäulen getragene offene Halle gebaut, die mit dem ›Bildersaalbau‹ in Verbindung steht. Graf Arco starb 1891. Seine Tochter war vermählt mit Ernst Grafen von Moy de Sons, welcher dann auch Anif erbte. Der heutige Besitzer, der Kunsthistoriker Johannes Graf Moy, hat mit ebenso großer Liebe wie Sachkenntnis das Schloß instandgesetzt und Fehlendes ergänzt.

Graf Arco, in München zu Hause, war wohlvertraut mit den künstlerischen Plänen der Könige Ludwig I. und Maximilian II. Er hatte mehrmals England bereist und die dortigen Tudorschlösser sowie die Bauten der Neogotik studiert, wie es auch Karl Fürst zu Leinigen getan hatte, ehe er ein Jahrzehnt vorher Schloß Waldleiningen bei Amorbach im Odenwald errichtete. Neogotik ist keine Nachahmung der Gotik; sie ist etwas durchaus Eigenständiges und verwendet gotische Formen aus ganz anderen Voraussetzungen. Die Neogotik gehört zu den Stilen, deren Formengut unter der Oberfläche immer vorhanden war und schon einmal im ausgehenden 16.

und frühen 17. Jahrhundert im Gebiet Würzburgs unter Fürstbischof Julius Echter als ›Echterstil‹ auftritt, dann als Barockgotik, wie sie als Sonderfall an den Kirchenbauten Giovanni Santin-Aichels in Böhmen etwa 1712 in Kladrau als ein Weiterleben nachgotischer Vorstellungen des späten 17. und frühen 18. Jahrhunderts erscheint. Santin-Aichel ist barock im System, gotisierend in den Einzelheiten. Seine Architekturen gehen auf den Wunsch der alten Orden zurück, deren Klöster zumeist von den Hussiten zerstört worden waren, nun wieder aufgebaut wurden, und zwar in gotischen Formen. Diese sollten den Anschluß an die alte abgerissene klösterliche Tradition wieder aufleben lassen. Bei Santin-Aichel erscheint das gotische Element als ›Vorromantische Staffage‹ (E. Bachmann) einer versunkenen mittelalterlichen Klosterkultur. Die Neogotik der ersten Hälfte des 19. Jahrhunderts dagegen entwickelte sich unter ganz anderen Aspekten, nämlich unter jenen des Englischen Landschaftsgartens. Die Parkbauten dieser Zeit und die Literatur gaben den Anstoß für die neue romantische Architektur, die keineswegs mit der Architektur des späten 19. Jahrhunderts verwechselt werden darf, die in der Nachahmung aller historischen Stile schwelgte. Das Interesse an der Geschichte des Mittelalters war wach geworden, an der Welt des Ritterlichen, dem man nun auch baulich wieder nahe kommen wollte. Aber die gotischen Formelemente waren zumeist ihrer ursprünglichen Bedeutung entkleidet; sie sollten vornehmlich ›Stimmung‹ erwecken. Sir Horace Walpole sagte von seinem Landhaus Strawberry Hill, dem ersten berühmten neogotischen Schloßbau Englands, ganz treffend: »Every true Goth must perceive that they (my rooms) are more the works of fancy than imitation«

Ein Besuch in Anif mag für Engländer von besonderem Interesse sein, da in ihrem Land die Baukunst der Neogotik ihren Ausgang genommen hat. Obgleich manche Verwandtschaft zu englischen Architekturen jener Zeit besteht, ist der Gesamteindruck dennoch ein ganz anderer, denn alles in allem ist Anif doch ein deutsches Schloß; es hat das Träumerische, Romantische, Unwirkliche, das den englischen Häusern nicht in diesem Maße eigen ist.

Wenn wir in den Park eintreten und um den See dem Schloß zuwandern, ergeben sich immer neue und überraschende Ausblicke. Diesen prachtvollen Park hatte Graf Waldburg mit dem salzburgischen Hofgärtner Strobl nach seinen persönlichen Ideen angelegt. Es war allerdings nicht schwierig, die natürliche, schöne Parklandschaft durch Anpflanzung neuer Baumgruppen und Verteilung einiger Monumente auszugestalten und in Übereinstimmung mit der Wasserburg zu bringen.

Aus der stillen Wasserfläche steigt das Schloß auf, ein Bau von ganz eigenem Zauber, von einzigartiger Vollkommenheit des architektonischen Bildes und der inneren Ausstattung. Es ist ein Schloß, wie wir es auf Gemälden Moritz von Schwinds finden können; vor allem aber: es ist keine bloße Nachahmung der Gotik.

Macht schon das äußere Bild einen phantastischen, märchenhaften Eindruck, so erst recht das *Innere*. Wenn wir die Brücke überschritten haben und durch das von zwei Ritterfiguren, Rudolf von Habsburg und Heinrich dem Löwen, bewachte Portal in das stille Geviert des Hofs treten, sind wir sogleich von der Atmosphäre des Schlosses gefangen. Diese Atmosphäre wird durch die sachkundige, unterhaltsame Führung des Hausherrn noch verstärkt. Von der alten Ausstattung sind lediglich einige Kassettendecken und ein Ofen erhalten geblieben; alles andere wurde, meist von salzburgischen Kunsthandwerkern, aus edelstem Material nach den Wünschen des Bauherrn Arco und seines Bauleiters Heinrich Schönauer neu geschaffen. Glasfenster, Seidentapeten, Papiertapeten in Seiden-Imitation, Vertäfelungen, Marmorverkleidungen, Decken mit phantastischem Zierat, reiche Parkettböden, Türschlösser in prachtvoller Ausführung, meist von dem Schlossermeister Falli, Fenstergriffe, Öfen – bis in das kleinste Detail geht diese Umgestaltung der Ausstattung.

Jedes Gerät trägt den Stempel seiner Epoche. Man ißt von neugotischen Tellern, trinkt aus neugotischen Gläsern, sitzt in neugotischen Sesseln, schreibt auf neugotischem Briefpapier und neugotische Uhren schlagen. Auch die Beleuchtung wurde dem Gesamtbild angepaßt. Die alten elektrischen Birnen, welche ein gelbliches, Kerzenschein verwandtes Licht gaben, waren allmählich ausgegangen. Das Licht der neuen Glühbirnen erwies sich als zu grell. Graf Moy ersetzte sie durch Birnen von 220 Volt, die aber mit Strom von nur 120 Volt naturgemäß schwächer brennen und nun wieder im gelblichen Kerzenglanz leuchten, so daß Seide und Holz, Marmor und Metalle in warmem, sattem Licht schimmern. Der Rote Salon hat noch den Plafond des frühen 17. Jahrhunderts, doch wie gut sind Mobiliar und Gemälde ihm angepaßt worden. Hier sehen wir das Bildnis des Bauherrn in mittelalterlichem Jagdkostüm. Der reichste neugotische Raum ist der Grüne Salon mit seinen Glasfenstern und einer Bank, die nach Augustus Welby Pugins Werk ›Gothic furniture in the style of the 15th century‹ kopiert wurde. Der Gelbe Salon hat eine wohl nach dem Vorbild elisabethanischer Stuckdecken ausgebildete Rippenkassettendecke, von der blumenartige Gebilde herabhängen. Die meisten Möbel arbeitete Joseph Wessiken, die Statuen am Portal, im Chor und am Altar der Kapelle Otto Entres.

Die eigenartige Atmosphäre des Hauses erlebte ich selbst während eines Aufenthaltes. Als ich morgens erwachte, wußte ich nicht gleich, wo ich mich befand. In einer Kapelle? Denn dem Bett gegenüber stand ein Schrank in Form eines gotischen Altars.

Es dürfte weder in Österreich noch in Deutschland Schlösser geben, die romantische, neugotische Dekoration in solcher Einheitlichkeit, Sicherheit des Geschmacks und Gediegenheit des Materials wie der Ausführung zeigen.

Draußen im Bogengang sitzt die marmorne Nymphe Schwanthalers und schaut sinnend über die Wasserfläche, die bedeckt ist von Seerosen aller Farben. Der Wert Anifs als

Baudenkmal von Rang wurde bereits zu Beginn unseres Jahrhunderts erkannt, in einer Zeit die noch den Barock als
fürchterliche Entartung der Renaissance verurteilte. Damals
erschien der 11. Band der Österreichischen Kunsttopogra-
phie, in dem es heißt, daß Anif ein vortrefflicher Beweis sei für
die starken künstlerischen Fähigkeiten der romantischen
Baukunst, ein schlagender Gegenbeweis gegen die Verallge-
meinerung der modern gewordenen Verachtung der Neogotik. Johannes Moy schreibt über sein Schloß nicht minder
zutreffend:

So ist das romantische Schloß Anif kein mittelalterliches
Schloß geworden, sondern es ist die Sehnsucht danach, es ist
das Schloß der romantischen Märchen, etwas unwirklich,
verzaubert, fragil, das Schloß, wie es den Dichtern und Er-
zählern der Zeit vorschwebte.

Der Park tut das seine, die Wirkung des Schlosses zu
betonen. Wenn wir ihn durchschreiten, die Ausblicke bald
auf Gebirge, bald über weite Wiesen mit herrlichen Baumgruppen, dann wieder zum See und Schloß genießen, verstehen wir die Passion der Gartenfreunde und -schöpfer. Ein
solcher Park ist nicht zu vergleichen mit städtischen Anlagen,
die, so hübsch sie auch sind, heutzutage von gleichgültigen
Spaziergängern mit Papieren und sonstigem Unrat verunziert
und deren Wiesen zertrampelt werden. In den alten Privat-
parks, deren Erhaltung und Pflege immer schwieriger wird,
erkennen wir den Blick ihrer Schöpfer für die Landschaft, ihr
wohldurchdachtes Spiel mit der Natur, die sie ihren Vorstellungen unterwarfen, die sie unmerklich stilisierten, bis das
Ganze ein Wunderwerk der Phantasie geworden war. Nichts
ist schöner, als ein so wohlerhaltenes Gebilde alter Kunstfertigkeit in Verbindung mit einem ebenso wohlgepflegten
Schlosse um sich zu sehen.

Wir wollen Hellbrunn besuchen, das wir entweder von der
vorzüglich ausgebauten Schnellstraße nach Hallein aus erreichen können oder über die alte Hellbrunner Allee. Wir kön-

nen einen Abstecher zu dem nahe gelegenen Wasserschlöß-
chen *Freisaal* machen, einem 1549 errichteten, außen stark
veränderten Bau, dessen Saal das Fresko des Einzuges Erzbischofs Michael von Kuenburg in Salzburg zeigt und 1557/58
vielleicht von einem Mitglied der Malerfamilie Bocksberger
geschaffen worden ist. Von Freisaal aus begaben sich jeweils
die neugewählten Erzbischöfe zur Huldigung in die Stadt.
Noch etwas weiter sehen wir zur Linken die *Frohnburg*, ein
schlichtes Landschloß aus der Zeit von etwa 1670, das bis
1956 den Grafen von Kuenburg gehört hat und jetzt von
Studenten des Mozarteums bevölkert wird. Zur Rechten liegt
die *Emsburg*, die Erzbischof Markus Sittikus Graf von Hohenems 1618 für die Familie von Mabon bauen ließ. Zuletzt
kommen wir an dem Schlößchen *Emslieb* vorüber, ebenfalls
von Markus Sittikus gebaut, für seinen Neffen Jakob Hannibal von Hohenems im gleichen Jahr wie die Emsburg.

Der 1575 geborene Graf Markus Sittikus, 1613-1619
Erzbischof von Salzburg, war durch seine Großmutter Clara
Medici, eine Schwester des Papstes Pius IV., und seine Mutter
Hortensia Borromeo, eine Schwester des heiligen Karl Borro-
mäus, mit den großen Familien Italiens verwandt. In Italien
führte die Familie den Namen Altemps. Diese großen Allian-
zen, vor allem mit den Medici, waren der Anlaß für den
Aufstieg der Familie, die sich den repräsentativen Rahmen
dazu mit dem berühmten Palast Hohenems bei Feldkirch in
Vorarlberg 1562-1567 geschaffen hat.

Markus Sittikus gilt – obgleich er seinen Vetter Wolf
Dietrich von Raitenau recht unverwandtschaftlich behandelt
hat, wie wir gehört haben, und mit Frau von Mabon ein
Verhältnis gehabt haben soll – als einer der frömmsten Salzburger Fürsten. Er war »ein problematischer Charakter;
hochmütig, verschlossen, nicht leicht zu durchschauen;
strenggläubig, dabei skeptisch; ein kalter Diplomat und
trotzdem ein vollendeter Kavalier. Dem Volk blieb er fremd,
von der Mitwelt erfuhr er Undank, von der Nachwelt Unter-
schätzung« (Julius Popp). Der Fürst entfaltete während sei-

ner kurzen Regierung eine erstaunliche Bautätigkeit. So ließ er vor allem auch südlich von Salzburg von 1613-1619 durch Santino Solari am Fuß eines Hügels, wo schon im 15. Jahrhundert ein fürstlicher Tiergarten bestand, das *Schloß Hellbrunn* bauen sowie die Gärten und Wasserspiele anlegen. Es ist die älteste erhaltene Villeggiatur nördlich der Alpen. Ein Jagd- und Sommerschloß wollte der Fürst haben, der in Rom erzogen worden war und die Sitze des römischen Adels kannte, wie die Villa Aldobrandini bei Frascati, die Villa d'Este in Tivoli oder die berühmte Bagnaia mit ihren Wasserspielen, um nur einige zu nennen.

Wir sehen in Hellbrunn das lebensgroße Porträt des Fürsten von dem Florentiner Arsenio Mascagni, seinem Hofmaler. Er hält in der Linken ein Bild mit der Darstellung des im Bau befindlichen Doms, und hinter ihm hängt ein Bild des Grund- und Aufrisses der Hellbrunner Anlage. Sie besteht aus drei Teilen: Ziergarten, Lustgarten und Tierpark auf dem Hellbrunner Berg.

Es ist kein prunkvoller Schloßbau; es ist ein elegant gegliederter, anmutiger Sommersitz, mehr eine Villa Suburbana, mit zwei turmartigen Seitenpavillons und hübschen niedrigen Seitenbauten um den Ehrenhof. Zum Portal führt eine doppelläufige Freitreppe, unter der sich eine Grotte befindet, worin Bacchus zwei Steinböcke an sich drückt, die Wappentiere des Bauherrn.

Die Innenräume, deren alte Ausstattung nur zu geringen Teilen erhalten ist, wird als Museum gezeigt, aber sie geben dennoch einen guten Einblick in das Wesen des Bauherrn, das Leben der Zeit, die phantasievolle Mischung italienischer und deutscher Stilelemente. »In solcher Villa nahe der Stadt wohnen zu können, das lobe ich mir!«, schreibt der Dombaumeister Vincenzo Scamozzi in seinem Architekturwerk. »Man wechselt die Luft. Und das trägt zur Heiterkeit des Gemüts nicht weniger bei als zur körperlichen Gesundheit. Und wie angenehm, daß der Hausherr, wann er nur will, sich in seinen eigenen Sachen umsehen kann.«

Die Räume neben dem Vestibül beherbergten die fürstliche Garde. Oben liegen die Wohn- und Repräsentationsräu-
me mit Gemälden seltener jagdbarer Tiere und von Fischen,
darunter einem riesigen Stör, der 1617 in der Salzach gefangen wurde, mit Vitrinen voller Leihgaben des Salzburger
Museums Carolino Augusteum, oder dem herrlichen Kachelofen im Speisesaal, den der Salzburger Friedrich Strobel 1608
angefertigt hat. Das ehemalige erzbischöfliche Schlafzimmer
ist mit einer handgemalten chinesischen Papiertapete von
etwa 1720 bespannt.

Die interessantesten und am reichsten ausgestatteten
Räume jedoch sind der Festsaal und das Oktogon, der Mu-
siksaal, welche der Hofmaler Arsenio Mascagni in leuchtenden Farben ausgemalt hat. »Form und Farbe gewordener
Lebenstraum eines großen, phantasievollen Herrn, einer nie
erlöschenden Jugendsehnsucht nach einer, ihm innerlich ge-
mäßen, von südlichem Hauch umwehten, vielleicht schon
imaginär gesteigerten, wenn auch in Wirklichkeit nicht mehr
völlig erlebbaren Umwelt«, schreibt Bernhard Paumgartner.
Im Festsaal malte Mascagni Säulen, Pilaster, setzte in Nischen Figuren unter blauem Himmel, in dessen Mitte an der
Decke ein Genius fliegt. Es ist eine Dekoration von ähnlichem
Zauber, wie in der Villa Maser bei Venedig von der Hand des
Paolo Veronese oder auf den Wänden im Hof der Florentiner
Uffizien. Vor den Pilastern stehen gemalte, goldene Statuen
von zwölf römischen Imperatoren, und von der unter dem
Gewölbe verlaufenden Balustrade blicken Gestalten herab,
die ihren Attributen nach die christlichen Tugenden dar-
stellen.

Verschwenderisch ausgemalt ist das Oktogon. Auch hier
Ausblicke in Arkadenhöfe, von Säulen gerahmt, auf denen in
goldenen Ranken goldene Putti auf- und abklettern. Die pro-
menierenden Damen und Herren sind ohne Zweifel Porträts
der Salzburger Hofgesellschaft oder fürstlicher Verwandtschaft in der farbigen Mode ihrer Zeit. Eine junge Frau im
weißen Kleid mit rotem Überwurf überreicht lächelnd einem

jungen Kavalier eine Nelke. Der Herr könnte ein Porträt von Markus Sittikus sein, die Dame Frau von Mabon. Wir sehen eine schlanke hübsche Sängerin. Es soll sich um Fräulein Brecht handeln, die 1617 in der Salzburger Residenz die Andromeda sang, wie wir aus einem Brief des Untermarschalls Thomas Perger von Emslieb an Graf Jakob Hannibal von Hohenems erfahren. Der ganze Raum, von einer illusionistisch durchbrochenen Kuppel überwölbt, mit geschweiftem, von allerlei allegorischen Figuren belebtem Gebälk, mit großen Vögeln, die in den gemalten Kuppelöffnungen sitzen, von Wappentieren begleitet, hat etwas Märchenhaftes, Bezauberndes.

Nördlich vom Schloß und vor der Gartenfassade liegt der Lustgarten mit Wasserspielen, Bassins und Figurenwerk, entstanden zwischen 1613 und 1618. Einiges ist verschwunden, einiges später noch hinzugekommen, wie der Weinkeller, den Erzbischof Guidobald Graf von Thun 1659 in den Hang bauen ließ. Die gesamte Anlage ist sorgfältig geplant worden; sie geht auf Santino Solari zurück, der das Programm mit dem Bauherrn ausarbeitete, und gilt als das älteste Beispiel barokker italienischer Gartengestaltung auf deutschem Boden. Neben Solari selbst waren als Bildhauer die Italiener Geronimo Preosto und Bernardo Zanini sowie die Salzburger Meister Hans Waldburger und Konrad Asper beschäftigt. Meist sind es recht dralle, nicht allzu schöne Figuren.

Der Besucher kann nicht allein umhergehen; er ist an die offizielle Führung gebunden. Sie beginnt vor der Schmalseite des Schlosses, am Bacchusplatz, wo drei kleine, miteinander verbundene Fischweiher mit auf Muschelhörnern blasenden Tritonen und einer sitzenden Frau, aus deren Brüsten das Wasser spritzt, zwischen dunklen Taxus- und Buchenhecken zum Halbrund des Theaters führen. Dieses ›Theater‹ ist mit Statuen aus dem zweiten Jahrzehnt des 17. Jahrhunderts geschmückt. In der Mitte steht Kaiser Marc Aurel, über ihm sitzt das Wappen Hohenems und im gesprengten Giebel die Statue der Roma Victrix. In den seitlichen Nischen der

Schmalseiten stehen besiegte Barbarenfürsten, und etwas unterhalb, in das Halbrund schauend, sitzen zwei allegorische
Frauengestalten: ›Komödie‹ und ›Tragödie‹. Zu Füßen des
Theaters sehen wir den Fürstentisch, umgeben von zehn marmornen Hockern. Der Wein wurde in der Mitte des Tischs in
einer wasserdurchflossenen Vertiefung gekühlt. Waren die
Gäste nun in heiterster Laune, ließ der Erzbischof einen ver-
borgenen Hebel bedienen, so daß aus den Schemeln und von
den Seiten Wasser aufsprang und die Sitzenden durchnäßte.
Nur der Sitz des Landesherrn spritzte nicht. Seitlich des Theaters liegt die ›Orpheusgrotte‹, wozu Johann Stainhauser in
seiner Beschreibung von Hellbrunn bemerkt: »Zu Fießen
Orfei ligt ein künstlich ausgehauen Weibspilt, als wenn es
schlaffen thete: darunter eine klaine Grotta, in der ein Meer-
pockh Wasser von sich gibt.« Es ist Euridike, die am Hals ein
Medaillon mit dem Reliefporträt des Erzbischofs trägt.

Nun geht es an dem bereits erwähnten Weinkeller vorüber zum Gartenteil hinter dem Schloß. Dort liegt der terras-
senförmig angelegte ›Sternweiher‹ oder ›Brunnen Altemps‹,
gegen den Wald hin durch einen kräftig gequaderten Grot-
tenbau abgeschlossen, in dem wir die Gestalt eines Helden
aus der griechischen Mythologie sehen, vielleicht Perseus als
Hinweis auf die unter Markus Sittikus aufgeführte Oper.

Im Schloß selbst liegen drei Grotten, in der Mitte die
›Spiegelgrotte‹, rechts und links ›Neptungrotte‹ und ›Vogelgrotte‹. Unter der Statue des Neptun befindet sich das ›Ger-
maul‹, eine scheußliche Fratze aus Blech, deren Augen und
Zunge sich durch Wasserkraft bewegen. Von der Decke kann
der Führer einen regelrechten Salzburger Schnürlregen her-
abfallen lassen, wie er auch die Besucher beim Verlassen der
Grotten von Wasserstrahlen aus den neben dem Portal angebrachten Hirschhäuptern und aus den Bodenplatten durch-
weichen lassen kann, was jedesmal großes Geschrei verursacht. Im halbdunklen Raum der Vogelgrotte setzt sich auf
Hebeldruck das Wasser in Bewegung, und es erklingt das
süßeste Vogelgezwitscher, so natürlich wie im Park draußen.

Wir unterscheiden deutlich Amselruf von Finkenschlag und Meisengezwitscher. Der gleiche Mechanismus läßt kleine Holzfiguren vorüberschwimmen: Najade, Triton, Delphin und Drachen.

Wandern wir auf dem Fürstenweg weiter, sehen wir links, gegenüber der ›Venusgrotte‹, fünf kleine Tuffgrotten, in denen sich Wasserautomaten bewegen: Töpfer, Müller, Scherenschleifer, Perseus, der gegen das Ungeheuer kämpft, und Apollo, der den Marsyas schindet. Eine andere Gruppe, die erst später zugefügt worden ist, bestand aus einer flügel-schlagenden Eule neben der posauneblasenden Fama. Man hat diesen Darstellungen eine christliche Motivierung zuge-schrieben. Der Töpfer weist auf Gottvater, der den Menschen nach seinem Bild erschuf; der Müller mahlt das Korn, Sinn-bild des unruhevollen Daseins; der Schleifer verkörpert den Tod, denn er wetzt schon das Messer, das den Lebensfaden abschneidet; Eule und Fama stellten den Abruf aus der Zeit-lichkeit dar, denn die Eule gilt im Volksglauben als Todes-kündern, und Fama stellt den Nachruf dar. Perseus schließ-lich befreit Andromeda und soll sich in christlicher Sicht auf die Erlösung der Seele beziehen.

Alles im Lustgarten Dargestellte ist nicht allein dem Ver-gnügen und der Unterhaltung gewidmet, es liegt ihm ein tieferer Sinn zugrunde, wie jene Zeit es darzustellen liebte, denn es war eine bilderreiche, gedankenvolle Zeit, reich an Symbolen und Allegorien, deren Sinn uns heute nicht mehr gegenwärtig ist.

Es folgen weitere Figurengruppen und Grotten bis zum Ende des Weges. Am hübschesten ist vielleicht das ›Mechani-sche Theater‹, das ebenfalls durch Wasserkraft getrieben wird. Es ist das jüngste Werk der Wasserspiele und ist zum größten Teil von dem Dürrnberger Bergarbeiter Lorenz Ro-senegger im Auftrag Erzbischofs Andreas Jakob Grafen Die-trichstein geschaffen worden. 1750 war es fertiggestellt. Wir sehen den Platz einer barocken Stadt, sehr hübsch und zier-lich ausgeführt. Auf dem Platz und in den Häusern spielt sich das tägliche Leben aller Stände und Berufszweige ab, zum Dröhnen der Wasserorgel, die unter dem Theater angebracht ist. Musikanten spielen, Schausteller lassen den Bären tanzen, der Metzger schlachtet das Kalb auf offener Straße, vor dem Rathaus zieht die Wache auf, ein Mann nimmt den Hut ab und setzt ihn wieder auf, Zimmerleute werkeln im Schweiße ihres Angesichts, Dachdecker sind am Werk, in allen Räumen tut sich etwas.

Wir verlassen diesen fast etwas unheimlich anmutenden Bezirk seltsamer mechanischer Spielereien und monströser Figuren, um in die helle, ruhige Weite des Ziergartens einzutreten, der vormals ganz anders ausgesehen hat, bis Erzbischof Guidobald von Thun ihn veränderte und Erzbischof von Firmian um 1730 ihm ein ganz neues Gesicht gegeben hat. Hofgarteninspektor Danreiter beseitigte den Irrgarten, die Eremitagen und kleinen Kapellen. Mitte der heutigen Anlage mit Statuen und den sich bäumenden Einhörnern, den Wappentieren der Grafen von Thun, ist das große Bassin, das von zwei kleineren Wasserbecken flankiert wird. Um 1790 verwandelte Erzbischof Graf Colloredo den auf der Nordseite liegenden Obstgarten in einen englischen Park, durch den die herrliche dunkle Fichtenallee führt.

Am Südhang des Hellbrunner Berges liegt der ›Tiergarten‹. Eine der Sehenswürdigkeiten Hellbrunns ist das von Hohenems angelegte ›Steinerne Theater‹ am Fuße des Waldemsberges, von dem wir die allerschönste Aussicht auf Untersberg und Watzmann haben. Es ist die erste Freilichtbühne diesseits der Alpen, auf der 1617 auch die früheste Freilichtoper des Nordens aufgeführt worden ist. Während des Salzburger Festsommers wird das Felsentheater heute wieder bespielt. Ganz in seiner Nähe liegt auf dem Berg das ›Monatsschlößchen‹, das Markus Sittikus 1615 von Santino Solari in wenigen Wochen als Überraschung für den Besuch Erzherzog Maximilians von Österreich errichten ließ – daher auch der heutige Name, denn der Fürst selbst nannte es Waldems. Das Schlößchen dient heute als Salzburger Volkskundemuseum.

In den Hellbrunner Gärten fühlt man sich aus der Betriebsamkeit unserer Zeit in die stille, heitere Welt eines fürstlichen Sommersitzes entrückt. Hören wir einen Bewunderer Hellbrunns, Domenico Ghisberti, der 1616 als Begleiter des bayerischen Kurfürsten Ferdinand Maria Salzburg besucht und mit bewegten Worten Abschied von Hellbrunn genommen hat, von dieser

so liebevoll zur Fortdauer bestimmten wie hinfälligen Welt, deren Vergänglichkeit uns lehrt, daß auch unsere Existenz ein unaufhörliches Hinschwinden bedeutet, unser Vergehen aber ein Sein ohne Ende, das irdische Leben ein Abgrund, das Dasein die Zerstörung an sich. Oh, welch beglükkendes ›Buen Retiro‹, welches Paradies auf Erden! Der Garten: ein Labyrinth der Wasser, ein Spiel der Najaden, ein Theater der Blumen, eine Arena den Umherblickenden, Kapitol der Statuen, Museum der Grazien, eine Fülle vernunftvollen Erschauens im fröhlichen Hinsehen! Oh süße Einsamkeit! Oh geheimnisvoller, nur eines Königs würdiger Wald! In solchen Wäldern verliere ich mich selbst, eher noch als in einem Labyrinth. Nur fehlen mir die Worte alles zu schildern. In den Wassern finde ich Venedig verkörpert, in den künstlichen Bauten aber Rom gleichsam zusammengefaßt.

Über diesem ›Paradies‹ schweben heute in weiten, ruhigen Kreisen die hier heimisch gewordenen Weißkopfgeier.

Eines dritten Ansitzes soll noch gedacht werden, weil sich mit ihm eine aus Legende und Wahrheit gemischte reizende Geschichte verbindet. Es ist *Söllheim,* einst Sitz der Grafen von Thun, jetzt des Grafen Ledochowski; ein schlichtes, rosaweiß getöntes Herrenhaus am Hang des weiten Wiesentals, das die Straße nach Wien begleitet.

Die Geschichte bezieht sich auf die Sankt-Antonius-Kapelle von 1685 und den Erbauer dieser Kapelle und des Schlößchens, Johann Kaufmann. Da lebte in Salzburg der junge Handlungsgehilfe Kaufmann, Sohn einer kinderreichen Familie aus Meran. Eines Abends saß der junge Mann beim Wein in einem Salzburger Keller. Am Nachbartisch hatten sich einige Salzburger Kaufherren niedergelassen, die sich besorgt über das Schicksal eines Schiffes unterhielten, das mit einer wertvollen Fracht an Gewürzen schon längere Zeit überfällig war. »Ich wäre froh«, sagte der Schiffseigentümer, »wenn ich jemanden finden könnte, der mir das Schiff abkaufte; dann wäre ich die Sorge los.« Kaufmann, sei es vom Wein oder von Unternehmungsgeist beschwingt, mischte sich in die Unterhaltung und bot sich als Käufer an. Der Handel wurde für einen verhältnismäßig geringen Preis abgeschlossen, der Kaufherr rieb sich die Hände, und Johann Kaufmann war Besitzer eines Schiffes, dessen Wiederkehr sehr zweifelhaft erschien, da es aller Wahrscheinlichkeit nach von Piraten gekapert worden war. In seiner Not versprach Kaufmann dem heiligen Antonius eine Kapelle, wenn er ihm zu Hilfe kommen würde. Der Heilige half. Bald darauf nämlich traf die Nachricht ein, daß das Schiff in Venedig eingelaufen sei. Der Verkauf des Schiffes und seiner wertvollen Ladung legte den Grundstock zu Kaufmanns Vermögen, der dann das Gut Söllheim erwarb und sich, eingedenk seines Versprechens, an den Bau einer Kapelle machte. Johann Kaspar Zugalli ist vermutlich der Baumeister dieses hübschen kleinen ovalen Zentralbaues mit gutem Stuck, starkfarbigen Deckenbildern und schönem Altar.

Im Lauf der Zeit geschahen manche Veränderungen zum Nachteil des Innenraumes, und der Bau befand sich schließlich in sehr schlechtem Zustand. Graf Ledochowskis Tochter heiratete einen jungen Augenarzt, der das kleine Besitztum bald tief ins Herz geschlossen hatte. Er sann hin und her, wie den Schäden abzuhelfen sei, denn bei den zuständigen Behörden fand er zwar Interesse, aber nicht die erforderlichen Mittel, um der Instandsetzung in Angriff nehmen zu können. Doch der junge Mann hatte es sich in den Kopf gesetzt, die Kapelle wieder in einen würdigen Zustand zu versetzen.

Eines Nachts – nun erhält die Geschichte wieder einen legendenhaften Zug – träumte ihm – oder erlebte er es wirk-

lich? –, daß Johann Kaufmann zu ihm ins Zimmer trat und
sagte: »Mach dir keine Gedanken wegen der Kapelle. Gib
dein Vorhaben nicht auf. Sankt Antonius wird helfen.« Die
Erscheinung verschwand, und der Arzt nahm seine Bemü-
hungen mit frischem Mut wieder auf. Siehe da, auf einmal
ging es von selbst. Die Zuschüsse flossen, Geschenke für die
Ausstattung trafen ein, ein passendes altes Gestühl fand sich,
ein kunstfertiger Landbewohner vergrößerte die hübschen
schmiedeeisernen Apostelleuchter für eine angemessene Beleuchtung, die Deckengemälde wurden von teilweise erfolg-
ter Übermalung befreit, und schließlich gelang es sogar, eine
kleine Barockorgel aus dem Burgenland zu erwerben, die
genau auf die Empore hinter dem Altar paßte. Die Orgel war
bereits an einen Industriellen aus dem Rheinland verkauft,
aber der Händler machte auf Bitten des Arztes den Kauf
rückgängig und überließ ihm die Orgel als Geschenk.

So entstand die Kapelle 1958-1960 wieder im alten
Glanz. Der heilige Antonius hatte ein zweites Mal geholfen.

Das Schlößchen selbst ließ sich der vom Kaiser geadelte
Kaufmann im Jahre 1699 erbauen.

Maria Plain

Das Gnadenbild der Muttergottes von der Hand eines unbekannten Meisters aus der ersten Hälfte des 17. Jahrhunderts
in reicher Rokoko-Umrahmung hat eine bewegte Geschichte.
Es war einst im Besitz des Paul Regner aus Regen in Nieder-
bayern. Als der Ort 1633 abbrannte, blieb das Bild unversehrt und wurde daher bald als wundertätig verehrt. Deshalb
kaufte es die Frau des herzoglichen Pflegers auf Fürsteneck,
Argula von Grimming, für ihre Schloßkapelle. Ein Bild am
Aufgang zum Chor Maria Plains zeigt diese Begebenheit:

> Frau Argula in Markt Regen
> Gab ein Gemälde fast so groß
> Dem Bäcker und bekam dagegen
> Dies Gnadenbildnis in ihr Schloß.

Sie nahm das Bild mit, als sie nach Mülleck bei Salzburg übersiedelte, und ihr Sohn Rudolf brachte es auf sein Gut auf dem Plainberg, wohin er sich im Jahre 1652 zurückgezogen hatte, um ein beschauliches Leben zu führen. Aber da erschienen die ersten Wallfahrer, um das 1656 in einer Holzkapelle aufgestellte und bereits bekannte Bild zu verehren; so war es nichts mit dem ersehnten beschaulichen Dasein, und Herr von Grimming kehrte nach Mülleck zurück, aber nicht ohne seine Gnadenmutter. Doch ließ er von Franz Pereth eine Kopie anfertigen, die in Plain verblieb. Da die Wallfahrt zunahm, baute man an der Stelle der heutigen Kirche eine hölzerne Kapelle mit drei Altären, welche eine andere Kopie des Gnadenbildes von Christian Zach aufnahm. Das Original trat dann eine längere Reise an, war zuerst im allgäuischen Nesselwang und gelangte 1665 in den Besitz des Fürstbischofs von Augsburg. Als aber die Wallfahrt nach Maria Plain immer mehr zunahm, schickte der Augsburger Bischof das Gnadenbild auf Bitten seines Kollegen Max Gandolf Grafen von Kuenburg nach Salzburg. Es wurde seit 1676 in der Schatzkammer der neuen Wallfahrtskirche aufbewahrt und schließlich 1732 anstelle der Kopie von Christian Zach auf den Hochaltar übertragen.

Mozart hat der Muttergottes von Plain seine Krönungsmesse gewidmet, die in der Kirche uraufgeführt worden ist.

Erzbischof Max Gandolf von Kuenburg (1668-1687) ließ zwischen 1671 und 1674 die heutige Wallfahrtskirche durch Giovanni Antoni Dario errichten. Man sieht den hellen, doppeltürmigen Bau auf dem Plainberg schon von weitem. Wenn wir dem Wallfahrtsweg folgen, der freilich nur noch im letzten Teil nach der Plainbrücke im ursprünglichen Zustand erhalten ist, haben wir den allerschönsten Blick auf Salzburg, doch wird dieser Blick heute durch die zahlreichen ohne Gefühl in das Tal gesetzten Wohnblöcke sehr gestört.

In den Nischen der kühlen, schlichten, mit Lisenen gegliederten Fassade zwischen den gedrungenen Türmen stehen Statuen der vier Evangelisten; über dem Portal sitzt das Wappen Kuenburgs, das Papstwappen und ein Marienrelief.

Der erste Eindruck des Innern ist der von Strenge, kühler Vornehmheit und Ruhe. Die Wände sind hell getönt, ohne Ablenkung durch andere Farben, und allein Altäre, Kanzel und Orgel setzen die dekorativen Akzente. Reich ist die Ausstattung, an der namhafte Künstler beteiligt waren. Das Gnadenbild befindet sich, wie wir schon hörten, in der Mitte des prächtigen, 1674 von Kuenburg gestifteten Hochaltars, dessen Skulpturen, die Heiligen Vitalis und Maximilian, sowie die Engel, von Jakob Gerold aus Salzburg – nach anderer Version vom Meister der Salvatorstatue am Salzburger Dom – geschaffen sein sollen. Bildwerke von Thomas Schwanthaler aus Ried in Oberösterreich sehen wir am Kreuzaltar von 1674, am Benediktusaltar von 1675 die Heiligen Maurus und Placidus, am Josephaltar von 1673 und am Altar der Heiligen Sippe von 1677 die Heiligen Meinrad, Kilian, Wolfgang und Benedikt. Maler der Altarbilder sind Johann Friedrich Pereth (Altar der Heiligen Familie), Frans de Neve (Vierzehn-Nothelfer-Altar) und Christoph Lederwasch (Altar der Heiligen Sippe). Die prächtige Kanzel stiftete Abt Anselm von Garsten im Jahre 1682; die üppigen Beichtstühle entstanden um 1760, das Chorgitter arbeitete der Salzburger Schlosser H. Thomas 1683/1684, und die Wandmalereien über den Beichtstühlen sind Arbeiten von Martin Johann Schmidt, des sogenannten Kremserschmidt. Unter der Decke des Schiffs schwebt eine anmutige Rosenkranzkönigin des späten 17. Jahrhunderts.

Wie es der gnadenreichen Gottesmutter zukommt, ist sie also von einem bunten Gefolge von Heiligen und Engeln umgeben. Sie leuchten im Glanz des Goldes, der kräftigen Farben, sie bringen die einzige Bewegung in die Stille des Raumes.

Nahe der Kirche steht die *Heiliggrabkapelle,* eine Stiftung der Freiherren von Lerchenfeld aus Bayern, 1692. Sie ist der Heiliggrabkirche in Jerusalem genau nachgebildet.

Am Hang unterhalb der Kirche liegt der *Kalvarienberg,* bestehend aus Wegkapellen mit geschindelten Dächern in verschiedenen Formen, überragt von der großen Kreuzigungsgruppe aus dem Jahre 1685. Die Figuren der Dornenkrönungskapelle stammen von Thomas Schwanthaler, die Pietà der Schmerzenskapelle von seinem Sohn Franz.

Vielleicht das Schönste an Maria Plain ist der Blick über das Salzburger Tal auf die Gebirge. Die ganze Größe der Landschaft geht uns auf, wie sie vom Tal aus machtvoll ansteigt über die Vorberge mit Wäldern, Wiesen, Dörfern und Herrensitzen zu den Hochgebirgen, zum Gaisberg mit dem schroffen Nocksteinfelsen, zum Hochstaufen, Hohen Göll, hinüber ins Berchtesgadner Land, zum Untersberg, zum Tennen- und Totengebirge.

Steigen wir in westlicher Richtung über den Rücken des Plainbergs talab, versinkt die Wallfahrtskirche langsam hinter uns, und es taucht der schlanke Turm der Kirche Sankt Georg von *Bergheim* auf. Neben ihr steht der ansehnliche Pfarrhof des 18. Jahrhunderts, mit einem mauerumschlossenen Garten, der noch erkennen läßt, daß er als Barockgärtchen angelegt worden ist. Der gotische Kirchturm mit der eleganten Haube ist 1797/1798 nach Entwurf von Wolfgang Hagenauer erhöht worden, das Langhaus baute man schon 1695. Bemerkenswert ist die einheitlich barocke Einrichtung der Jahre zwischen 1704 und 1707. Starkfarbige Altäre mit gewundenen Säulen, deren Figurenwerk, wie auch das der Kanzel, Simon Fries, deren Gemälde Johann Friedrich Pereth geschaffen haben.

Auf dem Gaisberg

In der Mittagsstille eines heißen Sommertages waren wir auf dem Gipfel, das heißt von Mittagsstille war nicht viel zu merken, denn zahllose Menschen hatten das gleiche Ziel. Wenn wir als Kinder auf den Wallberg über dem Tegernseer Tal stiegen, waren wir wirklich allein. Wer stieg schon in der

Sonnenglut dort hinauf. Heute ist das anders; Bergbahnen, Kabinen- und Sessellifts, gut ausgebaute Straßen bringen uns schnell zur Höhe. Unverändert geblieben ist das Landschaftsbild der vielen Gipfel, Zeugen uralter Erdgeschichte. Wie breit und klotzig lagert der Untersberg, wie zart stehen die Linien der bayerischen Alpen mit Hochstaufen und Gern am Horizont, das Lattengebirge in gelassener Pracht, das Tennengebirge und die Dachsteingruppe, im Norden das ruhevolle Vorland mit den Trumer Seen. Großartig und lieblich zugleich ist das Bild des Salzachtals, aus dem die sanften Vorberge, die schneestarrenden Bergriesen aufragen, doch dazwischen schimmern grüne Matten, in denen Dörfer und Einzelgehöfte, Schlösser, Kirchen und Kapellen liegen, weit hinaus in die sonnenduftige Ferne. Unten liegt die Stadt mit der Veste, Kirchtürmen und Palästen, mit der Erinnerung an alte geistliche Herrschaft, über welche Jahrhunderte glitten wie Sonnenschein und Wolkenschatten über das Land.

Über alle Beschreibung erhaben und anmutig ist die Gegend, besonders in der Ruhe des Abends, schreibt der Maler Ludwig Richter in seinen Lebenserinnerungen. *Die lange Tauernkette, der hohe Göll, und sogar die Spitzen des düsteren Untersberges waren mit frisch gefallenem Schnee weit herab bedeckt, welcher von des Abendrothes Rosenduft überhaucht schimmerte. Blau lagen die tiefen Thäler mit umgrünten Hüttchen, aus denen der blaue Rauch emporwallte. Lange Wälder zogen sich dunkel hin, grüne Wiesen, goldwogige Felder dazwischen, spitze Kirchtürme aus Lindengruppen hervorragend, wechselten paradiesisch ab… Ein milder Friede lag auf der Gegend.*

Der Untersberg

»Das ist der langweiligste Berg, den ich kenne«, sagte meine Frau. »Wie er da liegt, so formlos und uninteressant!« »Ich möchte aber doch einmal hinauf«, antwortete ich. Seit langem wollte ich den alten Sagenberg besuchen. Schon der

Name Untersberg hat etwas Märchenhaftes. Unvermittelt steigt der breite Klotz aus der Ebene auf, die noch zum Flachgau gehört. Seine Flanken stürzen jäh ab zur Salzach, während sie nach Reichenhall hin sanfter abfallen. Er ist voller, nur zum Teil erforschter Höhlen, umweht von Geheimnissen. Gelehrte behaupten, die Namen seiner Hauptgipfel wie Hochthron und Geierseck bezögen sich auf Wotans Sitz und Raben, wie ja Wotan auch in den Gebirgen seiner Wiederkunft entgegenschlafen soll. Der Name Untersberg soll aus Ottel-, Uttel- oder Uttenberg, also Wotansberg, abgeleitet sein, auch spricht man vom ›Berg der Unteren‹, womit nicht das Volk der Unterirdischen gemeint sein soll, sondern die bäuerliche Bezeichnung ›untern‹ für essen. Es bedeute daher nichts anderes, als daß die Sonne mittags zur Essenszeit genau über dem Berg stünde.

Es mag sein, wie es will: Riesen, Zwerge, Moosweiblein und Wildfrauen wohnen in seinem Schutz; ungeheuere Schätze sind in seinen Tiefen verborgen. Vor allem spielen die Zwerge oder Bergmandln eine große Rolle in der Sagengeschichte des Untersbergs. Sie leben ja allenthalben im Gebirge, und kein Mensch weiß, woher sie kommen, wohin sie gehen. Einst zeigten sie sich den Menschen, und wenn sie freundlich aufgenommen wurden, verrieten sie erzfündige Orte, ließen Gaben zurück, oder sie arbeiteten gern als Mägde und Knechte bei den Bauern. Wenn wir um Mitternacht durch Salzburg gehen, kann es geschehen, sofern wir einen Sinn für diese Dinge haben, daß wir die Fenster des Doms hell erleuchtet sehen, Orgelklänge und Gesang vernehmen. Das sind die Bergmandln vom Untersberg, die hie und da ein Hochamt im Dom halten, wie sie es vor Zeiten auch in der Stiftskirche von Mattsee und in Sankt Bartholomä am Königssee zu tun pflegten.

Herr aber über alles auf und im Untersberg ist Kaiser Karl der Große. Als der Herrscher, ein enger Freund des Bischofs Arn von Salzburg, gestorben war, wollte das Volk es nicht glauben. Es hieß, der Kaiser sei nach Westen zu geritten und in den Untersberg entrückt worden. Um ihn geschart sind andere Könige, Fürsten, Edelleute, Bauern und Bürger, und die Zwerge warten auf Befehle des Kaisers. Der aber sitzt schlafend am marmornen Tisch, um den sein langer Bart gewachsen ist, und mit ihm schlafen alle anderen. Von Zeit zu Zeit erwacht der Uralte, immer dann, wenn Not und Krieg das Land bedrohen. Dann schickt er einen Zwerg hinauf zum Geierseck, ob die Raben noch fliegen. Ist das der Fall, seufzt der Kaiser schwer, schließt die Augen und träumt weiter. Dem Erwachen des Herrschers gehen Zeichen voraus. In den letzten Tagen wird der Antichrist erscheinen und alle Welt betören. Da erwacht der Kaiser, greift zu den Waffen, besteigt einen Schimmel – es ist Wotans dreibeiniger Sleipnir –, donnernd öffnet sich der Berg, und der Kaiser zieht mit dem gewaltigen Heer auf die Walser Heide. Nach der siegreich bestandenen blutigen Schlacht wird er seinen Schild an den Birnbaum hängen, Gericht halten, um sodann zum feierlichen Dankgottesdienst in Salzburg einzuziehen.

Der Birnbaum steht wirklich auf dem Walser Feld, doch haben ihn einmal betrunkene Bauernburschen am 7. Mai 1772 abgehauen. Alten Berichten zufolge ist der Baum an derselben Stelle immer wieder neu gesetzt worden. Er war schon zu Kaiser Karls Zeiten so alt, »daß ihm Stab und Stütze gegeben werden mußten«. Oberstabsarzt Dr. Wallmann hat der Stadt Salzburg den Platz geschenkt, die dort wieder einen Birnbaum gepflanzt hat. Er steht zwischen den Dörfern Gois und Himmelreich, umtost von Verkehrslärm, denn dort kreuzt die Straße vom Walserberg nach Maxglan die Autobahnen in nächster Nähe des Baumes. Hitler, der sich vielleicht als Wiedergeburt des großen Karl hielt, zunächst jedoch die altdeutsche Sage geschickt seiner Propaganda nutzbar gemacht hat, wollte im nahegelegenen Schloß Klesheim nach dem Endsieg der Welt den Frieden verkünden und ihr das aufzwingen, was er für Recht hielt. Dazu ist es zu unser aller Glück nicht gekommen.

Auch Kaiser Friedrich i. Barbarossa soll im Untersberg weilen. Er hatte sich mit dem Papst zerstritten, war mit dem Bann belegt worden, und kein Priester durfte ihm die Messe lesen und das Sakrament reichen. Da zog der Kaiser nach Salzburg, um den Erzbischof für sich zu gewinnen. Sie trafen sich auf dem Walser Feld, und gerieten alsbald in heftigsten Streit, denn der Bischof war ergebener Anhänger der päpstlichen Partei. In der Hitze des Wortwechsels verfluchte der Bischof das Oberhaupt des Reichs und erklärte, er werde bei Gott so wenig Gnade finden, als der Birnbaum je wieder Blätter und Früchte tragen würde. Dann ließ er den Baum fällen. Um das nahende Osterfest nicht zu stören, von dessen Feier der Gebannte ausgeschlossen war, zog Friedrich Barbarossa mit seinem Gefolge zur Jagd in die Untersbergwälder. Dort fühlte er plötzlich den leichten Druck eines Fingers auf seiner Hand, verschwand vor den Augen seiner Begleiter und ward nie mehr gesehen. Seit jener Stunde sitzt er, heißt es, mit Kaiser Karl in den Tiefen des Bergs.

Es tragen sich also seltsame Dinge am Untersberg zu. Im Jahre 1529 ging der Stadtschreiber von Reichenhall, begleitet von seinem Diener Lazarus Gitschner und dem Pfarrer Martin Elbenberger, auf den Untersberg. Dort fanden sie in einer Schlucht eine Kapelle im Fels, mit einer Inschrift. Wieder heimgekehrt, konnten sie sich der Worte nicht mehr erinnern. Pfarrer Elbenberger sandte Gitschner zurück, mit dem Auftrag, die Inschrift abzuschreiben. Sie lautete: ›Surget satum‹. Lazarus hat wohl die Worte falsch abgeschrieben, denn es könnte heißen: ›Urget fatum – Das Schicksal ruft‹, oder ›Surget salus – Das Heil steht auf‹. Plötzlich stand vor dem Schreibenden ein Mönch, fragte ihn, ob er hungrig sei und nahm ihn mit. Sie stiegen dem Hochthron zu. Der Mönch öffnete eine Tür in der Felswand. Gib gut acht, sagte er, aber niemandem darfst du erzählen, was du sehen wirst. Sie kamen zu einer riesigen Kirche mit dreißig Orgeln und zweihundert Altären, an denen Messen gelesen wurden. Im Kloster wurde Lazarus Gitschner bewirtet; er sah draußen viel Volk gehen, Bischöfe, Könige, Edelleute, Fürsten, Bauern, und erfuhr, daß diese Leute in der Endzeit den wahren Glauben verteidigen würden. Aus der Kirche führten unterirdische Gänge zu Sankt Zeno und Sankt Nikolaus in Reichenhall, nach Großgmain, zur Stiftskirche Mattsee, nach Seekirchen am Wallersee, zum Salzburger Dom, nach Sankt Bartholomä am Königsee, Sankt Paul bei Hall und Maria Eck bei Traunstein. Er sah auch Kaiser Karl mit Krone, Zepter und langem weißen Bart. Sieben Tage war Gitschner im Untersberg, dann wurde er freundlich entlassen, mit dem Befehl, nicht vor Ablauf von fünfunddreißig Jahren seine Erlebnisse aufzuschreiben. Gitschner, der 1564 gstorben ist, hat es so gehalten. Im Jahre 1702 wurde sein Bericht unter dem Titel ›Lazarus Gitschners Aufenthalt im verwunschenen Berg‹ gedruckt.

Im Jahre 1738 hieß der Jäger Holzegger seinen Bruder Michael zur Arbeit in den Untersbergwald gehen. Michael kehrte nicht zurück. Als achtundzwanzig Tage später in der Kirche von Großgmain ein Seelenamt für den Vermißten gehalten wurde, trat dieser plötzlich ein. Auf alle Fragen schwieg er beharrlich, bis ihn Erzbischof Leopold Graf von Firmian nach Salzburg kommen ließ und ihm die Beichte abnahm. Sie muß ihn erschüttert haben, denn er soll von da an oft in tiefer Schwermut gewesen sein. Heinrich Laube berichtet 1836 von einem Gespräch mit einem Bergführer, der ihm lange Geschichten vom Untersberg erzählte. Es wäre

ein sehr schlimmer Berg, den die Regierung nicht genug im Auge haben könne, ein Bäcker, ein Fleischer und ein Weinhändler seien hintereinander darin verschwunden. Überhaupt müsse der Herr Kaiser im Untersberg dergleichen Geschäftsleute brauchen, denn namentlich seit Salzburg wieder an Österreich gekommen sei, Handel und Wandel dadurch sehr gelitten hätten, da wäre es mit dem Untersberg gar nicht mehr auszuhalten, seit der Zeit fehlte es ihm gar zu sehr an Geschäftsleuten, und wenn diese Leute immer so verschwänden, so litten doch die Zahlungen, und durch die Zahlungen die Mitbürger.

Großgmain

Östlich von Reichenhall zu Füßen des Untersbergs, nahe den Ruinen der Burg Plain – Stammsitz der Grafen gleichen Namens, die nach neuester Forschung eines Stammes mit den Staufern sein sollen – liegt Großgmain, an der Grenze ins Berchtesgadener Land. Das bemerkenswerteste Bauwerk des Ortes ist die Pfarr- und Wallfahrtskirche Unser lieben Frau Himmelfahrt, die dem Augustinerchorherrenstift Sankt Zeno in Reichenhall unterstand. Die Kirche wurde nach dem Vorbild des Chors der Salzburger Franziskanerkirche Ende des 15. Jahrhunderts begonnen und 1520 als dreischiffige Hallenkirche fertiggestellt. Die Barockisierung von 1731 im Auftrag des Propstes von Sankt Zeno, von Tobias Kendler durchgeführt, hat alles das beseitigt und einen großen weiträumigen Saal entstehen lassen.

Wir betreten durch das spätgotische Portal und die Vorhalle mit den Mirakelbildern von 1513, die im Auftrag Erzbischof Leonhards von Keutschach gemalt wurden, den weiten hellen Raum, der aufs reichste ausgestattet ist. Seine Gewölbe schmückte Michael Vierthaler aus Mauerkirchen 1734 mit zartem, elegantem Ranken- und Bandwerkstuck, während die Deckenmedaillons von Innozenz Warathi gemalt worden sind. Außerordentlich üppig sind Altäre und Kanzel, vor allem der Hochaltar, der 1739 von dem Tischler Johann Georg Langenmayr aus Waging aufgestellt wurde. Er hält sich an den Entwurf Johann Bernhard Fischers von Erlach für den Altar der Salzburger Franziskanerkirche und umschließt das wundervolle Gnadenbild der Muttergottes, eine Steingußstatue aus Salzburger Werkstatt, die zwischen 1390 und 1400 entstanden ist. Zu ihren Füßen stehen zwei mächtige Engelsgestalten von der Hand Johann Georg Schwaigers aus Reichenhall, 1728, und die Patrone Rupertus und Augustinus. Im Aufsatz befindet sich, aus dem gotischen Hochaltar stammend, eine ausgezeichnete Marienkrönung der Pacherschule von etwa 1490-1500.

Im Rücken des Hochaltars steht der marmorne Choraltar von 1711 von dem Salzburger Steinmetzen Georg Doppler, mit den Figuren der Heiligen Rupertus und Augustinus von Johann Georg Schwaiger. In diesem Altar stand einst das Gnadenbild. Die beiden marmornen Seitenaltäre von 1734 enthalten Gemälde von Jakob Zanusi, und die elegante Kanzel, von Johann Georg Langenmayr 1737 gefertigt, trägt Reliefs von Johann Georg Hitzl.

Den wertvollsten Schatz der Kirche bilden, neben dem Gnadenbild, die Reste des alten Flügelaltars, der 1499 gemalt wurde. Man nennt den Maler Meister von Großgmain, der Rueland Frueauf d. Ä. nahesteht. Vier große Tafeln zeigen den zwölfjährigen Jesus im Tempel, Pfingstfest, Marientod, Darstellung Jesu im Tempel, vier kleinere Tafeln sind nur fragmentarisch erhalten. Die Tafeln gehören zu den besten Werken salzburgischer Malerei und sind wichtige Urkunden mittelalterlicher deutscher Altarmalerei überhaupt, meisterlich in der Verbindung des Bedeutenden mit dem Zarten.

Draußen auf dem Platz steht als Brunnenfigur die Doppelfigur der Maria von Johann Schwaiger aus Reichenhall, 1693 geschaffen, dem damit etwas besonders reizvolles gelungen ist, ein liebliches Bildwerk von zarter Innigkeit. Es vereinigt die zum Himmel aufblickende Immakulata mit der niederschauenden Madonna lactans. Da steht sie als holde junge Frau, mit sanftem Antlitz und vollkommen geformten Brüsten, aus denen das Wasser springt, in träumerischer Ruhe und ganz in Andacht versunken.

IM FLACHGAU

Beginnen wir unsere Reise durch das Salzburger Land im Flachgau, eine Bezeichnung, das dieses Gebiet, wie auch der Tennengau, erst im 19. Jahrhundert erhalten hat. Wir sehen das im wahrsten Sinn des Wortes holde Land am schönsten von der Höhe des Haunsbergs, der sich zwischen Laufen und dem Obertrumer See erhebt. Dort steht die gewaltige Kaiserbuche, ein wahrhaft fürstlicher Baum von ungewöhnlicher Schönheit des Wuchses, mit zinngrauem Stamm und weitverzweigtem Geäst, darunter eine steinerne Pyramide mit der Inschrift: »Hier stand der große Kaiser Josef II. am 28. Oktober 1779.« Von hier hat er, wie es heißt, wohlgefällig über das Land geschaut, um einen Überblick über das an Österreich gefallene Innviertel zu gewinnen, das man Bayern abgezwackt hatte. Des Kaisers ›Journal von der Reyse Anno 1779‹ unterrichtet uns von seinem Ritt hierher, doch wird der Haunsberg selbst nicht erwähnt. Der erzbischöfliche Pfleger zu Laufen aber berichtete seinem Herrn in Salzburg von diesem inoffiziellen kaiserlichen Besuch. General Graf von Brown erklärte dem Kaiser anhand der Karte das neugewonnene Gebiet. Die Buche wurde bald darauf zur Erinnerung an den hohen Besuch gepflanzt. Wir haben, wie einst der Kaiser, von hier den schönsten Blick über das Land. Im Süden, hinter den Waldhöhen mit dem hellen Würfel von Maria Plain, das weite Rund der hintereinander gestaffelten Hochgebirge, im Norden, in der heißen Luft eines Sommertags flirrend und fast verschwimmend, die gebuckelte Welt des Innviertels. Dazwischen die Landschaft des Flachgaus mit ihren Seen, Fluren, Wäldern und Dörfern, deren Höfe, soweit sie in herkömmlicher Bauweise erhalten sind, den Häusern im bayerischen Rupertiwinkel gleichen.

Manchem mag diese Landschaft als nicht gerade interessant erscheinen, verglichen mit der großartigen Gebirgswelt um Salzburg. Wenn wir sie jedoch besser kennen lernen, können wir uns ihrer besonderen Anmut nicht entziehen. Große Architekturen fehlen, doch ist der Reichtum an künstlerischer Ausstattung der Kirchen bemerkenswert. Es ist schwer zu sagen, welche Jahreszeit das Auge am stärksten zu fesseln vermag. Rauhreif über dem Land am Haunsberg? Brütende Sommerhitze über den Seen? Ein Sonnenuntergang hinter den Waldrücken über der schillernden Flut des Mattsees? Jedes Wetter mit seinen Lichtern und Stimmungen läßt das Land anders erscheinen, dieses Land, das so nahe an Salzburg liegt und der Stadt doch so weit entrückt zu sein scheint.

In Richtung Burghausen

Eine lohnende, landschaftlich schöne Fahrt können wir von Bergheim unter Maria Plain entlang der Salzach nach Laufen-Oberndorf, von dort über die Höhe in Richtung Burghausen machen, oder in umgekehrter Richtung von Tittmoning flußauf.

Jenseits der Salzach liegt in der großen Flußschleife die Stadt *Laufen,* die einst zum Erzstift Salzburg gehört hat und ihren Wohlstand der Schiffahrt verdankte. Es war eine Römersiedlung, und 790 wird das ›Castellum ad Loffi‹ genannt. ›Laufen‹ bedeutet Stromschnellen. Um 1050 erhielt der Ort Stadtrecht; 1278 verlieh der Erzbischof das Recht, Salz von Hallein auszuführen, vier Familien, die sich ›Erbausfergen‹ nannten. Um 1540 waren noch vier Familien im Besitz dieses Rechts, die Gold, Pötl, Perner und Gutrat. In der Laufener Stiftskirche hatten sie ihre eigenen Gottesdienste, ihre Grabstätten, und seit 1525 war die Stadt Sitz des Schiffergerichts. Die Schiffherren waren die angesehenste Zunft, zusammen mit den Schiffbauern, den ›Erbnaufergen‹, die das alleinige Recht zum Bau der Nauen und Plätten besaßen. Erbausfergen und Erbnaufergen einigten sich 1426 über die ihnen zustehenden Privilegien. Erstere brachten das Salz von Hallein nach Laufen, letztere beförderten es von dort nach Passau. Beide Gruppen hatten auch die Aufgabe, für Befestigung und Schutz der Stadt zu sorgen. Neben dem Salztransport brachten Getreidehandel und Warenverkehr anderer Güter Reichtum in die Stadt. Herrschte Hochwasser, mußte der Priester

mit der Monstranz das Sinken der Flut erflehen. Als er einmal
mit dem verhüllten Ciborium anstatt der Monstranz kam,
rief man ihm zu: »Nöt'n Mantei-Herrgott muaßt nehma, ön
Guggei-Herrgott nimm, sonst siacht er's ja nöt!«

Trotz der großen Stadtbrände von 1665 und 1757 hat
sich der Typus der Inn-Salzach-Stadt erhalten, wenn auch die
halbinselartige Lage das für andere Städte dieser Art charak-
teristische Grundsystem verhinderte. Von der Stadtbefesti-
gung stehen geringe Reste, darunter Ober- und Untertor,
sowie der Zinkenturm, und der gotische Kern der Häuser ist
unter den Fassaden späterer Jahrhunderte erhalten. Nahe
dem Fluß, wo einst die Brücke hinabführte zur Wallfahrtsstiege nach Maria Bühel, das wir noch besuchen wollen,
erhebt sich mächtig das hohe Satteldach der *Stiftskirche Mariä Himmelfahrt*, der ältesten süddeutschen Hallenkirche, die
1332 bis 1340 neu gebaut worden ist, als lichte Halle von drei
gleichhohen Schiffen mit Kreuzrippengewölben und flachge-
schlossenem Chor, wahrscheinlich beeinflußt von österreichischen Zisterzienserbauten wie Heiligkreuz bei Wien und
Sankt Blasien in Salzburg. Romanisch sind der starke Turm,
der in die Westfassade eingebaut ist, in seinem Unterbau und
die beiden Portallöwen, die nun neben dem Südportal und in
der Nische des zugemauerten Nordportals sitzen.

Ein »chostlich werch« wird das 1621 zur Kollegiatstifts-
kirche erhobene Gotteshaus genannt, ein»opus somptuosum
ac mirae Pulchritudinis…«, das vor allem der Freigebigkeit
des Schiffherrn Heinrich von Lampoting zu verdanken ist.
Um die Kirche zieht sich auf drei Seiten ein kreuzgangartiger
Arkadengang mit Rippen-, Netz- und Sterngewölben, zwischen 1400 und 1550 nach und nach gebaut, der vielleicht
auf italienische Arkadenfriedhöfe zurückgeht und als Grab-
stätte der angesehenen Laufener Bürgerfamilien und Salzher-
ren diente, mit einer Fülle prachtvoller Epitaphien und Grabsteine. Durch einen besonderen gewölbten Gang mit diesen
Arkaden verbunden steht an der Südwestecke der Kirche die
Michaelskapelle des 14. Jahrhunderts, die unten das Bein-

haus birgt, 1681 im Oberteil achteckig umgebaut wurde und 1772 Kuppel und Laterne erhielt.

Wir betreten die Stiftskirche durch das marmorne Süd-portal mit den Statuen der Muttergottes und der Heiligen Rupert und Korbinian. Das Innere mit kräftigen Kreuzrip-pengewölben war einst reich geschmückt, doch ist von der alten Ausstattung nicht allzu viel erhalten. Für den Hochaltar aus der Zeit zwischen 1654 und 1658, mit dem Gemälde Mariä Himmelfahrt eines unbekannten Meisters, schnitzte der Salzburger Jakob Gerold die Figuren der Dreifaltigkeit, Virgils und Ruperts. An den Seitenaltären wurden bei der Kircheninstandsetzung die Statuen der Heiligen Thomas und Bartholomäus, sowie die beiden Johannes aufgestellt, wohl Arbeiten von Johann Georg Itzlfeldner aus dem 18. Jahrhun-dert. Über den anderen Altären hängen Tafelbilder des einsti-gen gotischen Hochaltars. Außerdem wurde die anmutige Madonna von 1470 wieder in die Kirche gebracht, wie auch das schöne Chorbogenkruzifix von etwa 1510. Wir sehen Gemälde von Johann Michael Rottmayr von 1698: ›Lukas malt Maria‹ und ›Die heilige Cäcilie an der Orgel‹. Er malte auch das Bild im Rupertusaltar, das den Heiligen vor einer Salzachlandschaft zeigt. (In der Kapuzinerkirche befindet sich übrigens heute die schöne Muttergottes von 1467, die vormals im Hochaltar der Stiftskirche stand.) Aus der Fülle der Grabsteine und Epitaphien seien genannt das prachtvolle Grabmal des Maximilian von Nußdorf von 1478, das den Ritter und seine Frau Spornella von Seeben zu Seiten Mariens kniend zeigt – es gilt als Werk aus der Schule des Nikolaus Gerhaert von Leiden – und das Scheller-Epitaph, um 1500 in der Werkstatt des Hans Valkenauer zu Salzburg entstanden.

Vor allem aber ist Laufen bekannt geworden durch das Schif-fertheater und seine urwüchsigen Nachfolger italienischer Komödianten. 1784 berichtet der Wiener Johann Pezzl:

Die hiesigen Schiffer sind lustige Leute. Im Winter gehen viele von ihnen nach Salzburg, spielen Komödie und geben allerley Spektakel. Diese Schnurren sind die vollkommensten Kopien von Shakespeares Pyramus und Thisbe. – Was mich besonders frappiert, war, daß viele dieser Matrosen ihre jämmerlichen Rollen nicht bloß mittelmäßig, sondern wirklich gut spielten.

Im Winter, wenn der Verdienst aussetzte, spielten die Schiffleute durch das ganze Land, in Passau, Berchtesgaden, Rosenheim, Freising, Moosburg, Landshut, Salzburg, und sie spielten zum Beispiel die rührende Geschichte von ›Genoveva‹ oder die Legende des ›Heiligen Johannes von Nepomuk‹, die alte Sage der Haimonskinder, den Schinderhannes, das Ritterspiel ›Heinz von Stein, der Wilde‹, ›Räuber auf Maria Kulm‹, ›Don Juan oder der steinerne Gast‹ mit dem Zusatz: ›Von Herrn Appen Metastasia, k. k. Hofboeten‹ (Abbé Pietro Metastasio). Daneben führten sie alte Volksstücke wie ›Streit zwischen Winter und Sommer‹ auf, das aus einem seit 1547 in Laufen nachgewiesenen Spiel vom ›Sommergewinnen‹ entstanden ist. Beliebt war auch das Stück ›David und Goliath‹, in dem nur zwei Personen agierten. Darin heißt es unter anderem:

David　　*Du großer Eisenfresser du,*
　　　　ich dich, schau, gar nicht fürchten tu,
　　　　und wirf dir'n Stein ins G'sicht.

Goliath　*Was redst, du Fratz, du böser Bue,*
　　　　gieb acht! wenn ich einmal schlag zue,
　　　　so sieht man dich gar nicht.

David　　*Bist du gleich groß und ich noch klein,*
　　　　und schaust du noch fuchswilder drein,
　　　　so schlag ich dich doch z'samm.

Goliath　*Jetzt geh, du kleiner Prahlhans, du!*
　　　　Bis du nicht wachst in meine Schuh,
　　　　meld dich nicht bei mir an.

David　　*Gott macht mich stark, das sollst du sehn,*
　　　　bleib nur ein wenig vor mir stehn,
　　　　so hast den Stein am Kopf.

Goliath *Haha, da muß ich lachen gar,*
du redst daher als wie ein Narr
und bist ein kleiner Tropf.

David *Das laß ich mir nicht zweimal sagn,*
jetzt wirf ich zu, will nimmer fragn,
Gott stärke meinen Arm.

Goliath *Auweh! Auweh! Was tat ich doch,*
im Kopf hab ich ein großes Loch,
ich stirb, daß Gott erbarm.

Die Geschichte dieser Spiele ist nicht von der alten Theater-
tradition des Salzachgaues zu trennen, wie sie auch in Tittmoning und Burghausen gepflegt worden ist. Die Laufener
Schiffleute nahmen natürlich teil an der Fronleichnamsprozession, während der das ›Himmelbrotschutzen‹ bis heute
eine Rolle spielt. Vor dem Baldachin, den Angehörige der
Schiffergarde begleiten, gehen vier weißgekleidete Buben mit
roten Schärpen, ein gesticktes Tuch tragend, in dem vier
Blumenkränze liegen, die je eine Hostie umschließen. Nach
dem zweiten Evangelium betritt der Geistliche mit der Mon-
stranz die Brücke, während die Buben, die inzwischen ein
Boot bestiegen haben, flußab fahren. Wenn sie unter der
Brücke hindurchkommen, spendet der Priester den Segen,
und gleichzeitig werfen die Buben Kränze und Hostien in die
Salzach. In Verbindung mit dem Schifferstechen zwischen
Lichtmeß und Mittfasten wird auch das ›Banditenfangen‹
oder die ›Piratenschlacht‹ gespielt. Daneben gab es, auch in
Burghausen, Schwert- und Reifentänze der jungen Gesellen.
Die Aufklärung verbot die geistlichen Spiele und machte auch
dem Jesuitentheater, welches gerade das Volksschauspiel so
stark beeinflußt hat, ein Ende. Aber noch heute zeigt das
›Banditenfangen‹ in Laufen das eindrucksvolle Bild uralten
Volksbrauchs.

Gegenüber liegt *Oberndorf,* vormals ein Stadtteil von Laufen, der erst 1816 eine selbständige Gemeinde geworden ist.

Hier wohnte ein großer Teil der Schiffknechtfamilien, wovon uns das Heimatmuseum im alten Pfarrhof gute Auskunft gibt. Hier steht auch die *Stille-Nacht-Gedächtniskapelle,* denn in Oberndorf wirkte der Dichter des Weihnachtsliedes als Kaplan, Joseph Mohr. Die Melodie komponierte der Lehrer zu Arnsdorf, Franz Xaver Gruber. Die Orgel der Oberndorfer Kirche war ausgefallen, aber Musik mußte unter allen Umständen am Heiligen Abend gemacht werden, und so entstand die ›Stille Nacht‹ und wurde am Christabend 1818 zum ersten Mal gesungen. Joseph Mohr sang und spielte dazu die Gitarre, begleitet von Gruber und einigen Frauen aus dem Dorf. So ist das schönste und innigste Weihnachtslied in die Welt gegangen. Vielleicht wären die Autoren längst vergessen, wenn nicht die königliche Hofkapelle zu Berlin, die als Komponisten Michael Haydn vermutete, der am Stift Sankt Peter in Salzburg tätig war, über das Stiftsarchiv Gruber bitten ließ, von der Entstehung des Liedes zu berichten. Dieses geschah sechsunddreißig Jahre nach der Christmette in Oberndorf. ›Stille Nacht‹ hatte schon im Jahre 1841 als ›echtes Tiroler Volkslied‹ in Leipzig Furore gemacht, denn Dichter und Komponist waren nicht bekannt. Hätte also Berlin nicht mit preußischer Gründlichkeit Nachforschungen angestellt, wäre das Lied als Tiroler Volkssang in die Musikgeschichte eingegangen.

Joseph Mohr war der eneheliche Sohn der Anna Schwoiberin, die zum öfteren melden mußte, sie habe ›fleischlich verbrochen‹, und eines Soldaten, der sich rechtzeitig aus dem Staub gemacht hatte. Pate des kleinen Mohr war der Scharfrichter von Laufen. Mohr ist dann Vikar in Wagrain gewesen, dort gestorben und begraben worden. Sein Schädel aber, den sich der Bildhauer Mühlbacher einst für Modellzwecke auslieh, doch nie zurück gab, kam dann in die Oberndorfer Gedächtniskapelle, wo er wie eine Reliquie verwahrt wird.

Von der Oberndorfer Salzachstraße führt die doppelläufig ansetzende Wallfahrtsstiege hangauf. An ihrem Anfang steht die bewegte, schöne Statue des heiligen Nepomuk, 1720 von Josef Anton Pfaffinger geschaffen. Die Treppe endet vor einem hohen halbrunden Nischenbau, der die Kreuzigungs-gruppe des 18. Jahrhunderts umschließt. Folgen wir der Allee durch die Wiesen, haben wir bald die *Wallfahrtskirche Maria Bühel* – oder Mariabichl, wie die Einheimischen sagen – erreicht, deren Fassade sich steil und schmal, mit einer Ma-rienstatue auf dem Giebel zwischen den hohen, schlanken Türmen unter höchst raffiniert geformten Helmen, auf dem Plateau erhebt.

Georg Paris Ziurletti, Dechant des Kollegiatstifts Laufen, ließ 1663 das Bild ›Maria Hilf‹ bei einer Kreuzsäule aufstel-len, »alwo gleichsamb jedermann von Passau und Burgkhau-sen durchraisen mues«. Das Bild sollte vor allem von den Schiffleuten verehrt werden, »welche unterwegs bisweilen ain unütz und Gott misfelliges Geschwez treiben...« 1670 erhielt der Dechant von Salzburg die Erlaubnis, die Kapelle zu vergrößern und auf eigene Kosten zu unterhalten. Es wurde ihm auch nahegelegt, sie testamentarisch ausreichend auszustatten. Vom ersten Erweiterungsbau stammen Lang-haus und Fassade, mit Ausnahme des im 18. Jahrhundert zugefügten Portals, vom letzten, der 1722 vollendet war, das ovale Querhaus und der kleine rechteckige Chor.

Das Äußere ist kühl, ohne Anspruch auf prunkvolle Wir-kung, nüchtern, gut proportioniert und gegliedert durch Lise-nen und Gesimse. Ein strenger Bau, nicht ohne Anmut. Das lichte Innere wird von der Kuppel des Querhauses bestimmt, deren Wölbung Wolfram Köberl aus Innsbruck 1951 mit einem dem 18. Jahrhundert ausgezeichnet nachempfundenen Fresko der Verherrlichung Mariä geschmückt hat. Köberl ist es auch gewesen, der das große Fresko des Johannes Zick im rheinischen Schloß Bruchsal neu gemalt hat, und auch diese Arbeit ist ihm hervorragend geglückt. Der Gnadenaltar An-tonio Beduzzis von 1722 – er wurde 1886 durch Erneuerung von Tabernakel und Altartisch verändert – hält das Gnaden-bild im Strahlenkranz, eine innige Darstellung der Gottesmutter, Kopie wohl des 17. Jahrhunderts nach einem ober-italienischen Gemälde des 14. Jahrhunderts. Die Bilder der Seitenaltäre malte Johann Michael Rottmayr aus Laufen 1721, einer der gesuchtesten Maler jener Zeit im Salzburgi-schen und im heutigen bayerischen Rupertiwinkel. Das Bild des nördlichen Seitenaltars zeigt die ›Stigmatisierung des hei-ligen Franz von Assisi‹, das des südlichen den ›Heiligen Flo-rian beim Löschen eines Brandes‹. Die Altäre im Langhaus stammen aus dem Jahre 1764, und die großen, prächtigen Heiligenfiguren an den Wänden schnitzte der ebenfalls aus Laufen stammende Josef Anton Pfaffinger: Vitalis, Martin, Rupertus und Virgil. Wenig Ornament, nichts von barockem Rausch, von rokokohaftem Überschwang wie in unseren bayerischen Kirchen. Allein im Querhaus Pilaster mit Kom-positkapitellen, die den Architrav tragen, worauf die Kuppel lagert. Nur das leuchtende Fresko des aufbrechenden Him-mels an der Deckenwölbung setzt den starken farbigen Akzent.

Es ist eine schöne Kirche in allerschönster Lage, denn von dort oben geht der Blick weit hinaus ins salzburgische und bayerische Land. Ein Stich vom Hochaltar Beduzzis im Prie-sterhaus zu Salzburg trägt die lustige Inschrift:

> *Ave Zuflucht aller Sünder,*
> *Auf dem Bühel grüst man dich,*
> *Eva, wo seynd deine Kinder,*
> *Sieh, das Blattlein wendet sich.*
>
> *Dann ein Mutter hier und dorten*
> *An dein Statt Maria worden,*
> *Aller die Zuflucht begehren*
> *Und den Pühel thun verehren.*

Wir setzen unsere Reise auf der Hochuferstraße in Richtung Burghausen fort. Ich kannte diese etwas karge Landschaft mit ihren alten Städten am Ufer der Salzach seit Jahren, jedoch hatte ich sie nie im Winter gesehen, wenn sie unter der Schneedecke ruht, welche die sanften Hebungen und Senkungen des Geländes leise modelliert. Drüben schwarze Wälder, dahinter in der Ferne stumpfblau, silbergrau die Hochgebirge. Keine großartige Szenerie, Bauernland in selbstverständlicher Genügsamkeit.

Wir erreichen die Dörfer Ober- und Untereching, deren Kirchen wir besuchen wollen. Von außen sind es Dorfkirchen, wie wir sie im Land dutzendweis finden, Kirchen von traulicher, andächtiger Einfalt. In *Obereching* ist es ein spätgotischer einschiffiger Bau mit Turm von 1769. In der Wand neben dem Eingang befindet sich eine Vorrichtung, die ich noch nie gesehen hatte: ein Schacht von Armeslänge, das Seelenstöckl, in das die Dorfbewohner Geld für Seelenmessen einschieben, aber manchmal auch, um ein schlechtes Gewissen zu entlasten, wie die Mesnerin erklärte.

Hinter der schweren, mit schönen Beschlägen des 15. Jahrhunderts versehenen Eichentür liegt das von Netzrippen überspannte Schiff mit hübscher barocker Ausstattung, einem Hochaltar von 1683 mit Figurenwerk von dem jüngeren Wolf Weißenkirchner, der auch den Heiligen Rupertus geschnitzt hat. Die Seitenaltäre stammen von 1663 und 1689, und Magdalena Margareta Rottmayr, Mutter des Malers Johann Michael, malte dazu die Altarbilder.

Die Kirche Sankt Emmeram in *Untereching* wurde 1443 geweiht; sie hat ebenfalls Türen mit spätgotischen Beschlägen und ein Netzrippengewölbe, einen Hochaltar von 1774 mit Bildwerken des Johann Georg Itzlfeldner, Leonhard und Nepomuk, sowie einem Altarbild von Franz Xaver König, Salzburg. Die zwei Seitenaltäre von 1694 sind mit Figuren wieder von Wolf Weißenkirchner dem Jüngeren geziert. Im Chor sehen wir eine sehr gute Arbeit, den Heiligen Emmeram vom ehemaligen Hochaltar aus dem Jahre 1676. Die Emporenbrüstung ist mit Szenen aus dem Leben und Martyrium des Titelheiligen geschmückt. In der Sakristei steht ein besonders prächtig gearbeiteter Schrank von 1672, mit aus Furnieren ausgesägtem und aufgeleimtem Rankenornament, ein typisches Beispiel für die alpenländische Möbelkunst, von

der wir auch schöne Zeugnisse in den Museen von Tittmoning, Trostberg und Berchtesgaden haben.

Wir sehen sie schon von weitem, stattlich und herrschend auf
ihrem Hügel über den Salzach-Auwäldern, die Dekanatskirche *Sankt Georgen,* daneben den behaglichen Pfarrhof. Wie
alle Kirchen, ist auch diese fest verschlossen, denn die Diebe-
reien haben so zugenommen, daß man sie nicht mehr offen
stehen lassen darf. Der alte Pfarrherr aber kommt mit einem
riesigen Schlüssel, die Tür geht knarrend auf, und wir stehen
in einem weiten heiteren Saal mit Pilastergliederung, zierlichen, feinen Stukkaturen von Benedikt Zöpf und Deckenbildern, welche die Evangelisten und Kirchenväter um die Hei-
liggeisttaube geschart zeigen. Alles das aus der Zeit von 1749
bis 1754, als die Kirche nach Entwürfen Tobias Kendlers und
Johann Klebers neu gebaut wurde. Zierlich und reich sind
auch die Altäre. Der Hochaltar ist von 1843, ahmt aber
durchaus den Stil von etwa 1760 nach und ist mit Figuren
Johann Georg Itzlfeldners aus Tittmoning von 1758 geschmückt, einem guten Lokalmeister des 18. Jahrhunderts.
Unten stehen die Heiligen Rupert und Virgil, und das Altarbild zeigt Sankt Georg. Die beiden Rokoko-Seitenaltäre
stammen von 1763: der linke trägt ein Bild von Pietro Antonio Lorenzoni: die ›Unbefleckte Empfängnis‹, zu ihren Füßen
die Heiligen Leonhard und Florian zwischen den Figuren der
Katharina und Barbara. Darüber, auf den Voluten des Aus-
zuges, die heiligen Diakone Stephanus und Laurentius. Auf
der rechten Seite trägt der Altar ein Gemälde von Peter Paul
Perwanger, die Statuen Sankt Martin und Magdalena, und
darüber Joachim und Anna. Hübsch ist die Kanzel von 1755,
und zu Seiten des Triumphbogens stehen Maria und Johannes, 1754.

Die Kirche selbst ist sehr alt, denn sie wird schon im
Güterverzeichnis des Erzbischofs Arn im 9. Jahrhundert genannt. Vermutlich wurde sie von den Ungarn im 10. Jahrhundert zerstört; ein Neubau erfolgte wohl im Hochmittelal-

ter, Ende des 15. Jahrhunderts. Aus dieser Zeit ist der Turm, der 1753 erhöht worden ist. Sankt Georgen war reich dotiert; daher hatte es die Rechte einer Hofmark, und die hochmögenden Domherren in Salzburg, wie die Grafen von Ortenburg, Uiberacker oder Kuenburg, hatten nichts dagegen, hier als Pfarrherren zu amtieren. Pfarrer Ulrich Freiherr von Königsegg baute sich 1614 den neuen Pfarrhof als kleinen Herrensitz, der noch einen eleganten grünglasierten Kachelofen des Rokoko birgt, wie man sie vormals in vielen bayerischen und österreichischen Pfarrhäusern zu beiden Seiten des Flusses antraf. Das ausdrucksvolle Kruzifix an der Außenseite des Kirchturms hat der ältere Wolf Weißenkirchner 1667 geschaffen.

Hier ist nichts Überwältigendes, nichts Dunkles, Düsteres. Alles ist hell und still, unaufdringlich in guten Maßen wie das Land ringsum.

Von Sankt Georgen sollte man einen Abstecher in das einst salzburgische Tittmoning machen. Es lohnt sich.

Das Dröhnen der Glocken weckt mich. Ich öffne das Fenster und schaue hinaus über die Linde, die im ersten frühjahrlichen Grün steht, hinüber zur Stadtmauer, gefügt aus bräunlichem Tuffstein, und zu den auf ihr stehenden Häusern, hinter denen sich der schwere Bau der Stadtpfarrkirche Sankt Laurentius erhebt. Das Haus, in dem ich in *Tittmoning* als Gast des Dr. Poschacher wohne, steht gerade gegenüber dem Burghauser Tor mit der Wappenkartusche der Salzburger Erzbischöfe. Im Garten hinter dem Haus blühen die Quitten-, Apfel- und Birnbäume, dahinter ziehen blühende Wiesen hangauf zum Wald. Nach dem Frühstück schlendere ich, bewaffnet mit dem schweren Schlüsselbund des Doktors, hinauf zur *Burg,* die hoch über der Stadt liegt. Ein Steg führt über den Ponlachbach, der zu Zeiten als reißendes Wildwasser, Schlamm und Geröll wälzend, zur Salzach hinabschießt. Jenseits des Stegs nimmt mich der lichtgrüne Buchenwald auf. Steil geht es bergan, entlang der Burgmauer, die bis zur

Stadtmauer im Tal reicht. Durch die tiefe Torfahrt gelange ich in den weiten Schloßhof. Schlichte Gebäude umstehen ihn, darunter die Kapelle Sankt Michael mit dem kräftigen Altarbild Johann Michael Rottmayrs und dem schlanken Zwiebeltürmchen. Immer läßt hier der Brunnen den starken Wasserstrahl in das rotmarmorne Becken springen, immer spielen Kinder mit großem Geschrei. Es ist ein altes Schloß, das schon 1234 erwähnt wird, im 15. Jahrhundert einen durchgreifenden Umbau erfuhr und 1611 während der Belagerung durch bayerische Truppen in der Fehde mit Erzbischof Wolf Dietrich von Raitenau schwer beschädigt wurde. Erzbischof Markus Sittikus von Hohenems ließ die Schäden beheben und die Burg wohnlich herrichten. 1617 baute Santino Solari den Prälatenstock, 1620 wurde der Kavalierstock verändert und 1693 die Schloßkapelle gebaut. Der mächtige Getreidekasten ist aus der Renaissance, und die ganze schlichte, doch noble Anlage wird umzogen von einem mittelalterlichen Wehrgang. Der größte Schlüssel öffnet mir die Tür zum Vorsaal des Prälatenstocks, in dem das Heimatmuseum untergebracht ist. Aber zuerst mache ich die Runde um den Wehrgang, aus dessen Schießscharten der Blick über die Stadt schweift, weit hinaus in das blühende, grüne Hügelland zu beiden Seiten der Salzach. Drüben im Österreichischen leuchtet hell die Kirche von Ostermiething. Wenn der Föhn weht, steht die Silhouette des Untersbergs zum Greifen nahe am Horizont.

Vor Jahren habe ich das Heimatmuseum eingerichtet; das war eine lustige Arbeit. Alter Hausrat, Fayencen und Porzellane, Erzeugnisse des Kunstgewerbes, Urkunden und Bauernschmuck in Vitrinen, Skulpturen und Gemälde füllen die großen düsteren Räume mit den wuchtigen Balkendecken. Durch die kleinen Fenster in den dicken Mauern der Westseite fällt grüngoldenes Licht, dringt das Rauschen des Bachs, denn hier steht der Wald dicht unter der Burgmauer. Als ich eines Nachmittags in der sinkenden Dämmerung im Vorsaal stand und überlegte, was wohl noch getan werden könnte, da hatte ich plötzlich das Gefühl, jemand stünde hinter mir und schaute mich an. Ich stand reglos in der tiefen Stille; die Haare sträubten sich, und Asko, der große Airedaleterrier des Doktors, der mich gerne begleitete, kratzte unruhig, winselnd an der Pforte. Er wollte hinaus. Sekunden mag ich so gestanden haben, als ich mich mit einem Ruck umdrehte – natürlich nichts. Aber das Gefühl war so stark gewesen, daß mir noch nachträglich ein Schauder über den Rücken lief. Ich ließ den Hund hinaus, der in größter Hast die Treppe hinabsprang, und folgte nicht ungern. Noch oft bin ich oben gewesen und wurde von der Dämmerung überrascht, aber nie mehr geschah Ähnliches.

Folgen wir dem Weg, der von der Burg in leichter Steigung durch den Wald führt, gelangen wir bald zur *Wallfahrtskapelle Maria Ponlach,* in deren zwei Brünnlein Augenkranke gern die Augen netzen. Hell hebt sich der kleine, durch Lisenen gegliederte Zentralbau von 1716 aus dem Laub der Bäume. Votivbilder schmücken die Wände des festlich ausgestatteten Raumes.

Zurück zur Stadt, den Burgberg hinunter, immer mit dem Blick ins Land und auf die flachgeneigten Hausdächer. Am Ende der schluchtartigen Gasse öffnet sich der sonnenüberflutete *Straßenmarkt,* ein wahrer Festsaal, einer der schönsten und farbigsten Plätze der Inn- und Salzachstädte. Drei Brunnen stehen zwischen der doppelten Reihe kugelig geschnittener Kastanien zwischen Laufener und Burghauser Tor. Am hübschesten ist der Storchenbrunnen vor dem Laufener Tor, das in seinen Schallöffnungen unter dem geschweiften Dachsims zwei Glöckchen und darunter eine Uhr trägt, was ihm den Ausdruck eines erstaunten Gesichts gibt. Um den Platz stehen die Häuser des 17. und 18. Jahrhunderts als festgefügte Wände mit der ruhigen, geraden Linie der Stirnmauern vor den flachen Grabendächern. So dicht stehen die Häuser, daß die Zäsuren der abzweigenden Gassen kaum wahrnehmbar sind. In allen Farben leuchtend stehen sie da: rosa, gelb, rot, grün, blau und grau, teilweise stuckiert mit dem graziösen Ornament des Rokoko. Am Rathaus mit seinem Glockentürmchen blitzen derbe, vergoldete Kaiserbüsten in der Sonne. Man muß diesen herrlichen Platz gesehen haben, wenn die Erntedankfestprozession ihn umwallt. An der Spitze marschieren Buben und Mädchen mit Feldfrüchten im Arm. Es folgen Burschen mit der Statue des heiligen Laurentius, dahinter schreitet unter dem ›Himmel‹ der Geistliche, die funkelnde Monstranz segnend erhoben. Dann kommen Bürgermeister, Stadtrat und die Bürger.

Mattsee

Stehen wir auf der Höhe zwischen Grabensee und Mattsee, so schauen wir über den Markt Mattsee zwischen Wart- und Schloßberg auf den Buchberg und Tannberg. Es macht den sanften Reiz des Bildes aus, daß keine schroffen Felsbildungen an das Ufer treten, denn erst fern im Süden säumen die Ketten der Hochgebirge den Horizont. Im Norden sehen wir den breiten Rücken des Kobernauer Waldes. Es ist ein Bauernland, gehügelt, friedlich, darin kleine Märkte, Dörfer, die freilich kaum noch in der alten Form erhalten sind. Der schönste Teil des Flachgaus ist die Landschaft um Mattsee. Lernt man eine Landschaft allmählich besser kennen, bilden sich bestimmte Vorlieben für diesen oder jenen Winkel aus. Es mag ein verschwiegenes Tälchen sein, eine bestimmte Kirche oder ein großräumiges Landschaftsbild. So ging es uns mit Mattsee, wo wir unser Hauptquartier während der Arbeit an diesem Buch aufgeschlagen hatten, wo ein freundlicher Ort mit der lieblichsten Umgebung in voller Übereinstimmung steht. Vielleicht wirkt Mattsee das erste Mal gar nicht so reizvoll auf den Besucher. Uns gefiel schon bei der ersten Anfahrt vom Hausnberg her die unendlich weite Sicht über das Hügelland, in dessen Mitte die Seen schimmern, der graue zierliche Turm der Stiftskirche emporfährt.

Mönche hatten von jeher einen Sinn für besonders reizvolle Lage ihrer Klöster, und das gilt auch für Mattsee. Es läßt

sich nichts anderes sagen als dies: Der Lage des Marktes
eignet etwas, das man vielleicht nur mit dem Wort Persönlichkeit umschreiben kann. Wer öfters kommt, den mögen
auch die geschichtlichen Verbindungen des Ortes mit der
Welt fesseln, die Sagen und Geschichten, die von ihm erzählt
werden. Auf dem Schloßberg – die Burg ist bis auf Reste
verschwunden – fand man eine Feuerstelle aus der Jungsteinzeit also von etwa 4000-1800 vor Chr. Römische Gutshöfe
wurden in Mödlham, Obernberg und Schalkham über den
Egelseen festgestellt, und Professor Anton Breitner berichtet
in seinem Buch sehr lustig:

Der Zeitraum unserer fröhlichen Maulwurfsarbeit um-
faßte die Jahre 1885-1888 ... Nun erinnerten sich die Bau-
ern, daß hier ein ›Gschloß‹ gestanden habe und daß dem
Soasenthaler Bauern ein Hiefelstecken (Fichtenstock zum
Trocknen der Garben) in die Erde versunken sei, um nimmer
zum Vorschein zu kommen. Und als die ersten Wölbungen
der Hypokausten zutage kamen, erinnerte sich der Nachbar,
der Koaserbauer: »Jetzt woaß i's, worum der Ahnl immer
verzöhlt hat, daß's so schön than hat beim Wödaschiaßn!«
Die Böller beim Wetterschießen dröhnten so laut, weil sie auf
dem Rasenhügel bei den Wölbungen der Hypokausten gelöst
wurden.

Mattsee – hier wurde der Komponist Anton Diabelli 1781
geboren – gehörte zum Mattiggau. Vermutlich hatte der
bayerische Herzog Tassilo III. das Benediktinerkloster 777
gegründet, welches aber erst 783/84 urkundlich erscheint. Im
Jahre 817 wird es königliche Abtei genannt und 907 dem
Bistum Passau übergeben. Im 11. Jahrhundert ist dann Mattsee in ein weltliches Chorherrenstift umgewandelt worden; es
ist bis heute ein solches geblieben. Der Bischof von Passau
verkaufte die Herrschaft Mattsee 1398 an Salzburg, das dort
ein Pfleggericht einrichtete, während die kirchliche Zugehö-
rigkeit zur Diözese Passau bis 1807 Geltung hatte.

Die dreischiffige Pfeilerbasilika ist um 1700 barockisiert
worden; den hohen eleganten Turm baute Wolfgang Hage-

nauer 1766, wie es bei Dehio heißt: angeregt von der ›Potsdamer Gedächtniskirche‹ – vermutlich ist die Garnisonskirche gemeint. Die Gewölbe der Kirche tragen reiche Stuckierung von Akanthus und Putten, sowie Deckenbilder. Der marmorne Hochaltar ist von der Hand des Steinmetzen Johann Högler, 1733. Der durchbrochene Auszug mit der Tiara ist dem Altar in der Schloßkapelle von Mirabell in Salzburg von Johann Lukas von Hildebrandt entlehnt. Die Hauptfiguren zeigen die vier Erzengel, Michael, Gabriel, Raphael und Uriel, von Paul Mödlhamer, und das 1733 datierte Altarbild von Jakob Zanusi stellt den Kirchenpatron vor der Dreifaltigkeit dar. Die Querschiffaltäre von 1700 und 1704 erinnern an Werke Johann Bernhard Fischers von Erlach in der Salzburger Kollegienkirche, und die Bildwerke stammen aus der Werkstatt Meinrad Guggenbichlers. Die Kanzel schuf Ferdinand Oxner 1720. Die beiden eindrucksvollsten Figuren aber sind die Michael Zürn dem Jüngeren zugeschriebenen Figuren der Heiligen Rochus und Sebastian am Choreingang, die er bald nach seiner Niederlassung in Gmunden um 1685 geschnitzt hat.

Was für eine lässig freie, manieristisch-kühne Haltung, schreibt Herbert Schindler, *und vor allem, was für Köpfe! Beim Rochuskopf denkt man an Michelangelos Vorbild. Der Sebastianskopf mit dem leicht geöffneten Mund, dem flaumigen Bartansatz, der kräftigen Nase und den schräggeschnittenen Augen, darüber die Brauen hochgezogen sind, ist in der ganzen alpenländischen Plastik unerreicht, eben in der Typisierung des Menschenschlages der Gegend. Diese beiden Figuren wären allein die Reise hierher wert.*

Der Kreuzgang des 15. Jahrhunderts liegt im Norden der Kirche, geschmückt mit zahlreichen Grabsteinen, und dort befindet sich auch das Propsteigebäude. An der Friedhofsmauer steht die kleine Laurentiuskirche, die 1777-1779 nach Entwurf Wolfgang Hagenauers neu gebaut worden ist und nach einsturzbedingter Verkleinerung nun als Friedhofskirche dient.

Mattsee ist ein ganz behaglicher Ort, wo der Sommergast sich wohlfühlen kann, vor allem im Gasthof der Familie Iglhauser. Er heißt nicht ›Zur Post‹, nicht ›Goldener Hirsch‹ oder ›Österreichischer Hof‹, er heißt schlicht ›Bräugasthof‹. Gebraut wird zwar nicht mehr, aber Bier und Wein sind gut, vortrefflich die Forellen und Seehechte, köstlich die Topfenpalatschinken, vor allem wenn sie von der Wirtin selbst zubereitet werden. Überhaupt die Frau Iglhauser! Sie ist noch eine Wirtin vom alten Schlage, wie auch ihr Mann noch ein echter Wirt ist. Sie ist eine Bauerntochter aus Berndorf, klug, entschieden, mit beiden Beinen im Leben stehend. Farbig, anschaulich weiß sie zu erzählen, von ihrer Kindheit, die so schön gewesen sei, von den Wagenfahrten mit den Großeltern nach Maria Plain im Mai. Man fuhr vierspännig, das ließ der Großvater sich nicht nehmen. Sie berichtete von Besuchen in Salzburg mit der Großmutter während der Festspielzeit, wo sie die eleganten Besucher der Oper betrachteten. »Heut sind sie nicht mehr so schön«, meinte sie. Im November und Dezember ist das gastliche Haus geschlossen, denn »sonst hätten wir gar kein Familienleben mehr. Und das muß sein! Denken Sie nur an die Weihnachtsvorbereitungen für Kinder, Enkel, Verwandte. Alle sind sie dann da.« Ihre Erzählungen lassen darauf schließen, daß sie genau weiß: Wer schafft, ohne seiner Voreltern und einer guten Überlieferung zu gedenken, der macht sich ärmer.

Am See steht das stattliche Haus, mit gewölbter Einfahrt im Anbau, mit einer Nische über der Tür, in der ein Heiliger Florian die Wacht hält. Die Inschriftstafel darunter sagt: ›Anno 1712 den 31. April ist disse Hoff Erbars Tafern mir Frantz Diernhamber Bierpreu und Sophia Wallmanspergerin meine Ehewirthin zu kauffen geben worden‹. Die Wappentafel des Erzbischofs Michael von Kuenburg sehen wir am Einfahrtsturm.

Gehen wir vom Bräugasthof linkerhand unter dem Schloßberg am Seeufer hin, glauben wir in ein Bild von Ferdinand Waldmüller versetzt zu sein. Herrlich ist das Schwimmen im See: Das Wasser ist moorig weich und lau. An heißen Sommerabenden schwärmen Glühwürmchen am Pfad zwischen Burgberg und Seebucht, ziehen lange zittrige Bögen unter den Bäumen, funkeln in den Büschen und schimmern grünlich im Gras.

Von Mattsee aus

Von Mattsee aus lassen sich hübsche Fahrten unternehmen: Wir wollen den Haunsberg und sein nördliches Vorland kennenlernen. Von Mattsee geht es zuerst nach Süden, um bei Obertrum gegen Westen in die steil gehügelte Landschaft um die Reitbacherseen mit den Dörfern Voggenberg, Winding, Viehhausen abzubiegen. Da geht es auf und ab, bald durch Waldstücke, bald über freie Flächen mit weiten Ausblicken. Große Höfe stehen im Land, darunter sehr gut gebaute stattliche Erbhöfe. Wir passieren die Auffahrt links zur ›Kaiserbuche‹, münden in die Lauchstraße rechts nach Michaelbeuern und biegen kurz darauf rechts in die schmale Straße, hinauf zu dem auf steilem Fels stehenden Wallfahrtskirchlein *Sankt Pankraz* unter der Burgruine Haunsberg. Die Haunsberger waren eine einflußreiche Familie, die 1211 ausgestorben ist, und zwar, wie eine handschriftliche Chronik von 1587 erzählt, zerstritten sich die beiden letzten Brüder Haunsberg, Hartbold und Tybold. Als der eine sein Gebet in der Burgkapelle Sankt Pankraz beendet hatte und sie verlassen wollte, trat ihm der Bruder entgegen. Sie griffen zu den Waffen, töteten einander, und der eine fiel in die Kapelle zurück, der andere stürzte draußen.

Sankt Pankraz wurde schon in der Burgkapelle von den Landleuten verehrt. Als die Wallfahrt zunahm, befahl Erzbischof Johann Ernst Graf Thun (1687-1709) den Neubau einer Kirche, die sein Koadjutor Franz Anton Graf Harrach 1707 weihte. Zwei Jahre später war sie ganz fertiggestellt.

Es ist nicht so einfach, Übereinstimmung mit einem Kunstwerk, einer Architektur zu finden. Wir ändern unsere

Einstellung zu ihnen im Lauf des Lebens; was wir einst für ›schlecht‹hielten, erachten wir nun für ›gut‹, wobei diese Qualitätsbezeichnungen sehr relativ bleiben. In allen Abschnitten des Lebens sehen wir historische Epochen von einem anderen Standpunkt, unsere eigene Zeit nicht ausgenommen. Der Barock ist längst anerkannt, und doch ist es schwierig, angesichts der ungeheueren Vielfalt an Formen und Ausdrucksmöglichkeiten gerade an diesem Stil das Urteil ›gut‹ oder ›schlecht‹ zu fällen. Die Durchdringung eines kristallklaren Aufbaus mit illusionistischen, malerischen Effekten ist manchmal verwirrend. Ein Renaissancebau steht in harmonischster Ausgewogenheit und Durchsichtigkeit der Struktur vor uns, der Barockbau ist oft so angelegt, daß er sich erst nach mehrfacher Änderung des Standpunktes erschließt.

Man ist überrascht, daß man im stillen, abgelegenen Land am Haunsberg auf einen Bau stößt, der es uns nicht schwer macht, ihn zu erfassen, da er streng und klar gegliedert, sparsam geschmückt ist. Auf die vornehme, edle Architektur des Kirchleins fällt der Glanz Salzburgischer Architektur, denn das Hofbauamt lieferte den Entwurf, der sichtlich von Johann Bernhard Fischer von Erlach beeinflußt ist.

Schlicht ist die Fassade, über deren Portal das Wappen Thuns angebracht ist. Klar und übersichtlich einander zugeordnet sind das kurze Langhaus, das an den Seiten ausgerundete Querhaus, der halbrunde Chor. Den Pfeilern des Vierungskuppelraums sind zur besonderen Betonung Pilaster vorgelegt, an deren östlichen je eine Kanzel sitzt. Der Salzburger Joseph Schmidt hat Gurt- und Gratbögen sowie die Halbkuppel des Chors stuckiert. Die gesamte Einrichtung stammt aus der Erbauungszeit. Simeon Fries schuf die Figuren der Altäre. Sankt Pankraz steht als jugendlicher römischer Offizier im Hochaltar, begleitet von den Landespatronen Rupert und Virgil; darüber sehen wir die von Adam Pürkmann gemalte Dreifaltigkeit. Die Seitenaltäre zeigen die Statuen der Heiligen Valentin und Florian, Eustachius und Georg.

Besonders hübsch sind die mit begleitendem Text versehenen Schilderungen aus dem Leben und Martyrium des heiligen Pankraz. Da ist die Frau, die den Leichnam, den Kaiser Diokletian den Hunden vorwerfen ließ, heimlich bei Nacht begrub. Dazu heißt es in bayrisch gefärbtem Barock-Hochdeutsch:

Weit gefehlt, o mein Tyrann, wer hier vor Gott tuet streiten, dem suechet er mit Herrlichkeit ein Grabstatt zu bereiten, der ganze Himmel ihn bereits als seinen Bürger grüßet, von Bluat, so du vergossen hast, ein Gnadenquell hier fließet.

So steht die vornehme kleine Kirche hoch über dem Tal und ist heute noch ein Anziehungspunkt für Wallfahrer, denn Sankt Pankraz, einer der Vierzehn Nothelfer, ist auch einer der Eisheiligen und der Beschützer gegen Frostgefahr.

Nehmen wir den Weg von Nußdorf nach Michaelbeuern, können wir bei Steinbach links abbiegen und sind bald darauf in dem Weiler *Sankt Alban* im Tal, wo auf der Wiese zwischen Obstbäumen die Kirche steht, die 1397 geweiht wurde. Es ist ein schlichter kleiner Bau von angenehmen Maßen, mit Kreuzrippengewölbe im Chor und drei farbigen Altären, um 1630. An der Empore sehen wir Szenen aus dem Leben und Martyrium des heiligen Alban, Malereien aus dem frühen 17. Jahrhundert. Alban, ein Märtyrer der Mainzer Kirche, kam zur Zeit der Regierung des Kaisers Theodosius von Naxos nach Mailand, zog dann über Aosta nach Moguntiacum (Mainz). Hier stritt er gegen die Arianer und wurde, als die Vandalen 406 Mainz zerstörten, getötet. Die Legende erzählt, daß der Heilige nach seiner Enthauptung seinen Kopf dahin getragen habe, wo er bestattet werden wollte. Er ist ein Helfer gegen Epilepsie, gegen allerlei Leibesschäden, wie Hals- und Kopfweh, gegen Gewitter und Hagelschlag.

Gotische Frömmigkeit und barocke Schmuckfreude verbinden sich im Sankt Albans Kirchlein in ländlicher, harmonischer Weise.

Arnsdorf und Lauterbach

Es ist nicht weit nach Arnsdorf, wo das alte Schulhaus steht, in dem Franz Xaver Gruber lebte und lehrte und in dem eine kleine Gedenkstätte an den Komponisten des Weihnachtsliedes eingerichtet worden ist, mit Schriften, Bildern, Möbeln. Die Inschrift über der Haustür sagt uns, was im Jahre 1818 hier geschah:

Stille Nacht, Heilige Nacht?
Wer hat dich, o Lied, gemacht,
Mohr hat mich so schön erdacht,
Gruber zu Gehör gebracht,
Priester und Lehrer vereint.

Zudem finden wir hier wieder eine prächtige kleine *Wallfahrtskirche zu Unserer Lieben Frau Maria im Mösl,* die schon 790 urkundlich erwähnt wird, deren Turm Meister Petrus von Laufen 1464-1467 gebaut hat, während das neue Schiff in den Jahren 1507-1520 folgte. Welch festlicher Raum empfängt uns, wenn wir die Pforte mit dem schönen Beschläg von 1513 durchschritten haben. Der Raum ist einfach, aber hübsch im Jahre 1753 stuckiert worden, strahlt im Goldglanz seiner Altäre, die, mit Kanzel und Orgel, zwischen 1753 und 1760 entstanden. Im Hochaltar thront das schöne Gnadenbild der Muttergottes und Rosenkranzkönigin, um 1500 geschaffen, die Figuren der Kapellenaltäre schnitzte der uns schon bekannte Johann Georg Itzlfeldner, die Altarbilder malte Franz Hörbst. An der Wand des Schiffs ist das rekonstruierte Sakramentshäuschen von etwa 1520 angebracht, das vormals als Feldkapelle diente. Es ist eine der reizendsten, gemütlichsten Landkirchen des Flachgaus.

Der Mesner wies uns auf einen aufgehängten Stein hin, der einem Brotlaib gleicht. »Die G'schicht war so«, sagte er und erzählte:

Eine Bäuerin aus unserem Dorf war unzufrieden mit ihrem Schicksal, obwohl sie alles hatte, was nötig war, und wollte dem lieben Gott eins auswischen. Sie dachte, wenn ich

*zur Zeit der Christmette backe, wird der Herr sich sehr
ärgern. Als das Gesinde versuchte, sie von ihrem Vorhaben
abzubringen, hat sie geflucht: Soll halt das Brot zu Stein
werden! Sie hat also den Teig während der Mette in den Ofen
geschoben, und als sie ihn herausnahm, was hat sie gesehen?
Nichts als Steine. Da war die Frau sehr erschrocken. Sie ist
von nun an immer fleißig zur Kirche gegangen. Ein verstei-
nerter Brotlaib ist hier zum Andenken aufgehängt worden,
damit alle sehen, daß Gott nicht mit sich rechten läßt.*

Über Lamprechtshausen geht es weiter nach *Lauterbach*
am Hang über dem Oichtenmoos. Es ist auch eines der vielen
kleinen Kirchlein, uralt, in seiner heutigen Gestalt aber 1629
umgebaut worden. Das Langhaus, 1767 neu gewölbt,
schließt an einen überkuppelten Zentralraum mit halbrunden Querarmen und halbrundem Chor, so daß im Grundriß
eine Kleeblattform entsteht, wie sie der Salzburger Dom
zeigt. Das Deckengemälde der Kuppel mit dem Thema ›Dreißig Krieger aus dem Heere Sauls bieten dem flüchtigen David
ihre Hilfe an‹ malte der seinerzeit vielbeschäftigte Freskant
Franz Josef Soll aus Trostberg an der Alz in Bayern. Es ist
nicht gerade vorbildlich restauriert worden, wie auch der
Stuckmarmor der Pfeiler in seiner Wiederherstellung einiges
zu wünschen übrig läßt. Hochaltar und zwei Seitenaltäre von
1769-70 tragen Bilder von Franz Nikolaus Streicher, die
Engelsfiguren schuf Johann Krapf, beide aus Trostberg.

Im Dachreiter hängt eine Glocke, Vermißtenglocke genannt, denn die Landleute glauben, sie habe die Kraft, Ver-
mißte oder Verirrte und verloren gegangene Gegenstände
zurückzubringen. Früher gab es im Tal ausgedehnte Moore,
daher war es oft so neblig, daß der Mesner von Lauterbach
die Glocke zog, um den umherirrenden Wanderern den Weg
zu zeigen. Aus dem Nebelläuten wurde dann das Vermißten-
läuten und zuguterletzt das Verlorenläuten. Wir kennen alle
das Lied ›Zu Lauterbach hab ich mein Strumpf verloren‹.
Immer glaubte ich, es bezöge sich auf Lauterbach in Oberhes-
sen oder im Schwarzwald, aber es soll hier entstanden sein.

Dorfbeuern und Michaelbeuern

Von Lauterbach aus sehen wir am jenseitigen Hang des Oichtentals Dorfbeuern und den weitläufigen Komplex des Benediktinerstifts Michaelbeuern. Besuchen wir zunächst *Dorfbeuern,* wo wir erst den Mesner holen müssen, damit er die Kirche aufschließt. Die Kirche liegt hoch und schön. Sie wird 790 genannt, 1229 Pfarrei und Michaelbeuern inkorporiert. Josef Mayr aus Trostberg baute 1774 den Turm. Die Trostberger scheinen von dieser Gegend sehr angezogen worden zu sein. Das Langhaus von 1510 hat ein elegantes Netzrippengewölbe, das noch die ursprüngliche farbige Fassung zeigt. Bemerkenswert ist die Maßwerkmalerei der Orgelempore, die ich für neugotisch hielt, da die übrige Einrichtung dem 19. Jahrhundert angehört, aber, so belehrt uns der ›Dehio‹, ebenfalls aus dem frühen 16. Jahrhundert stammt. An der Langhauswand sehen wir ein Fresko der Schutzmantelmadonna von 1612. Lediglich die Figuren der Mondsichelmadonna und der heiligen Barbara, um 1470, sind von der alten Ausstattung übrig geblieben. Der 1693 von Meinrad Guggenbichler geschnitzte Auferstehungs-Christus ist wegen Diebstahlgefahr nach Michaelbeuern gebracht worden.

Sift Michaelbeuern liegt über der wohlerhaltenen alten Ortschaft und soll der – allerdings nicht ganz glaubhaften – Überlieferung nach 765 im oberbayerischen Otting gegründet und dann im Jahre 785 hierher verlegt worden sein. König Otto II. und ein Pfalzgraf Hartwig machten den Benediktinern reiche Schenkungen, wie auch die Grafen von Peilstein ihnen ihre Gunst zuwandten. Der Patriarch Sieghard von Aquileja, ein Peilsteiner, weihte 1072 die neue Kirche und übergab seine neben dem Kloster gelegene Burg einem Frauenstift, das bald ausstarb, worauf die Benediktiner es samt dem dazu gehörigem Grundbesitz übernahmen. Dieses Frauenkloster lag im Bereich des heutigen Torturms, des alten Bergfrieds. Die Klosteranlage gruppiert sich recht malerisch um drei Höfe, deren einer von langgestreckten Wirtschaftsgebäuden und dem Torturm umschlossen ist. 1364 brannte die Stiftskirche Sankt Michael ab, wurde wieder aufgebaut und im 17. Jahrhundert barock verändert. 1768 begann der Abt mit dem Umbau der Klosteranlage nach Plänen des Trostbergers Franz Alois Mayer, doch kam bis 1778 nur der Konventtrakt mit der Bibliothek im Norden des Chors zustande. 1938 ging man an die Reromanisierung der Kirche; 1941 wurden die frühbarocken Gewölbe herausgebrochen, aber dann wurden die Mönche von den Nationalsozialisten vertrieben. Noch im Jahre 1945 kehrten sie zurück und begannen ein Jahr später mit dem Umbau der Kirche, der 1950 vollendet war. Vom romanischen Klosterbau sind Kapitelsaal und Refektorium erhalten, das 1722 stuckiert worden ist, während der schöne Abteisaal um 1720 Stukkaturen und 1771 Fresken von Franz Nikolaus Streicher erhielt.

Die Schiffe der Kirche erhielten moderne flache Holzdekken. Im wesentlichen zeigt die Kirche eine basilikale Gestalt, wie sie sie 1072 hatte. Von den beiden Türmen ist nur einer in voller Höhe erhalten. Das Innere der Kirche mit den strengen Pfeilerarkaden hat noch viel vom Ernst und der Würde romanischer Architektur. Prachtvoll ist der reiche schwarz-goldene, durchbrochene, mit Säulen besetzte Hochaltar von 1691/92, dessen Figurenwerk Meinrad Guggenbichler schnitzte, während Johann Michael Rottmayr die Gemälde beisteuerte. Im nördlichen Seitenaltar befindet sich das Gnadenbild der ›Madonna vom guten Rat‹ aus dem 18. Jahrhundert. In der sogenannten Metzgerkapelle am nördlichen Seitenschiff sehen wir einen Marmoraltar mit einem Relief, das Vitus Pfaffinger 1654 geschaffen hat. Besonders hübsch ist die Ausstattung der Sakristei, deren Schränke 1782, wie Bauernmöbel, mit reichem, farbenfrohem Blumenschmuck bemalt worden sind. Am schönsten aber ist die große Bibliothek, zu derem Bestand die sogenannte Walther-Bibel gehört, ein Hauptwerk salzburgischer Buchmalerei aus der Mitte des 12. Jahrhunderts. Außerdem sehen wir dort, trübselig in einer Ecke stehend, eine 1692 von Meinrad Guggenbichler

geschnitzte Schutzengelgruppe. Leider befindet sich der
schöne Raum in schlechtem Erhaltungszustand. Die guten
barocken Möbel sind ungepflegt, die Politur der eingelegten
Schränke des späten 18. Jahrhunderts ist erblindet. Man
möchte sofort anfangen zu restaurieren, um dann in diesem
behaglichen Raum, aus dessen hohen Fenstern der Blick weit
hinaus geht ins Land, lesen und schreiben zu können. Da die
Benediktiner schon so viel für ihre Kirche getan und außerdem ein ganz modernes Gymnasium im Kloster eingerichtet
haben, steht zu hoffen, daß sie auch dem Bibliotheksaal
einmal ihre Aufmerksamkeit schenken werden.

Gebertsham

Ein anderer Ausflug führt uns zunächst nach Gebertsham. An
der Straße von Mattsee nach Köstendorf und Neumarkt biegt
gleich auf der Höhe ein schmaler Fahrweg links ab; er führt
durch die anmutigste Landschaft, hügelauf, hügelab durch
Wäldchen und Wiesen, vorüber an Bauernhöfen, bis wir den
Weiler Gebertsham erreicht haben, der schon im Bundesland
Oberösterreich liegt. Ein großer Bauernhof steht zwischen
Obstbäumen am Hang über dem Matt- oder Niedertrumer
See, mit Wirtschaftsgebäuden, Stall und Scheune, mit der
kleinen *Heiligkreuzkirche,* einem spätgotischen Bau von guten Maßen, auf der Westseite mit einem barocken Türmchen
geschmückt. Niemand würde sich in diesen verschwiegenen,
abgelegenen Winkel verirren, wenn man nicht wüßte: die
Kirche birgt ein kostbares Kunstwerk.

Es ist ein Flügelaltar aus dem Salzburger Kunstkreis, um
1515-1520 geschaffen, als dessen Meister man den Laufener
Maler Gordian Guckh vermutete. Hans Roth jedoch weist
den Altar in seiner Biographie des Malers als eine Arbeit aus
anderer Werkstatt nach. Wie dem auch sei, es ist ein sehr
eindrucksvolles Werk der Schnitzkunst, das uns die Leidens-
geschichte des Herrn vor Augen stellt, ausdrucksvoll, stark-
farbig gefaßt und vergoldet, in einem Gehäuse mit vergolde-

tem, sehr reich verschnörkeltem Maßwerk. Das Gesprenge, in dem der Ecce Homo, Maria und Johannes unter elegant verschlungenen Fialen stehen, reicht so hoch ins Chorgewölbe, daß seine Spitzen gebogen werden mußten. Die Predella enthält Christi Grablegung, und die seitlichen Gemälde zeigen die Heiligen Barbara und Katharina. Vom gleichen Meister, dem auch die Reliefs zugeschrieben werden, wurde die Bemalung der Flügelaußenseiten vorgenommen. Links sehen wir Gefangennahme und Geißelung, rechts Dornenkrönung und Verspottung Christi. Die festen Seitenteile zeigen die Heiligen Ulrich und Blasius. Auf den Predellenflügeln gewahren wir die Heiligen Georg und Florian, auf den festen Seitenteilen die Heiligen Sebastian und Christophorus, alle jene Heiligen also, die in Stadt und Land gegen mancherlei Beschwerden und Notfälle angerufen wurden.

Es wird angenommen, daß der Altar einst in der Stiftskirche Mattsee stand und anläßlich ihrer Barockisierung in diese Filialkirche verbannt wurde. Warum aber sollte er nicht für Gebertsham selbst gearbeitet worden sein? Die umgebogenen Spitzen des Gesprenges sprechen dafür. Vielleicht hatte der Propst den Altar gerade für die Heiligkreuzkirche in Auftrag gegeben. Den hier ansässigen Bauern wäre wohl die Bezahlung eines so kostbaren Werks nicht möglich gewesen.

Auch die Rückwand des Altars trug einst ein Gemälde, das aber einer Inschrift gewichen ist. Sie läßt erkennen, daß das Gotteshaus kirchlicher, nicht Privatbesitz gewesen ist:

Zum beständigen Angedenken. Nach dem allerhöchsten Hofdekrete vom 9. August 1832 und nach der bischöflichen Mittheilung desselbigen am 5. September 1832 wurde die Wiedereröffnung dieser seit 1785 gesperrten Heiligen Kreuzkirche allhier zu Gebertsham allergnädigst bewilliget. Diese Kirche haben nach der Sperrung die Bauern in Gebertsham erkauft, welche sie nachher wieder an den Bräuer in Lochen verkauften. Dieser hat selbe an die ganze Pfarrgemeinde Lochen für den Fall der Wiedereröffnung nach seinem letzten Willen mit der Bedingnis abzutreten bestimmt, daß für ihn

und seine Freundschaft aus den Mitteln der Gemeinde all-
jährlich eine heilige Messe gelesen werde. Seine hinterlassene
Gemahlin und sein Sohn haben auch den Willen ihres Ge-
mahls und Vaters geehrt und die Kirche unter obiger Beding-
nis der Pfarrsgemeinde abgetreten, wofür sie Gott segnen
wolle! Mit allseitiger Bereitwilligkeit hat die in Christo an-
dächtige Pfarrsgemeinde Lochen die sämtlichen Kösten der
zur Unterhaltung dieser zur Pfarrkirche Lochen gehörigen
Filiale und die Auslagen auf Glocken und auf Berichtigung
aller Materialien und Handwerkslöhnungen aus eigenem
Vermögen bestritten. Am 27. April wurden vom Hochw.
Herr Prälaten von Michaelbeuern diese Glocken zu Lochen
geweihet und am 1. Mai 1833 im feierlichen Zuge hierher
gebracht, aufgehangen und zum 3. Male geläutet. Nach der
ältesten Jahrzahl steht diese Kirche seit 1245...

Es ist sehr still in der kleinen Kirche, die erfüllt ist vom
Leuchten des Altars und feierlicher Ruhe.

Von Gebertsham können wir weiterfahren nach *Palting,* dessen Kirche einen Altar aus der Werkstatt Meinrad Guggenbichlers von 1717 enthält.

Hauptwerke des Meisters, der einer der gesuchtesten seiner Zeit im Salzburger Land gewesen ist, finden wir in der
Pfarrkirche Maria Himmelfahrt in *Lochen,* einem gotischen
Bau, der innen zwischen 1760 und 1770 barockisiert worden
ist und durchaus von Guggenbichlers Altären bestimmt wird,
die sämtlich in der Zeit zwischen 1709 und 1713 entstanden
und größtenteils seiner Hand zu verdanken sind. Der prächtige Hochaltar, im Aufbau noch der Typus des späten 17. Jahrhunderts, um 1790 etwas verändert, enthält im Zentrum die
Thronende Muttergottes, flankiert von den Heiligen Barbara
und Katharina sowie von Georg und Florian als Schrein-
wächtern. Im Aufsatz sehen wir den heiligen Bartholomäus
zwischen den Pestheiligen Rochus und Sebastian. Die ursprüngliche Fassung war farbig, heute sind die Figuren ver-

goldet. Guggenbichler schuf auch die herrliche Kreuzigungsgruppe, den Schmerzensmann und den Guten Hirten, während die Kanzel von 1713 seiner Werkstatt angehören dürfte.

Das früheste nachweisbare Werk Guggenbichlers finden
wir in der Pfarrkirche Sankt Martin im wieder salzburgischen
Straßwalchen, einem Markt mit hübschen Häusern des Inn-
Salzach-Typus. Die Kirche wird schon im Jahre 799 genannt,
der Chor mit schönem Netzrippengewölbe wurde 1429 errichtet, das Langhaus folgte 1444, während die Seitenschiffe
1731-1733 angebaut worden sind. Der kräftige gotische
Turm erhielt 1709 den Aufsatz sowie den eleganten Helm.
Das Fresko an der Chorwand, mit der Jahreszahl 1479, zeigt
die Heiligste Dreifaltigkeit, darunter die Muttergottes zwischen zwei heiligen Frauen. Ebenfalls im Chor sehen wir das
Relief einer Beweinung Christi aus der Frühzeit des 16. Jahrhunderts, dem Salzburger Meister I. P. zugeschrieben, und ein
Relief der Marienklage aus der Mitte des 15. Jahrhunderts.
Die Seitenaltäre stammen von 1732, die Kanzel schuf Wolf-
gang Weißenkirchner zu Anfang des 18. Jahrhunderts.

Den Hochaltar hat Guggenbichler 1675 im Auftrag des
Stifts Mondsee geschaffen. Er hat noch nicht die Freiheit und
Großzügigkeit seiner späteren Werke. Das Altarbild zwi-
schen den gedrehten blauen Säulen zeigt Sankt Martin, als
Schreinfiguren fungieren Sankt Margaretha und Barbara. Im
Auszug steht eine Nachbildung des Altöttinger Gnadenbildes,
bewacht von zwei heiligen Bischöfen.

Wir kommen dann nach *Irrsdorf* mit seiner kleinen gotischen Marienkirche, die auf das reichste geschmückt ist. Hier
erleben wir eine Überraschung, einen der stärksten Eindrücke
vielleicht: Denn wenn wir die Vorhalle betreten, stehen wir
vor der Darstellung der Begegnung Mariä mit Elisabeth,
lebensgroßen Schnitzwerken auf den Flügeln der inneren
Türe. Es ist nicht auszusagen, welch stille Gewalt von diesen
beiden Gestalten ausgeht. Jede steht für sich, doch sind sie
einander nahe verbunden. Um 1408 hat sie ein unbekannter
Meister geschnitzt, der ohne Zweifel zu den großen Künst-

lern seiner Zeit gehört hat. Elisabeth wendet sich mit erhobenen Händen Maria zu, die – ganz in sich und ihr Geheimnis versunken – hochaufgerichtet dasteht. Beide tragen ihre ungeborenen Kinder sichtbar im Leib, das Christkind im Strahlenkranz, der kleine Johannes kniend und betend ihm zugewandt. Es ist wie eine Dichtung später Gotik, fromm, von unbeschreiblicher Innigkeit des Ausdrucks. Man schaut und schaut, denn ist es nicht so, daß diese Schönheit von der Hand des Meisters die lebendige Wirklichkeit des Glaubens verkündet? Öffnen sich die Flügel nach innen, so scheint Marias Blick zum Hauptaltar zu gehen, während Elisabeth nicht abläßt, sie zu betrachten. Zu Füßen Mariä kniet der Stifter, dessen Wappen zu Füßen Elisabeths angebracht ist. Es ist der 1410 verstorbene Pfarrer Perchtold, der die Kirche baute und wohl auch die Schnitzerei in Auftrag gegeben hat. Von seiner Grabplatte schaut er auf die Begegnungsszene.

Die Brüstung der Westempore trägt gotische Fresken und eine skulptierte Verkündigungsgruppe von Hans Paldauf, Mitte 15. Jahrhundert. Auf dem Tabernakel des Hochaltars steht das um 1520 von dem Salzburgischen Meister I. P. geschaffene zierliche Gnadenbild der Gottesmutter. Es gibt eine gute steinerne Madonna des späten 14. und an der Wand des Schiffs eine Kreuzigungsgruppe des frühen 15. Jahrhunderts. Alles das wird überstrahlt von den hochbarocken Altären Meinrad Guggenbichlers. Die Altarbilder malte Johann Friedrich Pereth. Der Hochaltar, 1682-1685, von ungewöhnlich reichem Aufbau, mit gewundenen Säulen, Säulchen und Figuren, mit Akanthuslaub, Fruchtgehängen und verkröpften Gebälken umschließt Pereths Altarbild Mariä Himmelfahrt, im Auszug die Dreifaltigkeit. Guggenbichlers Figuren sind von besonderer Feinheit. Außen stehen die Heiligen Georg und Florian, innen Sankt Martin und Wolfgang, alle außerordentlich bewegt, kontrastreich und fein gearbeitet, umhüllt von üppigem Faltenwurf der Gewänder. Ebenso reich ist der Altaraufsatz durchgebildet, wo wir die beiden Johannes und Engel gewahren. Die Seitenaltäre, 1689-1695,

stehen in schönster Harmonie zum Hauptaltar. Von Guggenbichlers Hand ist auch die Pietà, die Kanzel von 1690, die an
Reichtum den Altären gleichkommt, und der Altar von 1714
in der Leonhardskapelle am Chor. Guggenbichler, gebürtiger
Schweizer, gehört durchaus zur Physiognomie des bayerischen Barock, dessen Künstler Phantasie, Regsamkeit und
geschmackliche Sicherheit auszeichnen, so daß sie europäische Geltung erreicht haben.

Köstendorf

Köstendorf, am Abhang des Tannbergs, ist ein ansehnlicher
Ort, in dem, wie häufig im Flachgau zu finden, der Typus des
oberbayerischen Bauernhauses, mit Wohnräumen, Stall und
Scheune unter einem Dach, vorherrscht. Mitten im Ort, etwas erhöht, steht die große *Pfarrkirche Mariä Geburt* neben
dem stattlichen Dechanthof des 17. und 18. Jahrhunderts.
Der spätgotische Turm wurde in den Jahren 1536 und 1537
um zwei Geschosse erhöht und erhielt am Ende des 17. Jahrhunderts den oktogonalen Aufsatz. Treten wir ein, überrascht uns eine reiche Rokoko-Stukkierung, die, wie uns der
Pfarrer sagte, in den achtziger Jahren des 19. Jahrhunderts
angebracht worden ist. Der Chor wurde 1729-1733 erweitert. Nach Entwürfen der Brüder Wolfgang und Johann Baptist Hagenauer wurde 1769 der mächtige Hochaltar aufgestellt, dessen Bildwerk, mit Ausnahme der Madonna von
1910, Johann Baptist Hagenauer auch selbst geschnitzt hat.
Die üppige Rokokokanzel schuf 1751 Georg Hitzl. An der
Südseite des Schiffs liegt die Gruftkapelle der Grafen von
Uiberacker, und in der südlichen Seitenkapelle befindet sich
ein gutes Marmorrelief der Gregorsmesse von etwa 1510.
Paul Mödlhamer schuf 1727 die Taufe Christi auf dem Taufsteindeckel, sowie die Pietà, Christus am Ölberg, die Heiligen
Rochus und Sebastian im Langhaus. An den Pfeilern des
Altarraums stehen die Apostel Petrus und Paulus, wohl vom
früheren Hochaltar Jakob Gerolds, um 1690.

Gegenüber von Köstendorf, über dem Weiler Gramling, steht auf der Höhe zwischen Wald, Feld und Wiesen die *Filialkirche Sankt Johannes,* ein Bau des 15. Jahrhunderts, der 1772 umgebaut wurde. Die Altäre, zwischen 1705 und 1712, stammen von unbekannten Meistern. Der Hochaltar zeigt die Taufe Christi, Johannes Evangelist und Rupert.

Dieses sanfte, anmutige, von Wäldern erfüllte, von Bächen durchzogene Land ist besonders schön im Frühsommer, wenn sich der Duft geschnittenen Grases mit dem des Holunders und der Fichten mischt und am Horizont die Gebirgsketten zart im Dunst stehen.

Einst fuhr eine Gräfin in ihrer Kutsche vom Sommerholz bei Neumarkt Wildeneck zu. Da begann die Glocke im Sommerholz zum Gebet zu läuten. Der Kutscher zog den Hut, worauf seine Herrin fragte: »Warum zieht Er den Hut?« Der Kutscher antwortete: »Weil's in Sommerholz Gebet läuten.« Spöttisch sagte die Gräfin: »Ah, zieht Er den Hut ab, so fahre er zum Teufel!« Sogleich begann die Kutsche zu sinken. Der Kutscher sprang ab, schnitt die Stränge durch und entkam mit den Pferden, aber die Gräfin versank in der Tiefe.

Sollte diese Dame eine Angehörige des Hauses Uiberacker gewesen sein? Denn am Nordende des Wallersees, ganz nahe von Neumarkt steht auf einer Hügelschwelle *Schloß Sighartstein* mit Kapelle und Wirtschaftsgebäuden. Kein Park umgibt es, nur alte Bäume, und vor der Eingangsfront liegt ein kleiner Blumengarten. Aus den Fenstern schaut man über die Wiesen zu den Waldhügeln und auf den See. Das Haus könnte nicht schöner liegen. Es ist ein schlichter Bau, der für gewöhnlich nicht zu besichtigen ist. Wird man aber zum Besuch gebeten, so ist man überrascht von der Fülle schönen Hausrats in den Räumen, die zum größten Teil zierliche Stuckdecken aus der Umbauzeit von 1714 tragen. Besonders hübsch ist eine große Standuhr des Rokoko. Auf kanneliertem Schaft reitet ein Mohr als Kesselpauker, der beim Stundenschlag auf sein Instrument schlägt.

Das Schloß selbst wurde 1444 gebaut und ist seitdem im Besitz der Grafen von Uiberacker, einem uralten Geschlecht, das durch Generationen hohe Beamte des Erzstifts Salzburg sowie kaiserliche Offiziere hervorbrachte und 1688 in den Reichsgrafenstand erhoben worden ist. Die Schloßkapelle birgt einen schönen Altar des Rokoko. Es ist ein Haus, wie deren so viele im europäischen Raum zu finden sind, ein Haus, in dem das Leben und Wirken einer Familie auf besonders anschauliche Weise sichtbar wird. Tradition ist einer der wichtigsten Faktoren der Kulturentwicklung. Sie bildet sich aus der Vergangenheit und vermag weiter zu wirken, wenn sie mit immer neuem Sinn erfüllt wird. Ein Volk ohne Vergangenheit hat keine Zukunft, schrieb schon der 1038 verstorbene König Stephan der Heilige von Ungarn in seinem Testament.

Gegenüber dem Schloß steht in den Wiesen eine kleine Feldkapelle des 17. Jahrhunderts mit einem gemalten Gnadenbild der Muttergottes. Mit dieser Kapelle ist eine Geschichte verbunden. Gräfin Ursula Benigna von Tauffkirchen, 1607 mit dem salzburgischen Oberststallmeister, Generalsteuereinnehmer und Hofkammerrat Abraham Freiherrn von Uiberacker vermählt, wurde an dieser Stelle von Räubern überfallen, vermutlich, um entführt zu werden. Doch das wütende Gebell ihrer beiden Hunde rief die Dienerschaft zu Hilfe, und zur gleichen Zeit erschien ein Reiter in gestrecktem Galopp, ihr Mann, der gerade aus Salzburg zurückkehrte. Für die Rettung aus der Not wurde die Kapelle gebaut und eine Wallfahrt nach Sankt Wolfgang gelobt. Seitdem tragen alle männlichen Nachkommen der Familie als ersten Namen Wolf, nicht Wolfgang, denn – so wurde mir erzählt – Wolfshunde seien es gewesen, die so wütend gebellt hätten. Der Name des Heiligen mußte also dem des Tieres weichen.

Wir sehen diese Begebenheit in kleinen Bildern dargestellt, welche Gräfin Maria Anna von Uiberacker gemalt hat. Sie war eine begabte Zeichnerin, die immer mit ihrem Skiz-

zenbuch unterwegs war und auf Bahnhöfen, in Gastwirt-
schaften, Dörfern und vor allem natürlich in Salzburg kleine
Alltagsszenen und Porträts aufgenommen hat.

Am Wallersee

Es ist ein ungemein lieblicher Teil der Flachgauer Landschaft,
den wir, von Sighartstein kommend, vor uns haben. Da liegt
im ständigen Wechsel von Wasser, Licht und Luft der Wallersee, das größte Gewässer des Gebietes, unter den Waldhöhen
des Koloman-, Buch- und Tannbergs. Es ist weites, ruhiges
Bauernland mit großen Einzelhöfen, Märkten und Dörfern.
Der Name des Sees und der nahegelegenen Orte Straßwalchen und Seewalchen geht – wie der des bayerischen Wal-
chensees – auf die ›Walchen‹, ›Wälschen‹ oder ›Romani‹ zurück, die im 9. Jahrhundert nach Chr. germanisiert wurden.
Das Westufer ist flach, und dort liegt *Zell* mit seiner kleinen
Magdalenenkirche, deren Altarfiguren 1707 der Halleiner
Johann Georg Mohr schnitzte. Nahe bei Seewalchen sehen
wir das *Schlößchen Seeburg,* jetzt Schülerheim, einen Bau des
18. Jahrhunderts, der 1850 ein viertes Geschoß erhielt, umgeben von Wehrmauer mit Rundtürmchen. Im Süden des Sees
liegt der *Markt Seekirchen* mit dem ehemaligen Kollegiatstift
und der Kirche Sankt Peter, die nach einem Brand 1669-1679
von Giovanni Antonio Dario zum größten Teil neu gebaut
worden ist. Von der Ausstattung sind zu nennen die vier
1763-1766 nach Entwürfen von Wolfgang Hagenauer aufge-
stellten Seitenaltäre, die Kanzel von 1739 mit Reliefs von
Jakob Hitzl und eine Immakulata auf der Weltkugel, welche
um 1750 Johann Georg Itzlfeldner geschaffen hat. Unter dem
Chor liegt die 1443 geweihte Ulrichsgruft, die seit dem
18. Jahrhundert Rupertuskrypta heißt und 1858 erneuert
wurde.

Carl Zuckmayer

In römischer Zeit führte die Straße von Salzburg nach Wels am Wallersee vorüber, auf dessen östlichem Steilufer *Henndorf* liegt, bekannt geworden durch Carl Zuckmayers reizende Erzählung ›Henndorfer Pastorale‹ und seine große Autobiographie ›Als wär's ein Stück von mir‹. In dieser lesen wir gleich auf der ersten Seite: *Wo ist man daheim? Wo man geboren wurde oder wo man zu sterben wünscht? Damals glaubte ich es zu wissen – glaubte mit einer Stecknadel auf dem Globus den winzigen Punkt geographisch bestimmen zu können, der mir selbstgeschaffene, selbsterwählte Heimat war, und wo ich mein irdisches Dasein auszuleben hoffte: es war der Ort Henndorf, genau gesagt Haus Wiesmühl ... Es war keine Stätte der Wunschlosigkeit, doch barg es den Kern des Glücks: denn die einzige dauerhafte Form irdischer Glückseligkeit liegt im Bewußtsein der Produktivität. Heut arbeite ich, in anderer Landschaft, wieder an dem gleichen Tisch ... Aber wenn man mich fragt, wo ich zu sterben wünsche, so muß ich sagen: ich weiß es nicht. Ich weiß nur: wir lebten einmal im Paradies ...*

Der Dichter Richard Billinger hatte Zuckmayer von der einsam gelegenen Wiesmühle erzählt, die zu haben sei. Er fuhr sogleich hin und wurde vom Besitzer der Mühle, dem Brauherrn und Eigentümer des Kaspar-Moser-Gasthofs, Carl Mayr, empfangen.

Es war, als wäre man beim letzten Großherzog eines der alten, höchstkultivierten Duodezhöfe zu Gast geladen ... Seine Persönlichkeit hatte der ganzen Henndorfer Welt etwas von einem Märchenreich aufgeprägt, in dem wie im Sommernachtstraum Elfe und Poltergeist neben dummschlauen und kauzigen Handwerkern zu Hause waren, und der von ›draußen‹ kommende Besucher mußte erst die Märchenprobe bestehen, um seine Schwelle überschreiten zu können.

Zuckmayer kaufte die Wiesmühl, er lebte im besten Einvernehmen mit den Einwohnern, erlebte keine Enttäuschung mit ihnen im Dritten Reich, und als er emigrieren mußte, schrieb ihm die Hausmeistersfrau in die Schweiz: »April is, bal regnets bal scheind die Sunn bal schneids, wie das Wetter so die Leit. Die vorher lästig warn san jetzt erst recht lästig, und die anständig warn san jetz noch anständiger!«

Zuckmayer liebte dieses Land; oft stieg er auf den Zifanken über dem Dorf, wo der Blick die ganze Alpenkette am Horizont wahrnimmt; er schwamm im See, fischte, botanisierte in den Wäldern und feierte manches Fest in seiner Wiesmühl. Als eines der heimlichsten, freundlichsten Gewässer der Umgebung nennt er den Teich um das Inselchen beim Gut Altentann, das früher der Familie Moser, dann Carl Mayr gehörte. Auf der Insel veranstaltete der Bräuherr Kaspar Moser zu Beginn unseres Jahrhunderts die berühmten ›Götterfeste‹, an denen die ganze Verwandtschaft in antikischer Kleidung teilnahm: »Statt der Lyra wurde die Zither geschlagen, und die Olympier überboten einander in ländlichen Gestanzln, die einen Aristophanes hätten erröten lassen.«

Als Zuckmayer in Henndorf lebte, von 1926-1938, waren die Ufer noch kaum bebaut, und auch seine Wiesmühle, die heute von neuen Häusern umstellt ist, lag noch für sich alleine. Sein Tod im Januar 1977 hat uns ärmer gemacht, denn mit ihm ging ein Erzähler von Gnaden und Wortgewalt. Er war vielleicht der letzte deutsche Erzähler, der sich seiner Phantasie freute und sich nicht so ernst nahm wie die meisten Romanciers unserer Zeit. Was haben wir gelacht, als wir vor Jahren mit Carl Jacob Burckhardt einen Abend im Zuckmayerschen Haus in Saas Fee verbrachten und seinen Berichten lauschten. Er war ein fröhlicher, kraftvoller, versöhnlicher Mensch, dem jegliches Ressentiment fremd gewesen ist, der stets das Gute im Menschen suchte und fand. Er schrieb einfach, zu Herzen gehend, ernst und lustig zugleich, fern von allem Intellektualismus, und er war in das Leben verliebt, ein sehr kräftiges Leben. Er hat immer den ganzen Menschen gesucht, »der sich nicht verloren gibt«. Wie packend hat er das in ›Des Teufels General‹ dargestellt. Ich sah 1947 das Stück in Wiesbaden und nahm so regen Anteil, daß ich aufsprang und dem General zurief: »Hauen Sie dem Schwein doch eine herunter!« Ein neben mir sitzender Herr zupfte mich am Ärmel und meinte begütigend: »Beruhige Se sich, es is nur uff der Bühne!« Den Menschen menschlich zu zeichnen, das war ihm das Wichtigste. Seiner Formulierung: »Wir wissen, daß es die schöpferische Kraft der Liebe gibt, und wir bekennen uns zu ihr«, hat er nachgelebt in einem ausgefüllten, prallen Leben. Lassen wir ihm das letzte Wort.

Gang im Gewitter

Die Sonne sticht durch Tann und Laub.
Der Schatten schwelt wie brauner Staub.
Heiß knistert Harz und Rinde.
Die Farne starrn wie Blinde.
Die Mücke sirrt, die Unke klirrt.
Rotwürger tief am Boden schwirrt –
Nach Haus!

. . .

Schon Sturmes Stöße kalt und schwarz.
Zu Häupten orgelt Baumgeknarz.
Die Wiesen rillt ein rascher Kamm.
Grellgelb im West ein Wetterflamm!
Jetzt brüllt und schmettert Nachtgetös –
Daß uns ein Wort vom Tod erlös:
Nach Haus –!

Das Wetter prallt ins offne Land.
Aus Wolken bricht's wie fahler Sand.
Die Kühle weht vom nassen Kraut.
Der Nebel braut. Der Wind verflaut.
Heusüße raucht aus Stadln auf.
Der Regen singt im Dachgetrauf –
Zu Haus.

INS SALZKAMMERGUT

Das Salzkammergut gehört nur zum geringsten Teil zum Land Salzburg: zum größten Teil zählt es zu Oberösterreich, und der Rest liegt in der Steiermark. Zu Salzburg gehören der Fuschlsee, fast der gesamte Wolfgangsee (aber ohne den Ort Sankt Wolfgang), sowie bestimmte Uferteile von Mond- und Attersee.

Das alte Salzkammergut war Hofkammergut der Habsburger, es liegt als abgeschlossene Landschaft im oberen Tal der Traun südlich des Traunsees und war bis 1859 von Norden aus nur mit dem Schiff zu erreichen. Auch die Salzbergwerke bei Hallstatt erreichte man bis 1875 nur über den See oder auf Saumwegen. Die wichtigsten Landstraßen führten über den Pötschenpaß nach Südosten und von Bad Ischl nach Westen und Norden. Im 13. Jahrhundert wurde dieses Gebiet ›Ischlland‹ genannt; es hat damals wohl schon eine landrechtliche Einheit gebildet und erhielt nach Einlösung der Rechte an der Salzgewinnung in Hallstatt durch Kaiser Maximilian I. zu Beginn des 16. Jahrhunderts eine eigene verfassungsmäßige Stellung, betreut vom Salzamtmann in Gmunden. Kaiserliches Kammergut also war jenes Gebiet. Der Name Salzkammergut erscheint 1656. Unter Kaiser Josef II. ist die Sonderstellung des Ländchens aufgehoben worden, begann der Begriff ›Salzkammergut‹ sich zu wandeln, denn Attergau und Mondseeland kamen hinzu.

Der starke Fremdenverkehr des 19. Jahrhunderts mit all seinen Folgeerscheinungen überwog bald die Salzerzeugung an wirtschaftlicher Bedeutung und bewirkte eine Verschmelzung der Namen der kleineren historischen Landschaften zum heutigen Begriff Salzkammergut, der die ganze Seenlandschaft im Süden des Bundeslandes Oberösterreich umfaßt. (Handbuch der Historischen Stätten, Österreich I).

Es ist also das Land zwischen Dachstein und Attersee, Mondsee und Wolfgangsee, eines der landschaftlich schönsten Gebiete Österreichs, wo, wie der alte Baedeker sagt, »der verwickelte geologische Bau ein abwechslungsreiches Nebeneinander von gerundeten Bergformen im weicheren, tonigen

Gestein und von schroffen Felswänden und öden Hochflä-
chen im harten Kalk« entstehen ließ. Merkwürdigerweise
gehören also weder Mondsee noch Sankt Wolfgang zum
Salzburger Land, von dem die Besiedelung und Missionie-
rung ausgegangen sind.

Bis in unsere Tage hat sich die Landschaft des Salzkam-
merguts etwas Urtümliches bewahrt – Wasser und Hochgebirge in schönster Ergänzung. Zum Blau der Seen – sie liegen
an trüben Tagen stumpf und schieferfarben da –, zum Grün
der Matten tritt das Blau der Berge, das Schwarz der Fichtenwälder an ihren Flanken.

Von Fuschl nach Hallein

Der Fuschlsee ist der einzige namhafte See des Salzkammer-
gutes, der zur Gänze zum Land Salzburg gehört. Er war einst
größer, wie das Moor an seinem Südostende bezeugt. Von
Salzburg kommend schauen wir von der Höhe über Täler,
Waldschluchten bis zum Haunsberg mit der Kaiserbuche und
auf das Turmschlößchen Fuschl, einen vormaligen erzbischöflichen Jagdsitz, der im 16. Jahrhundert instandgesetzt
wurde und später ein beliebtes Nobel-Hotel für Besucher
Salzburgs wurde. Umgeben von Fichtenwäldern steht der
helle Würfel des Schlößchens über dem See, der bei düsterem
Wetter eine drohende schwärzlich-metallische Farbe an-
nimmt. Man kann sich denken, daß die geistlichen Herren
von Salzburg gerne in diesen Wäldern jagten und im See
fischten. Der Jägerhof barg eine umfassende Sammlung von
Waffen und Kunstgegenständen, die sich auf das Waidwerk
bezogen, und beherbergt auch heute wieder ein namhaftes
Jagdmuseum.

»Germanien«, schreibt Tacitus, »besteht aus lauter unheimlichen Wäldern und abscheulichen Sümpfen«. Es war
ein ungeheures Waldland, das sich von den Ardennen und
Vogesen bis zu den Karpaten erstreckte, bevölkert von man-
nigfaltigem Wild, darunter das sagenhafte Einhorn und die

Drachen, von denen eine kleine Art, der Tatzelwurm, noch in unseren Tagen gesehen worden sein soll. Jedenfalls erzählte uns der Vater, daß er während einer Pirsch in den Blaubergen bei Wildbad Kreuth den Tatzelwurm lange mit dem Glas beobachtet habe. Es sei ein kleines grauborstiges, lang-schnäuziges, echsenartiges Tier mit krallenbewehrten Tatzen gewesen.

»Ich habe«, sagte er, als wir spöttisch lachten, »das Tier ganz deutlich gesehen und lange beobachtet, ob ihr's glaubt oder nicht!«

Schutzherr des Wildes ist der heilige Hubertus, der Sage nach ein Sohn Herzog Bertrands von Aquitanien, der als Pfalzgraf am Hofe König Pippins lebte. Das Jagdregal gehör-te zu den alten, dem Adel übertragenen königlichen Rechten. Es nahm seinen Anfang in den von Karl dem Großen einge-richteten Bannforsten, Waldgebieten, in denen allein der Herrscher das Jagdrecht hatte, das nach und nach auf die Landesherren überging und in Deutschland bis 1848 in Kraft gewesen ist.

Von Fuschl können wir einen Abstecher nach dem Hinter-see machen. In Richtung Salzburg zurückfahrend, biegen wir bald nach links ab und erreichen *Faistenau,* dessen Kirche Sankt Jakobus Major Fresken von 1324 in Renaissance-Rah-mung von 1517 enthält: Darstellungen der Verkündigung und des Rupertus, der Madonna und des Virgil, sowie Reste einer Passion. Den Hochaltar von 1716 mit den Rosenkranz-geheimnissen in kleinen Rundbildern schuf Joseph Andreas Eysl. Die Seitenaltäre wurden 1687-1689, die Kanzel 1768 aufgestellt. Im Langhaus und Chor stehen vier Statuen aus der Werkstatt Guggenbichlers, ein Ecce Homo und eine Ma-ter Dolorosa von 1702, sowie eine Immakulata von etwa 1712 und ein Christus. Die Rosenkranzmadonna entstammt dem späten 17. Jahrhundert.

Durch eine liebliche Landschaft führt uns der Weg in das stille Tal des Hintersees und zum Ort *Hintersee,* dessen schlichte Dorfkirche Sankt Leonhard von 1785 Joseph

6 Gasse in der einstigen Altach unterhalb Oberndorf
Aquarell von Franz Kulstrunk, 1903

7 Blick auf Mattsee

Tonlithographie von Leopold Rottmann nach Georg Pezolt, 1845

8 Am Wallersee bei Seekirchen, im Hintergrund der Watzmann

Tonlithographie von Leopold Rottmann nach Georg Pezolt, 1845

9 Blick über Anif gegen Hallein und Golling

Bleistiftzeichnung von Lipót Kerpel, um 1860

10 Am Fuschlsee *Aquarell von Louis Wallée, 1826*

11 Blick über Sankt Gilgen auf den Wolfgangsee
Aquatinta von Beda Weinmann, um 1830

Mohr, der Dichter von ›Stille Nacht‹, als Vikar einige Jahre betreut hat. Von Hintersee nach Faistenau zurückkehrend, können wir durch das Wiestal und die Strub-Klamm nach Hallein fahren, auf schmaler Straße, die sich unter Felswänden dahinwindet, während tief unten der Wiesbach durch Geröll und Felsen dem Stausee zufließt. Auf halber Strecke zweigt links eine gut ausgebaute Straße nach Gaißau ab, das besonders im Winter ein vielbesuchtes Sportgebiet ist und mit seinen verschiedenen Liften am und auf dem Wieserhörndl (1568 m) eine schöne Skilandschaft erschließt. Von Gaißau aus führt auch eine direkte Verbindung über Krispl hinüber nach Hallein. Jedem, der diese Strecke fährt, wird der überraschende Blick auf das weitgespannte Bergpanorama, der sich nach Überwindung der Paßhöhe plötzlich auftut, in Erinnerung bleiben: auf Lattengebirge, Untersberg, Watzmann, auf den Hohen Göll und das Hagengebirge.

Mondsee

Mondsee ist eine uralte Siedlung. Herzog Odilo II. von Bayern gründete sie zwischen 739 und 748 als Benediktinerstift, das nach dem Sturz Herzog Tassilos III. 788 Reichsabtei wurde, doch 831 dem Bischof von Regensburg zufiel. Im Jahre 1506 kamen Mondsee und das Mondseer Ländchen von Bayern an Österreich, aber Kaiser Maximilian I. verkaufte es sogleich dem Erzstift Salzburg, von dem es Kaiser Maximilian II. neunundfünfzig Jahre später wieder zurückerwarb. Politisch gehören Ort und See – bis auf einen kleinen Uferstreifen im Süden – zu Oberösterreich.

Fürstlich steht sie da, diese ehemalige *Benediktinerabtei,* über dem hübschen, behäbigen Markt, über dem See mit Schafberg und Drachenwand, und auch hinter der Kirche steigen die Berghänge gleich steil an. Auf benediktinischer Grundlage fußend, hat sich das diesem Orden eigene großartige Bauwesen entwickelt. Die Abtei spielte zudem eine Rolle als Ort einer bekannten Schreib- und Miniatorenschule im

literarischen Leben des Landes. Die älteste, in Auszügen erfolgte deutsche Bibelübersetzung, das Liutold-Evangeliar, ist
hier entstanden und befindet sich heute in Wien.

Die Abtei war gut dotiert. Unter Abt Benedikt II. Eck sind
1470-1487 Kirche und Kloster neu gebaut worden. Eindrucksvoll ist das Portal der Sakristei von 1487 mit der
schönen eisernen Tür, über der unter Baldachinen die Statuen
des Salvator, von Maria und Johannes, der Apostel Petrus
und Paulus und der Heiligen Benedikt und Wolfgang stehen.
Für die Tausendjahrfeier des Stifts ließ Abt Bernhard Lidl
nach 1730 die Fassade von Antonio Salla errichten, ob nach
Entwürfen von Joseph Mungenast ist nicht gesichert. Klar
gegliedert von Pilastern, Gesimsen und Figurennischen, in
denen sich die Statuen der Apostel Petrus und Paulus befinden, bekrönt von elegant geschweiften Turmhauben steht die
schmale Fassade der Stiftskirche vor uns.

Die Kirche ist sehr groß. Man glaubt es nicht, wenn man
vor ihr steht. Innen aber umfängt uns der himmelhohe, däm-
merdunkle Raum eines spätgotischen Gotteshauses mit aufschießenden, reichprofilierten Pfeilerbündeln, welche das
Netzrippengewölbe tragen, mit zahllosen Altären, insgesamt
sechzehn, in Schwarz und Gold, die uns zunächst wie willkür-
lich aufgereiht erscheinen und die Schönheit des gotischen
Raums fast übersehen lassen. Sie gehören gewiß zur glanz-
vollsten Kirchenausstattung des hohen und späten Barocks.
Der Gegensatz von Gotik und Barock ist von ganz eigentüm-
lichem Reiz; wir müssen ihn studieren, um uns über das
wunderbare Gleichgewicht der beiden Stile klar zu werden,
das zu schaffen Meinrad Guggenbichler von 1679-1684 und
Franz Anton Koch in den Jahren 1741 und 1742 hervorragend
gelungen ist.

Da ist zunächst der Hochaltar von 1626, streng im Aufbau, goldstrahlend, geschaffen von Hans Waldburger aus
Salzburg. Er zeigt als Mittelstück die Krönung Marias durch
die Dreifaltigkeit, flankiert von Paulus und Petrus. Darüber
sehen wir die Verkündigung und im Auszug den Erzengel

Michael zwischen den Märtyrern Stephanus und Laurentius. Auf den seitlichen Konsolen halten die bayerischen Herzöge Odilo und Tassilo die Wacht. Der spätbarocke Reliquienschrein von 1757 birgt die Gebeine des seligen Abtes Konrad II., der im Jahre 1145 bei Oberwang erschlagen wurde, sowie die römischen Katakombenheiligen Acatemera und Praejectitia.

In der Mitte des Langhauses stehen einander gegenüber Heiliggeist- und Wolfgang-Altar (1679-81) als die frühesten Arbeiten Guggenbichlers für Mondsee. Die Altarblätter malte C. P. List; das Altarbild des Wolfgangaltars zeigt die Landschaft des Mondsees mit Schafberg.

Die Kanzel Guggenbichlers, dessen Werkstatt die Schnitzereien der Oratorien und Beichtstühle ausführte, entstand 1682-1687 und ist bekrönt mit der Statue des Auferstandenen. Hinter dem Heiliggeist-Altar steht im nördlichen Seitenschiff der Corpus-Christi-Altar, wegen des Bildes auch Abendmahls-Altar genannt, 1682-1684 gearbeitet: sehr reich im Aufbau, mit gewundenen, mit Weinlaub belegten Säulen, welche reizende Engelsgruppen tragen, kleine tolpatschige Bübchen. Über dem schweren Gebälk stehen die Heiligen Barbara und Klara, zwischen ihnen thront eine zarte Muttergottes. Im südlichen Seitenschiff steht entsprechend der Allerseelen-Altar aus der gleichen Zeit, dessen Aufsatz die Figuren des heiligen Bernhard und seiner Schwester Humline schmücken, welche die Gottesmutter verehren. Auf dem Altarbild von List soll Guggenbichler als junger Mann dargestellt sein, der den Arm einem Engel entgegenstreckt. Die Köpfe der Heiligen Sebastian und Rochus auf dem Altar der Südseite des Chors sollen Selbstbildnisse des Meisters sein. Sebastian-, Petrus- und Marien-Altar sind ebenfalls von Guggenbichler geschaffen worden, auch das Figurenwerk der prächtigen Orgel von 1673. Franz Anton Kochs fünf Altäre vervollständigen die überreiche Ausstattung der Kirche, ja sie überfüllen sie. Es sind Johannes-, Josef-, Anna- oder Jungfrau-, Antonius- und Kreuz-Altar. Die fast verwirrende Fülle

an Altären ist sicherlich auf den Einfluß der Gegenreformation zurückzuführen, deren programmatischer Stil der Barock ja gewesen ist. Hier zeigt sich, daß der Eindruck der
Überfülle eine Absicht darstellt, deren gewünschte Wirkung
auf die Zusammenarbeit von Äbten und Künstlern zurückgeht.

Die Stiftsgebäude sind hauptsächlich nach dem Brand von
1774 gebaut worden, in den Formen schlicht, aber würdevoll
und herrschaftlich, Ausdruck einer festgefügten Ordnung
und Sicherheit mönchischen Daseins. Sicherheit? Das Stift ist
schon im Jahre 1791 aufgehoben worden. Napoleon
schenkte 1810 das Kloster dem bayerischen Feldmarschall
Fürsten Wrede, dessen Wappen über dem Portal sitzt. Vom
Wirken dieser Familie spricht das Denkmal der »unvergeßli-
chen Fürstin Ignacia von Wrede«, das 1913 auf dem Kirch-
platz aufgestellt wurde. Heute gehört der Bau den Grafen
Almeida, die dort ein Restaurant führen, in dem man ganz
ausgezeichnet essen kann.

Östlich vom Stift steht das *Mondseer Rauchhaus,* ein Holz-
blockbau, der 1959 der Autobahn weichen mußte, abgebrochen und hier als Freilichtmuseum aufgestellt wurde. Cha-
rakteristisch für ein solches Haus ist die zentral gelegene
Herdstelle, von wo der Rauch abzugslos durch das ganze
Gebäude strich, damit das Getreide im ›Rauhboden‹ oben
trocknen konnte.

Meister Guggenbichler

Das Zeitalter des Barocks war sehr fleißig. Was ist nicht alles
geschaffen worden: Kirchen, Paläste, Treppen, Portale, Gärten mit Wasserspielen, Theater, Oper, alles das in einer fast
unmäßigen Fülle und Verschiedenartigkeit der Charaktere, je
nach landschaftlicher Herkunft und Persönlichkeit der Meister. Sinnlich und asketisch zugleich, immer lebensvoll bis
zum Rand, so stellt sich dieser Stil vor. Welche Kunstrichtung

hätte es besser verstanden, seine Altäre gotischen Kirchen einzufügen? Überall ist Bewegung, intensives Leben. Welcher Stil aber ist unserer Zeit im Wesen ferner als der Barock, der doch – oder gerade deshalb – noch nie so geschätzt war wie heute? Wer hätte diesen Stil besser wiedergeben können als Adolf Menzel, der direkt aus dem 18. ins 19. Jahrhundert versetzt worden zu sein scheint? Man sieht es deutlich an seinen Skizzen, die er in Bayern und Österreich gemacht hat. Ihn reizte sicherlich das Geschmeidige der Linien, das Temperament der Schnörkel, das Rauschende, weil es bei ihm verwandte Seiten zum Schwingen brachte.

Die Kunst des Barock und Rokoko ist nach einer langen Zeit scharfer Ablehnung heute den großen Epochen der Kunstgeschichte ebenbürtig zugesellt worden. Noch die zwischen 1895 und 1908 erschienenen Inventare der Kunstdenkmäler Oberbayerns lassen jene Zeit vollkommen aus, und Jacob Burckhardt schrieb angewidert von der »empörenden Degradation des Übernatürlichen«. Hans Seldmayr läßt in seinem berühmt gewordenen Buch vom ›Verlust der Mitte‹ die Gegenwart mit der Französischen Revolution beginnen. Die großen Auftraggeber der alten Zeit, Kirche und Adel, traten zurück; die durch sie geschaffene Gemeinschaft aller Künste löste sich auf. Der Mensch selbst wurde außerordentlich selbstherrlich; er glaubte die Technik zu meistern, scheint aber noch von ihr beherrscht zu werden. Und damit beginnt schon wieder eine neue ›Gegenwart‹, deren Entwicklung wir ahnen können. Die Künste jedenfalls finden in dieser kalten technischen Zeit nicht mehr das ihnen gemäße Klima, auch können Regierungen nicht den verständnisvollen Mäzen ersetzen, der im engen Kontakt mit seinen Künstlern stand.

Guggenbichler hatte alles gefunden, was ein Künstler braucht: Mäzenatentum und Arbeit. In Mondsee fand er Heimat und Ruhm. Unter den Bildhauern des Salzburger Landes ist er wohl der bedeutendste: Johann Meinrad Guggenbichler, der ›Bildhauer zu Mansee‹, wie ihn das Volk genannt hat. Von seinem Leben wissen wir nicht mehr als die rein biographischen Tatsachen von Geburt, Heirat und Tod, und daß er in Straßwalchen für ein uneheliches Kind zu sorgen hatte. Er stammte aus der Schweiz, wo er 1649 in Einsiedeln getauft wurde. Ein Verwandter, Johann Michael Guggenbichler, war 1666-1676 in Dillingen an der Donau tätig und erschien dann ebenfalls in Einsiedeln. Wahrscheinlich ist er ein Onkel unseres Johann Meinrad gewesen. In der ersten Hälfte des 17. Jahrhunderts arbeiteten die in Weisingen bei Dillingen geborenen Brüder Georg und Sebastian Guggenbichler in diesem zum Hochstift Augsburg gehörenden Gebiet. Sie sind vermutlich Glieder der gleichen Sippe, also einer Familie, die, wie andere des 17. und 18. Jahrhunderts, ihren Weg in die Welt gefunden hatte.

Johann Meinrad erfuhr seine Ausbildung wohl in Oberitalien. Als Einundzwanzigjähriger tauchte er in Oberösterreich auf, wo er für das Stift Sankt Florian Schrankdekorationen schnitzte. Salzburgs Kunstschaffen hatte beträchtlichen Einfluß auf den jungen Mann, auch das Innviertel, wo die Schwanthaler tonangebend waren, ebenso der Meister des Hochaltars von Eggelsberg bei Braunau, sowie niederbayerische Schnitzer. 1672 finden wir ihn in Straßwalchen, wo er im Auftrag des Abts von Mondsee an der Ausstattung der Kirche Zell im Moos arbeitete. Damit hatte er sich dem Stift verbunden, das sein größter Auftraggeber werden sollte; dort hat er sich verheiratet, niedergelassen und eine Werkstatt mit zahlreichen Gesellen eröffnet.

Volle vierundzwanzig Jahre, von 1679-1723, hat Guggenbichler in und von Mondsee aus gewirkt. Er entwarf alle seine Werke eigenhändig, war nicht auf Entwürfe anderer angewiesen und hat es verstanden, Italienisches mit Alpenländischem glänzend zu verschmelzen. In Mondsee fand Guggenbichler eine Fülle von Kunstwerken vor, gleichfalls in den zur Abtei gehörenden Pfarreien, wie zum Beispiel in Sankt Wolfgang am Wolfgangsee, denn das Stift nahm im künstlerischen Leben des Landes eine ganz eigene Stellung ein. Abt Cölestin Kolb (1668-1683) war es, der Guggenbichlers bedeutendster Auftraggeber werden sollte. Im Jahre 1675 entstand sein erstes größeres Werk, der Altar von Straßwalchen, dann kamen die großen Aufgaben für Mondsee.

Das Dämmerlicht der Kirche zu Mondsee läßt uns die Fülle des Figurenwerks an den Altären nicht recht erkennen. Seine Gestalten sind außerordentlich lebensvoll, bewegt, von hohem Reiz der Oberflächenbehandlung, ob es sich um Heilige, Engel oder Putten handelt. Es ist ein raffiniertes Spiel von Formen und Linien, von harmonischer Ausgewogenheit der Kompositionen, alles das durchweht vom barocken Pathos, das nie aufdringlich wirkt. Guggenbichler verfügt über vollendetes handwerkliches Können; ihm war wohl ein starker Wille eigen, nur das zu schaffen, was ihm gemäß erschien, und so fand er seine ganz eigene Art der Darstellung. Bedeutung und Rang Guggenbichlers sind heute außerhalb der Grenzen Salzburgs bekannt. Sein Leben und Werk sind vor allem durch Martin Deckers Monographie überschaubar geworden als eines der großen Bildhauer des Hochbarocks.

Was für ein Mann ist er gewesen? Seinen Figuren zufolge stelle ich ihn mir als einen temperamentvollen, kräftigen und doch zarten Mann vor, so wie er sich vielleicht selbst in den Köpfen der Heiligen Sebastian und Rochus auf dem Altar der Südseite des Chors dargestellt hat. Sicher ist, daß sein Leben im Dienst der Arbeit stand, einer Arbeit, die ihn mit tiefer Befriedigung erfüllt haben muß, denn er war der gesuchteste Meister jener Gegend.

Nach Sankt Gilgen

Wir folgen der Straße von Mondsee nach Sankt Gilgen und sehen schon bald rechter Hand zwei Türme unter lustig geschweiften barocken Helmen über den Baumkronen. Es ist *Sankt Lorenz,* ein äußerlich schlichter Bau mit Putzlisenengliederung. Vor dem Portal steht eine gewaltige Linde, etwa 150 Jahre alt, wie uns der Eigentümer des Bauernhofs dicht dabei sagte. Ringsum liegen Obstgärten und Wiesen, und obgleich die Kirche so nahe der verkehrsreichen Straße steht, ist es ländlich still. Die Kirche wurde 1715-1720 gebaut, hat in ihrem schönen, hellen Schiff Marmoraltäre von Georg Doppler (1730) und zwei gute Skulpturen von Meinrad Guggenbichler: Schmerzensmann und Muttergottes.

Wir fahren weiter über den Scharflinger Berg zu dem zwischen steilen Waldhängen und Felswänden liegenden *Krottensee*. Die Sage erzählt, er sei grundlos und von bösen Geistern bewohnt; selbst der geschickteste Fischer vermöchte es nicht, Fische zu fangen. Der heilige Wolfgang soll am Seeufer gern die Kröten gefüttert haben, auch von den Leuten wurde ihnen Futter vorgeworfen wegen des nahen Krötensteins, dem man wunderbare Heilkraft gegen das Gift ungarischer Pfeile zuschrieb.

Auch eine Sage hat sich um den See gewoben: Vor etwa zweihundert Jahren versank ein Weinfuhrmann aus Niederösterreich im Krottensee. Als er nämlich auf seiner Fahrt an die Brücke über dem westlichen Ende des Sees kam – sie ist 1958 beim Straßenneubau ersetzt worden – scheuten plötzlich die Pferde, durchbrachen das Geländer, und alles stürzte in die Tiefe. Gespann und Fuhrmann sind nie gefunden worden. Bald darauf, als die Familie des Verschollenen zuhause im niederösterreichischen Donauland beim Abendessen saß, trat durch die Stubentür ein altes, weißhaariges Weiblein und sagte: »Wohl sendet euch der schwarze See die Fässer und den Wein, ewig aber nicht mehr den Fuhrmann. Heute füllt sich die Mondscheibe. Fahrt hinaus um die Mitternachtsstunde auf den Strom, und ihr werdet die Wahrheit meiner Worte erfahren.« Sie verschwand. Die Söhne befolgten den Rat der Alten und fuhren um Mitternacht auf die Donau hinaus. Da sahen sie zu ihrem Erstaunen die Weinfässer daherschwimmen und erkannten das Gut ihres Vaters.

Schloß Hüttenstein, das auch einmal im Besitz Kaiser Friedrichs III. gewesen ist, wurde südwestlich vom Krottensee 1564 neugebaut. Es ist dann im 18. Jahrhundert verfallen und wurde 1843 neugotisch wiederaufgebaut. Im 18. Jahrhundert diente es als salzburgischer Pflegsitz, wo Mozarts Großvater Nikolaus Pertl als Pfleger wohnte, seine Mutter geboren wurde und seine Schwester, das Nannerl, als Frau des Pflegers Johann Baptist Berchtold von Sonnenburg lebte.

Henri Ghéon schreibt in seinem Buch ›Auf den Spuren Mozarts‹ über das Elternhaus von Mozarts Mutter:

Dieser schlichte, einstöckige Bau, dreimal so lang wie breit, wendet seinen Giebel wie einen Schiffsbug dem Wasser einer schattigen Bucht zu, die bis auf zwanzig Schritt heranreicht. Der Bau gleitet schier auf der Schräge wie ein Schiff beim Stapellauf. Aber ein Hof voraus hemmt ihn, mit Pfeilern und Gittern eingefaßt, früher einmal ein Garten, jetzt überwuchert von Unkraut und verwilderten Blumen zwischen zwei hohen Beständen schwarzer Lebensbäume … Trete ich in die Kirche, so finde ich seine ganze Geschichte an die Decke gemalt (Sankt Ägidius). Und dieses gottselige Kind, dessen Bild der See segnet: Wer wollte mich überzeugen, daß es nicht mitwirkte bei der geheimnisvollen Vorweihe einer anderen Geburt einer anderen Kindheit, eines anderen Wunders in Kindesgestalt? Mozart.

Den schönsten Blick über Sankt Gilgen und den Wolfgangsee haben wir von der Höhe. Weit schauen wir über die blaue Fläche und die seltsam geformten Zacken und Grate der sie umgebenden Gebirge, die an Landschaften chinesischer Malerei erinnern. Unter uns liegt am Aber- oder Wolfgangsee *Sankt Gilgen,* der stattliche, freundliche Ort, ein höchst beliebtes Urlaubsziel. Die geräumige Pfarrkirche Sankt Ägidius ist 1767-1769 erneuert worden, wobei teilweise die alte Einrichtung verwendet wurde. Im Chor finden wir eine Muttergottes aus der Guggenbichler-Werkstatt, um 1705.

Kaiser Franz Joseph

Drüben am anderen Ufer liegt Sankt Wolfgang, dessen Kirche den berühmten Altar Michael Pachers birgt. Der Ort ist uns auch bekannt als Schauplatz der seinerzeit fast ebenso berühmten Operette ›Im weißen Rößl am Wolfgangsee‹, die 1976 in der Wiener Volksoper in schönster Inszenierung wiederaufgeführt worden ist. Darin erscheint ein alter Herr, der freundlich, menschlich mit der Rößlwirtin spricht – Kaiser Franz Joseph. Nicht wenige Zuschauer vergossen Tränen der Rührung.

Das menschliche Urteil über Personen und Zustände der Vergangenheit ist ständigem Wechsel unterworfen, denn ein jeder, der sich an geschichtliche Darstellungen wagt, bringt seine eigene Auffassung mit ein, mag er auch glauben, objektiv ans Werk zu gehen. Wenn es schon nicht leicht ist, einen Menschen zu schildern, den man sehr gut gekannt hat, dem man nahe stand, so ist es noch schwieriger, eine der fernen Vergangenheit angehörende historische Persönlichkeit zu erfassen. Aus den verschiedenartigsten Urteilen, aus Quellen aller Art sucht jeder sich das heraus, was ihn anspricht, was ihm wesentlich und zutreffend erscheint. So geht es uns auch mit den widerspruchsvollen Urteilen von Zeitgenossen und Nachlebenden Franz Josephs I., der vielleicht die letzte großartige Verkörperung der Idee des ›Kaiserlichen‹ gewesen ist.

Das klassenlose Paradies, dessen Verfechter behaupten, daß in ihm Milch und Honig fließen werden, daß der Mensch in ihm endlich zu seiner wahren Bestimmung gelangen würde, dürfte, wenn es einmal – Gott behüte! – verwirklicht werden sollte, mehr einer Super-Kommune gleichen. Ich fürchte, die große Tradition Europas, für die auch das Haus Habsburg steht, wird von diesen Leuten geleugnet. »Zweitausend Jahre nach dem Aufstieg der europäischen Kultur drohen Europa und die ganze westliche Welt einem Schwachsinn zu verfallen, für den selbst die Bezeichnung ›Materialismus‹ zu schade ist«, schreibt der Historiker Thomas Chaimowicz in einem Artikel. Der Staatsgedanke und damit der Staat selbst verfällt der Aushöhlung, er wird zum Spielball von Parteien und Interessengruppen, die keine Mittel scheuen, ihm seinen letzten legitimen Anspruch auf Autorität streitig zu machen. Donoso Cortes, der englische Premier Benjamin Disraeli, Baudelaire, Alexis de Tocqueville oder der Marquis de Custine zum Beispiel haben das vorausgesehen. Im Lauf der Jahrhunderte hat sich die Struktur des Staates immer wieder gewandelt, aber immer war er eine Macht gegen Anarchie, Gesetzlosigkeit und Angriffslust, mit Ausnahme freilich des Dritten Reichs, des Faschismus und ähnlicher Zerrbilder. Vielleicht ist die Monarchie doch so übel nicht gewesen, da sie als Symbol der Einheit und der Kontinuität dem ständigen Wechsel im politischen Leben gegenüberstand. Selbst der erste Finanzminister der Vereinigten Staaten von Amerika, Alexander Hamilton, sagte vor etwa zweihundert Jahren, daß er die konstitutionelle Monarchie mit einem starken Parlament für die beste Staatsform halte, daß Amerika daher eine starke Präsidentschaft von langer Dauer brauche. Friedrich von Gentz schrieb an Metternich anläßlich der Proklamation Franz II. vom 11. August 1804, daß der Kaiser als Franz I. von nun an Herrscher eines erblichen österreichischen Kaiserreichs sei: *Was haben Sie zu der namenlosen Erbärmlichkeit mit dem österreichischen Kaisertum gesagt? ... Ein Kaiser von Österreich ist an und für sich ein wahrer politischer Solecismus, denn Österreich ist eine dem Reiche durch Lebensnexus untergebene Provinz, und man könnte ebensogut ein Kaiser von Salzburg, von Frankfurt oder von Passau, als ein Kaiser von Österreich sein. Bleibt die Kaiserwürde in Österreich – und welche Unmasse von Unpolitik, schon jetzt, wo noch keine dringende Gefahr vorhanden ist, öffentlich zu erkennen zu geben, daß man das Gegenteil fürchtet –, so ist jene Kaiserwürde ganz unnütz; verlieren wir die wahre, so wird durch diese falsche die Gleichheit des Ranges gar nicht aufrecht erhalten; denn ein Kaiser von Österreich ist und bleibt ewiglich ein dem deutschen Kaiser*

untergeordneter Kaiser – mithin weder diesem noch einem –
si diis placet – französischen Kaiser im Range gleich.

Nun, die Donaumonarchie ist geschaffen worden und hat sich als Staatsgebilde bis 1918 durchaus bewährt. Nicht wenig vom Glanz des alten deutschen Kaisertums war auf sie übergegangen.

Eine der größten politischen Dummheiten der Weltgeschichte war die Zertrümmerung der Donaumonarchie; sie ist ohne Zweifel mitschuldig an der Lage, in der wir uns heute befinden. Mit dem Abgang der habsburgischen Dynastie hatte Österreich seinen Mittelpunkt verloren. Aber noch immer spiegelt die alte Hauptstadt Wien etwas vom Glanz dieses versunkenen Reichs. Immer noch, obgleich es scheint, als werde alles getan, das Andenken an die Habsburger auszulöschen. Das wird deutlich an der Erzählung eines meiner Bekannten, der auf einem Gang durch die Habsburgergasse seine Kinder fragte: Wer sind die Habsburger? Er erhielt die Antwort: Eine Wäscherei.

Stehen wir vor der Wiener Hofburg, auf dem Ballhausplatz, so fühlen wir doch fast greifbar die Gegenwart dieses großen Herrscherhauses und einer seiner ehrwürdigsten Gestalten, des Kaisers Franz Joseph, der sage und schreibe achtundsechzig Jahre regiert hat.

Im Revolutionsjahr 1848 bestieg er mit achtzehn Jahren den Thron. Er starb kurz vor der Revolution von 1918, welche sein Haus hinwegfegte. Man nannte Franz Joseph kalt, stolz, unzugänglich, dumm, verknöchert und politisch unfähig. Solche Urteile bleiben an der Oberfläche, denn wenn wir Briefe von seiner Hand oder Augenzeugenberichte der verschiedenartigsten Menschen lesen, tritt uns ein anderes Bild dieses Mannes entgegen. Er war sicherlich die vornehmste Gestalt der alten Ordnung; er vereinigte in seiner Person die besten Traditionen des monarchischen Prinzips, und er trug die äußerliche Starrheit als einen Panzer zum Schutz gegen innere Verletzlichkeit und schwere Schicksalsschläge. Unter Schmerzen hatte er gelernt, Haltung und Würde zu wahren und im Gedanken an stete Pflichterfüllung sein Schicksal zu meistern.

Der Kaiser erscheint mir immer wie ein großer Majoratsherr, der das Reich als ein Familienunternehmen betrachtete und der, genau wie ein Majoratsherr, für alles zu sorgen hatte, vor allem für »seine Völker«, ganz gleich ob sie Österreicher, Tschechen, Ungarn oder Kroaten waren. Hier vertrat Franz Joseph die gleiche Ansicht wie der bedeutende tschechische Politiker Franz Palacky, der 1848 erklärt hatte, der Fortbestand der habsburgischen Monarchie sei unbedingt notwendig, »im Interesse Europas, im Interesse der Humanität selbst«. Der Kaiser stand über den Parteien und Nationalitätenfragen. Er fühlte sich ganz und gar als Diener seiner Staaten, doch immer wieder bricht die Ahnung durch, daß das Haus Habsburg auf verlorenem Posten stehe. So sagte er am Ende seines Lebens zu einem österreichischen Diplomaten: »Ich bin mir seit langem bewußt, wie sehr wir in der heutigen Welt eine Anomalie sind.« Thronfolger Franz Ferdinand sprach das wahre Wort, daß die Kaiserkrone eine Märtyrerkrone sei, zu der keiner sich drängen solle, der nicht für sie geboren sei. Die eisige Luft der hohen Stellung, welche den Kaiser und sein Haus umwehte, wird deutlich in einem Wort des Feldmarschalls Erzherzog Eugen, der nach 1918 in Basel lebte. Es wurde mir von Carl Jacob Burckhardt mitgeteilt. Als ihm eine Dame vorwarf, er verkehre da mit ganz unmöglichen Leuten, antwortete der Erzherzog: »Wissen Sie, wenn man so lange Montblanc gewesen ist, fällt es schwer, zwischen Chrischona und Tuniberg zu unterscheiden.« Das sind zwei Hügel bei Basel.

Franz Josephs Minister Fürst Felix Schwarzenberg schrieb 1850 an den vormaligen Staatskanzler Fürsten Metternich, daß der Kaiser Größe und Schwierigkeit seiner Aufgabe wohl kenne, daß er klug und ein fleißiger Arbeiter, sehr diskret und ein Hasser der Lüge sei. Franz Joseph ist nicht so starr und unbeugsam gewesen, wie behauptet wird. Der Historiker Heinrich Friedjung sagt von ihm, daß er keineswegs dogmatisch war, daß er sich veränderten politischen Lagen gut anzupassen wußte und eine bedeutende Rolle in der Zusammenhaltung der Donaumonarchie spielte, wobei sein Takt, seine Höflichkeit und Freundlichkeit keinen geringen Anteil gehabt hätten. Der Kaiser haßte Arroganz und Pose, hielt aber streng auf höfische Etikette als äußerem Zeichen seiner Würde, die er durchaus als ›von Gottes Gnaden‹ verstand. Er war, das hören wir von vielen Zeitgenossen, ein Meister des diplomatischen Umgangstons; er beherrschte fließend mehrere Sprachen, was ihm das Verständnis der Politik und seiner Völker erleichterte. Michael MacGarvie schreibt in seiner Biographie des Kaisers, Franz Joseph habe in seiner Person ganz und gar den Geist der österreichischen Monarchie verkörpert. Unter anderen zitiert er die polnische Gräfin Potoky, die 1912 ihrer Mutter schrieb, daß der Kaiser ganz gewiß der letzte Souverän sei, der zu repräsentieren verstünde und wüßte, wie man seine Pflichten zu erfüllen habe. Mit seinem Tode würde jegliche monarchische Tradition erlöschen. Als Herrscher über viele Völker war der Kaiser kein Nationalist. Gestalten wie den wirrköpfigen Georg von Schönerer, der seine Briefe ›Mit deutschem Gruß‹ unterzeichnete, oder Karl Lueger schätzte er nicht, ja die Demagogie dieser Männer entsetzte ihn. Vier Mal verweigerte er die Ernennung Luegers zum Bürgermeister von Wien. Franz Joseph war stets gegen kriegerische Lösungen politischer Konflikte. Franz Freiherr Conrad von Hötzendorf, Chef des Generalstabs, wollte 1906 Krieg mit Italien, 1909 Krieg mit Serbien, 1911 erneut Krieg mit Italien, aber er wurde vom Kaiser schroff abgewiesen, der sich überdies Angriffe auf seinen Außenminister Grafen Lexa von Ährenthal verbat und sagte, daß seine Politik eine Politik des Friedens sei und bleibe. So wehrte er sich 1914 bis zur letzten Minute gegen einen Krieg mit Serbien und gab erst nach, als der deutsche Kaiser seine Hilfe zusagte.

Wir wissen auch von den schweren Schicksalschlägen im persönlichen Bereich des Herrschers, vom gewaltsamen Tode seines Sohnes Rudolf, seiner Frau, seines Bruders Maximi-

II GIOVANNI VARRONE (VARONI; 1832-1910)

Blick über den Schafberg
mit Mondsee und Wolfgangsee
Ölgemälde, 1891

Salzburger Museum Carolino-Augusteum

hardt es einmal ausdrückt – »unter dem absoluten Befehl irgendeiner unwidersprechlichen, weil abstrakten Gewalt, einer Staatsgewalt, die kein menschlich bewegtes Gesicht mehr besitzt, kein Gesicht, welches diese amorphe Menge anblickt, um den Einzelnen aus ihr herauszuholen.« Noch heute aber wird die Statue des alten Kaisers im Wiener Burggarten mit Blumen geschmückt.

IM TENNENGAU

Hallein und das Salz

Zwischen Hallein und dem Paß Lueg, wo sich die Salzach ihren tiefeingeschnittenen Weg durch Hagen- und Tennengebirge gegraben hat, liegt der Tennengau. Über seiner Westgrenze steigt das mächtige Massiv des Hohen Göll über dem Halleiner und Berchtesgadener Salzberg auf. Im Nordosten schließt ihn die Osterhorngruppe ab, die im Osten im gewaltigen Dachstein gipfelt, und im Norden öffnet er sich in das Salzburger Tal und das Alpenvorland mit dem Gaisberg.

Das interessanteste Gebiet ist der Dürrnberg, dreihundert Meter über Hallein, denn dort wurde bereits in vorgeschichtlicher Zeit Salz gewonnen, dort werden immer noch Funde gemacht.

Besuchen wir zunächst die Salzstadt *Hallein,* diesen schönen alten Ort, der im ersten Drittel des 13. Jahrhunderts Stadtrecht erhalten hat. Er liegt an der Salzach, mit Resten des mittelalterlichen Mauerzuges an der Südostseite vom Griestor bis hinauf zur Ruine Thürndl am Hang des Dürrnbergs. Ein Gewirr von Straßen und Gassen nimmt uns auf, mit zum Teil prachtvollen Häusern des Inn- und Salzachstadt-Typus aus dem 15. bis 18. Jahrhundert, vielfach um Arkadenhöfe gebaut, unterbrochen von vielen Plätzen. Wir müssen uns Zeit lassen, Hallein kennen zu lernen. Wer Wasserburg am Inn oder Hall in Tirol kennt, findet hier ähnliches, denn alle diese Städte verdanken ihren Wohlstand dem Bergbau, dem Salzhandel und der Schiffahrt. Wir befinden uns wohl in ihren Mauern und spüren, daß Alt und Neu sich recht gut ergänzen.

Im Spätmittelalter ist die Stadt auf der unteren Salzachterrasse erweitert worden, wo ältere Sudhäuser das mittelalterliche Industriegebiet bestimmt haben. Im oberen Stadtteil liegt die *Dekanatskirche Sankt Antonius Eremita,* vormals vermutlich ein Bau des ausgehenden 12. Jahrhunderts. Von der mittelalterlichen Kirche steht allein der Chor von 1347, während das Schiff 1769-1775 neu gebaut worden ist. Der lian, Kaisers von Mexiko, und des Thronfolgers Franz Ferdinand in Sarajewo. Franz Joseph liebte seine schöne, schwierige Frau innig bis zum Ende, wie seine Briefe zeigen. Sie war ihm keine Hilfe, aber immer hat er über ihre exzentrischen Unternehmungen hinweggesehen. Nach ihrer Ermordung sagte er zu den Ministern, niemand könne das Ausmaß seines Verlustes ermessen. Er könne nur Gott danken, der ihm eine solche Gefährtin gegeben habe. Nun sei auch sie von ihm gegangen.

Kaiserin Elisabeth war es, die Katharina Schratt, die sie schätzte, dem Kaiser vorstellte, damit er bei ihr einen Ersatz für das dank ihrer Unrast mehr und mehr zerbrechende Familienleben fände. 1886 traf der Kaiser sie zum ersten Mal, und er hat sich immer wieder gewundert, daß Frau Schratt ihm, dem nicht mehr jungen Mann, ihre Freundschaft schenkte. Das mache ihn sehr glücklich, schrieb er ihr, aber seine Liebe gehöre der Kaiserin und er werde ihr Vertrauen nicht mißbrauchen. Nach dem Tode Elisabeths war sie seine einzige Vertraute.

Der Kaiser, der sich der furchtbaren Zeichen des kommenden Untergangs Europas bewußt war, setzte den Tendenzen drohender Auflösung sein festes Pflichtgefühl, seine kluge, vielen als starr erscheinende Beharrlichkeit entgegen. Vielleicht hatte er ein schwereres Schicksal zu meistern als alle seine Zeitgenossen auf den Thronen Europas. Seine Stellung gebot, alles in sich zu verschließen. Er trug sein Los ohne Pathos, in einer Haltung, wie sie dem hohen Herrn der vornehmsten Dynastie, deren Symbol er geworden war, geziemte. 1916 starb der müde alte Mann, so wie er gelebt hatte: arbeitend. Ich bin mit der Arbeit nicht fertig geworden, sagte er seinem Kammerdiener. Wecke mich wie üblich morgen um halb drei. Kurz darauf war er tot; »the first gentleman of his time«, wie ein Engländer ihn nannte, war gegangen. Als die Glocken seine Beisetzung in der Kapuzinergruft einläuteten, läuteten sie auch das Ende der Donaumonarchie ein. Mit seinem Hingang ist die große Form lebendig gestufter Ordnung zerbrochen. Seitdem stehen wir – wie Carl Jacob Burck-

hohe Turm von etwa 1200 stürzte, geschwächt durch den Brand von 1943, im Jahre 1945 ein und ist 1965/66 von Jakob Adlhart in ausgezeichneter moderner Form wieder aufgebaut worden.

Wir stehen in einem hellen, weiten, freundlichen, klassizistischen Saalbau nach Entwurf von Wolfgang Hagenauer, gegliedert durch Pilaster mit jonischen Kapitellen, umzogen von Emporen. Den marmornen Hochaltar arbeitete 1799 der Steinmetz Anton Högler nach Entwurf des erzbischöflichen Ingenieurhauptmanns Louis Grenier. Im gleichen Jahr malte Andreas Nesselthaler das Altarbild der Geburt Christi, schnitzte Franz Xaver Nißl die Statuen der Heiligen Antonius Eremita und Hieronymus. Etwa aus derselben Zeit stammen die klassizistischen Seitenaltäre, von deren Altarblättern vor allem genannt seien: das ›Abendmahl‹, 1798, und der ›Tempelgang Marias‹, 1799, beide von Franz Nikolaus Streicher, sowie das Pestbild mit der Ansicht von Hallein, das Franz Christoph Mayrhofer 1735 gemalt hat. In der nördlichen Seitenkapelle stehen wir vor einer guten Kreuzigungsgruppe, um 1710 von Johann Georg Mohr geschaffen. Der alte Friedhof um die Kirche ist verschwunden; nur das Grab Franz Xaver Grubers, des Komponisten von ›Stille Nacht‹, ist erhalten geblieben.

Auf der Perner-Insel in der Salzach liegen die Salinengebäude. Neben dem 1854-1862 erbauten Sudhaus steht die *Salinenkapelle,* wohl vom Anfang des 17. Jahrhunderts, deren Altar das prächtige, eindrückliche Relief der Kreuzabnahme von 1616 schmückt, das vielleicht Hans Waldburger gearbeitet hat. Wir sehen dort auch das Triumphkreuz des 17. und eine sitzende Muttergottes aus dem zweiten Viertel des 15. Jahrhunderts. Das ehemalige *Colloredo-Sudhaus* ließ der letzte Erzbischof von Salzburg, Hieronymus Graf von Colloredo-Mansfeld (1772-1803) 1798 errichten. Das *Salinenamtsgebäude* von 1654 enthält etwas sehr Reizvolles, nämlich die Fürstenzimmer mit bemalten Leinwandtapeten von 1757, die in Rokokorahmungen dreiundsiebzig Darstellungen aus dem Salinenbetrieb von Benedikt Werkstätter zeigen. Dort ist auch das Keltenmuseum untergebracht, vornehmlich Funden vom Dürrnberg gewidmet.

Der Name Hallein weist auf das Salzwesen hin, erscheint urkundlich erstmals 1237 und unterscheidet das ›Kleine Hall‹ vom benachbarten Reichenhall. ›Hall‹ bezeichnete ursprünglich das Reisig, über das die Salzsole gegossen und dann angezündet wurde, um das Salz durch Verdunstung zu gewinnen. »Später wurde ›Hall‹ die Bezeichnung für die Gewinnungsanlage, schließlich für den Ort der Salzpfanne.« (Georg Stadler).

Vormals gab es sieben Sudherren in der Stadt: Erzbischof, Domkapitel, die Stifte Nonnberg, Sankt Peter, Salem am Bodensee, Raitenhaslach bei Burghausen an der Salzach, sowie die Herren von Goldegg, aber seit dem 14. Jahrhundert war die Salzgewinnung Monopol des Landesherrn allein.

Das Salz war die wichtigste Einnahmequelle der Stadt. Im Jahre 1498 betrug die Halleiner Produktion 960 500 Zentner. Reichenhall erzeugte nur ein bis zwei Drittel, Schellenberg bei Berchtesgaden ein Fünftel dieser Menge, und die habsburgischen Salinen von Hallstadt, Aussee und Hall in Tirol haben ebenfalls die Halleiner Produktion nicht übertroffen.

Das Salz wurde auf die einfachste Weise gewonnen. In die großen, ausgehauenen Bergkammern wurde Wasser geleitet, welches das Salz auflöste, das nun als Sole in Rinnen nach Hallein floß. »Eine solche Kammer, wenn sie beleuchtet wird, ist der schönste Anblick von der Welt«, schreibt Caspar Riesbeck in den ›Briefen eines reisenden Franzosen‹, 1784. »Denke dir einen Saal von ohngefähr 100 Schritt ins Gevierte, dessen Wände und Böden aus Kristallstücken von allen erdenklichen Farben bestehen, die im Glanz der durchscheinenden Lichter so wunderbar durchspielen, daß du wirklich glauben mußt, du seyest in einen Feenpalast versetzt.«

Ein Wort zur Tätigkeit der Bergknappen. Sie rekrutierten

sich aus den Bewohnern am Dürrnberg und aus Berchtesgaden. Ihre Arbeit galt in den Familien als ›Erbarbeit‹; die
Leitung lag in Händen der Bergmeister, und das Bergamt lag
am Dürrnberg. Ich zitiere dazu aus dem Buch Georg Stadlers
›Kunst um Salzburg‹ 11:

*Das mit Schaufeln aus den eisernen Sudpfannen gehobene
Salz wurde von den Pfannhausern in die konischen Perkufen
gefüllt. In diesen Gefäßen formten sich die gegen einen Meter
hohen Salzstöcke (= Fuder), die in Heizkammern (= Pfie-
seln) zu ›harten‹ Fudern im Gewicht von etwa 115 Pfund
getrocknet wurden. Im Halleiner Stadtwappen und Siegel
bringt ein Salzträger ein ›weiches‹ Fuder zum Trocknen von
der Pfannstatt zur Pfiesel; die Trocknungsräume waren ursprünglich in Bürgerhäusern. Vor dem Transport wurden die
Fuder meist zerstoßen, in die Kufen, bauchige Holzfässer,
gefüllt und auf eine ›Hallfahrt‹ (= reguläres, mit normal 186
Fudern beladenes Salzschiff) gebracht.*

*Der Salinenbetrieb kannte also die Pfannhauser, Pfiesel-
arbeiter, die Kleizler oder Küfer, die die Taufeln bzw. die
Kufen herstellten. Die Bestehholzer und Griesarbeiter stellten die großen Brennholzmengen an der damals größten
Holzlände Europas, am Griesrechen bereit. Diesen Arbeitern
standen die Hällinger vor, Verwalter oder Pächter der einzelnen Salinen, solange es verschiedene Siedherren gab. Als es
aber dem Erzbischof gelungen war, die Mitsiederbetriebe seit
dem ausgehenden 14.Jh. allmählich zurückzuerwerben und
dadurch eine Monopolisierung des Salzwesens zu erreichen,
ernannte der Erzbischof einen Pfleger für den gesamten Salinenbetrieb in Hallein. Auch der bayerische Herzog vereinigte
die bisher zersplitterten Sudrechte in Reichenhall in seiner
Hand. Das erste Pfleghaus war in der Kufergasse, bis 1654
das neue Pfleghaus am Pflegerplatz erbaut wurde. Hier waren das Salzverweseramt, das Bauamt, Pfannbauamt und das
Griesamt (Holzbringung) untergebracht. Da dieses Salinenamtsgebäude auch repräsentativen Zwecken dienen sollte,
ließ Fürsterzbischof Sigismund III. Graf Schrattenbach*

(1754-1771) im 2. Stock die sogenannten Fürstenzimmer ein-
richten ... Die Sudzeit dauerte vom Frühling bis zum Spät-
herbst und stimmte mit der Zeit des Salzausganges auf den
Hallaschen (Salzschiffen) überein. Nur für den Absatz im
Gebirge wurde auch während des Winters das sogenannte
Hummel- oder Brucksalz gesotten und von den vier einst an
der Salzachbrücke bestehenden Bruckhäusern gehandelt.

Die Geschichte vom Salz und dem Werden eines so schönen
alten Ortes wird uns recht deutlich, wenn wir ihn aufmerk-
sam auf uns wirken lassen. Hallein, obgleich der wichtigste
Industrieort des Landes, ist eine Stadt der Vergangenheit, die
noch nicht durch die Gegenwart entstellt ist. Das ist in unserer Zeit etwas Seltenes, worüber man sich freuen muß.

Auf dem Dürrnberg

Wir nehmen den Kabinenlift, der die Besucher des Salzberg-
werks hinaufbringt – das Auto darf nur mit besonderer Ge-
nehmigung benutzt werden – und schweben über Wald und
Schluchten nach Dürrnberg, in ein schönes bewegtes Hochtal
zwischen dem Hohen Göll und den schroffen Felsbildungen
der Barmsteine. Infolge des Salzreichtums im Gebirge war
das Gebiet schon in der Jungstein- oder Latènezeit (400-15
vor Chr.) besiedelt. Hier fand man 1932 in einem keltischen
Fürstengrab die prächtige bronzene Schnabelkanne aus der
ersten Hälfte des 4. Jahrhunderts, die sich im Salzburger Museum Carolino Augusteum befindet, eine keltische Arbeit
nach etruskischem Vorbild. Auch in römischer Zeit wurde
auf dem Dürrnberg Salz gewonnen, doch kam der Bergbau
während der Völkerwanderung zum Erliegen und wurde erst
um 1190 wieder aufgenommen. In diesem Jahr ist von einer
Saline bei Hallein die Rede: kurz vorher war auch der Dürrnberg wieder in Betrieb genommen worden. Die Halleiner
Produktion übertraf mit vierzehn großen Sudpfannen jene
von Reichenhall, wo Salzburg schon früh Salzkochöfen und

Anteil an den Salzschöpfbrunnen hatte. Bayern erhielt im Jahre 1180 die Grafschaft Hall und versuchte Salzburg ganz aus diesem Gebiet zu verdrängen. Die gründlichste Förderung des Salzes geschah in der Renaissance, da die Erzbischöfe ihre großen Bauvorhaben mit den Salzerträgen finanzierten. Von der Bedeutung des Salzes als der Haupteinnahmequelle des Erzbistums sprechen die Wappen, Heiligenfiguren und Inschriftentafeln, welche einst die Stolleneingänge schmückten und die nun im Salzbergwerk Rupertsberg aufgestellt sind.

Die Sage erzählt, daß vormals die Arbeit für die Hauer von Zwergen verrichtet wurde, aber eines Tages erschreckte sie das Geläut der ersten Kirchenglocke so sehr, daß ein Bergmännlein zum Obersteiger sagte: Wir müssen gehen. Wir sind zwar Christus wohlgeneigt, dürfen ihn aber nicht nach Christenart verehren. So verschwanden die Bergmännlein, und die Hauer mußten die Arbeit selbst verrichten. Eine andere Sage berichtet, daß im Jahre 1902 eine große Zahl von Zwergen die Grenze beim Heuhäusel – das bayerische Gebiet reicht bis nahe Dürrnberg – überschritt. Sie waren so winzig, daß der Schlagbaum nicht gehoben werden mußte. Niemand verstand ihre Sprache. Um Mitternacht hielten sie ein Hochamt in der Dürrnberger Kirche, doch als neugierige Dorfbewohner Leitern anlegten und durch die Fenster schauten, erlosch das Licht, und die Zwerge waren verschwunden.

Es sind die uralten Sagen von den Bergmännlein, Zwergen, den Venedigermännlein. In Westfalen gibt es im Bastenberg bei Ramsbeck einen ›Venedigerstollen‹ aus sehr alter Zeit, der an seiner geräumigsten Stelle nicht die Höhe eines Meters erreicht. Das läßt darauf schließen, daß die Bergleute sehr klein gewesen sind. Überraschende Ähnlichkeit soll zwischen einigen Stollen Hallstatts und des Bastenbergs bestehen; sie sind zu gleicher Zeit angelegt worden, etwa 1500 vor Chr. Wer waren diese winzigen Bergleute? Vielleicht waren es die schon von Herodot Illyrer genannten Bewohner der Ostalpen, die in den Alpen und in den deutschen Mittelgebirgen arbeiteten, und die wir eben als ›Venediger‹ oder Zwerge aus Sagen und Märchen kennen. Eine sehr kleinwüchsige Urrasse ist es wohl gewesen, die in den alten Geschichten fortlebt. An ihnen mag sicher etwas Wahres sein.

Die Gräfin Maltzahn erzählte mir solch eine Geschichte vom Gute Mielitsch in Schlesien. Die Urgroßmutter ihres Mannes lag krank zu Bett, während unten im Schloß eine lustige Jagdgesellschaft recht lärmend tafelte. Plötzlich sah sie einen Zwerg vor ihrem Bett stehen, der sagte: Frau Gräfin, wir bitten dich, für Ruhe zu sorgen. Unsere Königin liegt in Kindsnöten. Die Gräfin ließ ihren Mann kommen, erzählte ihm den Vorfall, und die Jagdgesellschaft verhielt sich ruhig. Am nächsten Morgen erschien der Zwerg wieder, bedankte sich auf das höflichste, sagte, daß die Königin einem Sohn das Leben geschenkt habe, und überreichte ihr zum Dank eine Perlenkette. »So lange diese Kette im Haus ist, wird es euch nie verloren gehen«, sagte er. Man hat dann, erzählte die Gräfin Maltzahn, die Perlen bei einem Juwelier untersuchen lassen. Es war nicht möglich, das Material festzustellen. Noch merkwürdiger: immer ehe ein Familienmitglied starb, wurde eine der Perlen schwarz und dann wieder weiß. »Ich habe die Kette, als die Russen 1945 kamen, einmauern lassen und hoffe, sie ist noch dort und wir können eines Tages nach Mielitsch zurückkehren«.

In dem 1450 in Betrieb genommenen Obersteinbergstollen, wo keltische Werkzeuge und Kleidungsstücke gefunden wurden, entdeckte man 1577 den Leichnam eines wohlerhaltenen Knappen, wie die Salzburger Chronik von 1666 des Dückher von Haslau berichtet. Da wurde

aus dem Dürrnberg in dem Salzberg, 6300 Schuh tief, aus einem ganzen harten Salzstein ein vollkommener Mann mit Fleisch, Haut und Haar, so neun Spannen lang gewesen, ausgehauen, so etwan vor langer Zeit allda verfallen gewesen. Er ist an Haut und Fleisch gelb wie ein geselchter Stockfisch gewesen und im heißen Sommer etliche Wochen lang bei

der Kirchen gelegen, ehe er zu faulen angefangen. Desglei-
chen auch einer Anno 1616 allda gefunden und etliche Jahr
unverweslich behalten worden.

Ebenso wurde 1734 im Hallstatter Kilbwerk die von Salz
umschlossene Leiche eines alten ›Heiden in Röck und Schuh‹
gefunden. Wäre damals ein Kameramann dabei gewesen, so
hätte die systematische Erforschung der Vorgeschichte mit
einem Paukenschlag eingesetzt. Wir wissen daher nicht, wie
die Bergknappen ausgesehen haben, können uns jedoch vorstellen, daß die mit den Arbeiten betrauten Männer diese
seltsamen Funde im trüben Schein ihrer Grubenlampen mit
geheimem Grauen betrachtet haben und vielleicht für einen
Teufelsspuk hielten. ›Der Mann im Salz‹, den Ludwig Gang-
hofer in seinem gleichnamigen Roman in Berchtesgaden zu
Tage kommen läßt und beschreibt, könnte so ausgesehen
haben. Da sah der junge Adelwart,

daß in einem großen, glashellen Salzblock etwas einge-
schlossen hockte, das auch er ohne Schauder nicht betrachten
konnte. Wie ein zottiges Tier, auf allen Vieren kriechend, war
es anzusehen. Und war doch das Bild eines Menschen, ganz
in Rostfarbe getaucht, mit einem Wust von Haaren und
einem roten Zottelbart um das starr verzerrte Gesicht, alle
Linien zittrig zerflossen, gleich eines Mannes, den man bei
trübem Licht unter Wasser schwimmen sieht.

Aus dem Obersteinbergstollen kann man nach Bayern
hinüberwandern, wie man auch auf einer guten Straße ins
Berchtesgadener Land fahren kann. Im Dürrnberger Gebiet
war der Bergknappe Joseph Schaitberger zu Hause, der das
Exulantenlied der Protestanten dichtete, die am Predigtstuhl,
einem Felsblock im Abtswald, zusammenzukommen
pflegten.

Auf dem Dürrnberg angekommen, sehen wir zuerst die
Pfarr- und Wallfahrtskirche Mariä Himmelfahrt, deren Bau
Erzbischof Wolf Dietrich von Raitenau nach Plänen des Andrea Bertoleto – man nennt auch Vincenzo Scamozzi – 1594
aus an Ort und Stelle gebrochenen rosa Marmorquadern

beginnen ließ. Erst 1612 vollendete ihn Santino Solari. Solari hat auch die Umfassungsmauer mit drei Eckkapellchen und einem stattlichen Portal mit Obelisken, Wappen und Inschrift hinzugefügt. Merkwürdig und an spätgotisches Formengut erinnernd sind die Rahmungen der Fenster mit sich überschneidenden Aststäben. 1729-1733 ist die Kirche im Innern verändert worden: Sehr fein und elegant ist der von Hans Conrad Scheffer 1732 geschaffene Deckenstuck. Das hohe, helle, saalartige Schiff vor dem schmaleren, dämmerigen Chor erhielt dann im hohen Rokoko eine vortreffliche Ausstattung. Im großen, reich geschmückten Hochaltar von 1749-1751 sitzt das Gnadenbild der Himmelskönigin, einen Apfel in der Hand, wahrscheinlich ein Werk Hans Waldburgers von 1612. Zu beiden Seiten stehen Marias Eltern, Joachim und Anna, über den Säulen die beiden Johannes und kniende Engel, und im Auszug sehen wir Gottvater.

Die Seitenaltäre, 1750 und 1787 aufgestellt, zeigen links als Altarblatt die Verkündigung von Franz Xaver König, zu Seiten Heilige des Augustiner-Eremitenordens: Clara von Montefalco und Rita von Cascia, oben die Heiligen Barbara, Katharina und Rupertus. Am rechten Seitenaltar sehen wir zu Seiten des Gemäldes der Kreuzigung Nikolaus von Tolentino und Johannes Facundo, Heilige des schon genannten Ordens, und oben Michael, Virgil und Rupertus. Die reizende, leicht und sicher schwebende Kanzel zeigt das Relief des guten Hirten und auf dem Schalldeckel den Heiligen Augustinus. Sie wurde von Dominik Plasisganig 1764 geschnitzt. Schön ist die große Statue des Heiligen Rupertus, der Bergknappen schützend unter seinen Mantel nimmt. Rupertus hatte ja das Gebiet mit dem Dürrnberg vom bayerischen Herzog zum Geschenk erhalten. So war er nicht nur Herr des Ortes, sondern auch sein Schutzpatron. Sein Attribut ist das Salzfaß.

Auch die alte Knappenfahne von 1750 mit Darstellungen der Bergarbeit und des Schwerttanzes der Knappen ist in der Kirche aufgehängt. Die Inschrift eines Andachtsbildchens gibt recht gut die Stimmung dieser Wallfahrtskirche wieder:

O Mutter Gottes, gnadenreich,
von uns, als große Sünder,
wendt Gottes Zorn gleich,
weil wir sein deine Kinder.

Gegenüber der Kirche liegt das hübsche Pfarrhaus, der
ebenso hübsche Ort, und ringsum liegen Wiese und Wald,
auf- und absteigende Täler, tief hinab und wieder hinauf zu
den Barmsteinen oder zum Roßfeld – ein ebenso großartiges
wie anmutiges Landschaftsbild, ein Stück Salzburger Welt,
eine abgeschlossene intime Welt, in der man die schönsten
Wanderungen unternehmen kann. Es lohnt sich jedenfalls,
vom Dürrnberg zu Fuß nach Hallein abzusteigen, erst durch
die Wiesen, dann durch den Wald, ein Weg der immer neue
Ausblicke bringt. Da liegt ein alter Bauernhof; hinter ihm
steigt die Wiese zum Wald an. Das Laub der Ahorne wispert
im Wind; auf einer Halde weiden Kühe zum Schall ihrer
Glocken. Leider fahren mehr Autos auf der Straße, als man
vermuten möchte, aber wenn wir den Fußsteig durch den
Wald erreicht haben, umfängt uns wohltuende Stille.

Sankt Jakob am Thurn

Als wir, von Hallein kommend, in Haslach rechts abbogen –
rums! Ein Vokswagenbus der Landesregierung war hinten
aufgefahren. Mit verbogener Stoßstange fuhren wir weiter,
noch einen gelinden Schrecken in den Knochen. Der Weg
führt bergan in ein stilles Hügelland, und alsbald sahen wir
einen hohen Bau – Sankt Jakob am Thurn. Es ist jedoch nicht
die Kirche, wie wir vermeinten, sondern das Turmschlößchen, ein hübscher, im Kern romanisch-gotischer Bau, daran
angebaut ein spätgotisches Wohnhaus und davor ein schatti-
ger kleiner Garten. Der Turm gehörte zuerst den Herren von
Lengeveld, dann bis 1647 den Freiherren von Thurn, Erb-
schenken des Erzstifts, denen die Grafen von Plaz folgten bis
1924. Heute gehört das Schlößchen der Familie Flatz. Auf der

anderen Seite des Turms liegt ein verschilfter Weiher, und
dort finden wir die *Kirche Sankt Jakob,* ein von außen
schlichter, rosa getönter Bau, dessen Türmchen einen Helm
des späten 18. Jahrhunderts trägt. Es ist ein sehr alter Ort, wo
man bei Grabungen 1953 keltische Siedlungsreste aufdeckte.
Wahrscheinlich stand hier eine keltische Befestigung, welche
das Salzachtal zu sperren und den Zugang zu den prähistori-
schen Goldminen und Kupferlagern des Landes zu verwehren
vermochte.

Der Lyriker Felix Braun, Freund von Hofmannsthal und
Richard Strauss, schreibt in seinem Buch ›Das himmlische
Österreich‹: »Und die Lichtung, Lieber, die unsagbare, zau-
bergrün, buntblumig – unfern der hölzernen Brücke – Welches Flusses? Der Salzach, kurz vor Salzburg – Wie nur hieß
der urtümliche Weiler? – Sankt Jakob am Thurn.«

Luitwin von Thurn war ein Verehrer des Apostels Jakobus und stiftete vor seinem Tode 1152 eine Kapelle. 1238
wurde hier ein Kirchlein gebaut, und als Jakob von Thurn
1324 wiederum eine Kirche baute, hieß sie schon Sankt Jakob am Thurn, das bald ein beliebter Wallfahrtsort wurde,
da die Pilgerreise nach Santiago de Compostela in Spanien
gar so weit und beschwerlich war.

Als die Türken vorrückten, als 1476 schon türkische Vor-
huten im Lungau gesichtet wurden, befahl Erzbischof Bernhard von Rohr den Bauern, sich zu bewaffnen und beim
Herannahen der Feinde die Glocke zu läuten. So bewaffneten
sich die Mitglieder der Jakobibruderschaft und schlossen sich
zu einer Jakobischützenvereinigung zusammen. Die Legende
erzählt, daß Sankt Jakobus damals als Beschützer der Bruder-
schaft im Pilgermantel, den muschelbesetzten Hut auf dem
Kopf, selbst erschienen sei.

Unter Generalfeldmarschall Graf Joseph Anton von Plaz
begann für Thurn eine Blütezeit, denn er stiftete 1754 das
neue Vikariat Sankt Jakob am Thurn, baute die Loretokapel-
le und ließ 1744 den von Joseph Anton Pfaffinger gearbeite-
ten Heiligen Nepomuk vor der Kirche aufstellen.

Das Innere des Kirchleins – es wurde 1961/62 sehr geschickt erweitert – ist behaglich und farbenfroh. Im reichen Hochaltar von 1698, mit Figurenwerk des Tittmoningers Bernhard Högner aus der gleichen Zeit, steht die Elfenbeinstatuette des Heiligen Jakobus von 1746. Die Seitenaltäre entstanden 1735 und zeigen die Statuen der Eltern Marias, Joachim und Anna, sowie der Heiligen Barbara und Katharina, welche der Bildhauerfamilie der Schwanthaler aus Ried in Oberösterreich zugeschrieben werden. Im Osten schließt die dunkle Gnadenkapelle Sankt Maria Loreto an, deren lebhaft bewegter Altar mit der Maria-Loreto-Statue 1754 geschaffen worden ist. Den Stifter zeigen zwei große schöne Votivbilder.

Sankt Jakob am Thurn ist ein ländlich stiller Ort, und wir haben dort das Gefühl, weit aus der Welt zu sein. Jedes Jahr im Juli, am Jakobstag, wird die Erscheinung des Apostels mit einem traditionellen Figurentanz gefeiert.

Von Sankt Margarethen nach Kuchl

Nur ein kurzes Stück ist es von Hallein zum Dorf *Sankt Margarethen* am Hang des Rengerbergs, hinter dem der Schmittenstein und die Hohe Zinken aufragen. Ringsherum ist es wiesengrün, stehen die Berge im Sommerduft oder im scharfen Herbstlicht: Hagengebirge, Hoher Göll, Barmsteine. Angesichts der vielen häßlichen modernen Siedlungen zwischen Hallein und Salzburg fühlt man hier die harmonische Entsprechung von Landschaft und dörflicher Niederlassung als ein Bild vollkommener Ordnung in ihrem angenehmen Verhältnis von Menschlichem und Natur, die nicht durch Planung entstand, sondern langsam gewachsen ist.

Am oberen Rand des Fleckens steht die Kirche, eine kleine schlichte Landkirche mit Dachreiter und rundem Treppentürmchen, von niedriger Mauer umzogen, umgeben von Birn- und Apfelbäumen und Holundern. Es gibt bedeutendere Bauten, doch hier ist das Ganze ein Bild von besonderem

Reiz, mit dem, was Wilhelm Hausenstein den ›schönen Zustand des Herzens‹ nennt. Auf der Westseite der Kirche, unter
hölzernem Vorbau des 17. Jahrhunderts mit Resten von Bemalung, ist 1679 eine Marmorkanzel angebracht worden,
von welcher der Pfarrer den Dörflern ins Gewissen predigte.
Im Bogenfeld des Portals sehen wir im zarten Relief die heilige
Margaretha aus der Mitte des 15. Jahrhunderts. Freundlich
ist das Innere der 1437 genannten Kirche, mit spätgotischem
Chor, hübschen farbenfrohen Altären von 1725 und 1731
sowie der Kanzel von 1707. Die Hochaltarskulpturen hat
Johann Georg Mohr geschaffen.

»Die Kirche ist aus Kameradenstein gebaut«, erklärte uns
der alte Mesner und meinte Konglomeratstein. So steht sie
da, einfach, ländlich, ein wahres Gotteshaus und recht eigentlich die anmutige Mitte des Dorfes.

Drüben in den Wiesen sieht man den Turm der Pfarrkirche
Sankt Dionysius von *Vigaun,* die schon 790 urkundlich genannt wird. Es ist eine schöne, weiträumige, 1488-1516 erbaute Hallenkirche, deren Netzgewölbe auf Rundpfeilern
ruht. Im Bogenfeld des Südportals befindet sich ein Relief des
heiligen Dionysius von 1488. Die Figuren des Hochaltars von
1675 schnitze Franz Keimbhofer aus Berchtesgaden, das
Kreuzigungsbild malte Ferdinand Mayrhofer. 1597 wurde
der nördliche Seitenaltar, das bedeutendste Kunstwerk dieser
Kirche, aufgestellt, geschmückt mit dem Gemälde der ›Taufe
Christi‹ des Münchners Georg Beham. Der Altar ist 1688
überarbeitet worden. Die Marmorkanzel trägt das Wappen
des Erzbischofs Johann Jakob von Khuen-Belasi und entstand 1567, während die Schnitzwerke an der Emporenbrüstung, eine Immakulata und eine Dreifaltigkeitsgruppe in der
ersten Hälfte des 18. Jahrhunderts geschaffen wurden.

Wir fahren nun auf schmalen Straßen nach der Filialkirche
Georgenberg bei Kuchl, das man schon von weitem auf einem breiten Felsstock liegen sieht. Den Schlüssel muß man

12, 13 Besichtigungsfahrt durch das Salzbergwerk im Dürrnberg bei Hallein
Stahlstiche nach Zeichnungen von Hans Brunner, um 1850

14 Die Salinenstadt Hallein

Lithographie von Jakob Alt, um 1825

5.

*Schlucht bei den Öfen
somit Golling.*

15 Die Schlucht bei den Gollinger Öfen

den 7. 7br. 1818. Klein

Bleistiftzeichnung von Johann Adam Klein, 1818

16 Ansicht von Abtenau *Tonlithographie von Carl Libay, um 1850*

17 Schloß Golling *Aquarell von Wilhelm Scheuchzer, 1850*

18 Der Wasserfall bei Golling
Tonlithographie von Leopold Rottmann nach Carl Libay, 1845

sich allerdings im Pfarramt Kuchl holen. Das im Kern romanische Kirchlein – Dehio spricht von einem spätantiken Vor-
gängerbau: vielleicht die in der Vita des Heiligen Severin um
740 genannte Basilika – liegt reizend und schaut weit hinaus
über Tal und Gebirge. Auch hier finden wir eine marmorne
Außenkanzel von 1682, auch hier die wohltuende Entsprechung zur Natur. Die Kirche ist einschiffig, ein lichter, heiterer Raum, dessen Westempore eine spätgotische Brüstung
aus Kunststein trägt. Vom Anfang des 16. Jahrhunderts
stammen ein Relief des Marientodes und eine Kreuzigungsgruppe im Seitenaltar, der seinerseits aus dem Jahr 1719
datiert. Die Figuren des barocken Hochaltars, die Heiligen
Rupertus und Virgil sowie eine Georgsgruppe, schuf wieder
Johann Georg Mohr 1716.

Das im 5. Jahrhundert in der ›Vita des Heiligen Severin‹
genannte Castellum ›Cucullis‹ lag jedenfalls auf dem Georgenberg:

Als noch die oberen Städte Ufer-Norikums bestanden und
fast kein einziges Kastell von den Überfällen der Barbaren
verschont blieb, stand der heilige Severin in derartig hohem
Ansehen, daß ihn die einzelnen Kastelle um die Wette einlu-
den, als könne er ihnen die Mauern ersetzen; denn sie glaub-
ten, es könne ihnen in seiner Gegenwart kein Unglück wider-
fahren. Es geschah dies nicht ohne den Willen der göttlichen
Gnade, damit alle durch seine Ermahnungen wie durch
himmlische Orakel erschreckt würden und sich nach seinem
Beispiel durch gute Werke wappneten. So war der heilige
Mann infolge der ergebenen Bitten der Bevölkerung auch in
ein Kastell namens Cucullis gekommen, wo ein großes Wun-
der geschah, das ich nicht verschweigen kann; kennen wir es
doch aus dem erstaunlichen Bericht des Marcianus, der spä-
ter unser Presbyter wurde und ein Einwohner dieses Ortes
war. Ein Teil des Volkes hielt an einem bestimmten Orte am
heidnischen Opferdienst fest. Als der Mann Gottes diesen
Frevel erfuhr, hielt er zahlreiche Ansprachen an das Volk,
bestimmte die Presbyter des Ortes, ein dreitägiges Fasten

anzusetzen, und befahl, daß aus allen Häusern Kerzen mitzu-
bringen seien, die jeder eigenhändig an den Kirchenwänden
befestigte. Nachdem der übliche Psalmengesang beendet
war, forderte der Mann Gottes zur Stunde des Gottesdienstes
die Presbyter und Diakone auf, mit ganzer Hingabe mit ihm
zusammen den gemeinsamen Herrn zu bitten, er möge zur
Entlarvung der Gottlosen das Licht seiner Erkenntnis leuch-
ten lassen. Als er nun so unter vielen Tränen mit ihnen lange
auf den Knien gebetet hatte, da wurde plötzlich der größte
Teil der Kerzen, welche die Gläubigen herbeigebracht hatten,
durch göttliche Fügung entzündet; unangezündet blieb hin-
gegen der Rest der Kerzen, nämlich die jener Leute, die den
erwähnten heidnischen Opfern verfallen waren, dies aber in
dem Wunsche, unbekannt zu bleiben, geleugnet hatten. So-
wie sich also die Leute, welche diese Kerzen aufgestellt hat-
ten, durch das Gottesurteil entlarvt sahen, schrien sie plötz-
lich auf und verrieten die Geheimnisse ihres Herzens genug-
sam durch ihre Rechtfertigungsversuche und gestanden,
durch das Zeugnis ihrer eigenen Kerzen zu einem öffentlichen
Geständnis gebracht, ihren Götzendienst ... Ein andermal
wieder hatte sich im Gebiete desselben Kastells ein Schwarm
von Heuschrecken, Vernichtern der Feldfrucht, niedergelas-
sen und verwüstete alles mit den verderblichen Beißwerkzeu-
gen. In ihrer Bestürzung über dieses Unglück wandten sich
alsbald die Presbyter und alle übrigen Ortsbewohner mit
dringenden Bitten an den heiligen Severin und sprachen:
»Wir bitten zur Befreiung von dieser schrecklichen Plage um
die erprobte Hilfe deiner Gebete, deren gewaltigen Einfluß
beim Herrn wir unlängst anläßlich des großen Wunders ken-
nengelernt haben, als die Kerzen durch Himmelsmacht ent-
zündet wurden.« Er aber sprach gar fromm zu ihnen: »Habt
ihr nicht gelesen, was Gott dem sündigen Volk durch die
Propheten befohlen hat: ›Bekehrt euch zu mir von ganzem
Herzen, mit Fasten und mit Tränen, und darauf: Heiliget ein
Fasten, ruft das Volk zusammen, versammelt die Gemeinde‹,
und so weiter? Erfüllt also in würdiger Weise, was ihr nur

lehrt, damit ihr dem augenblicklichen Unheil schnell ent-
kommt. Es soll aber ja niemand auf sein Feld hinausgehen, als
ob er durch menschliches Bemühen den Heuschrecken Ein-
halt gebieten könnte, damit Gottes Unmut nicht noch mehr
herausgefordert wird.« Unverzüglich versammelte sich alles
in der Kirche, und ein jeder sang der Reihe nach wie gewöhn-
lich seinen Psalm. Jegliches Alter und Geschlecht, auch wer es
nicht in Worten tun konnte, betete unter Tränen zu Gott,
unaufhörlich wurden Almosen gegeben und nach den Vor-
schriften des Gottesdieners gute Werke vollbracht, wie es die
augenblickliche Notlage erforderte. Einer aber glaubte nicht
an die Worte Severins, ging auf seinen Acker und versuchte
die Heuschrecken selbst zu vertreiben. Dann ging er wieder in
die Kirche zur Kommunion. Seine bescheidene Saat aber, die
von vielen Fruchtfeldern der Nachbarn umgeben waren, hat
der Heuschreckenschwarm kahl gefressen. Als die Heu-
schrecken in jener Nacht auf Gottes Befehl aus dieser Gegend
verbannt wurden, zeigte es sich, wieviel ein frommes Gebet
vermag. Als nämlich am Morgen der unbesonnene Verächter
des heiligen Werkes schlechten Gewissens wieder auf seinen
Acker hinausging, fand er ihn durch die Heuschreckenpest
bis auf den Grund kahlgefressen vor, dagegen alle umliegen-
den Saatfelder unversehrt.

Wir waren auf dem Georgenberg in der Mittagsstunde
eines heißen Julitages. Die Vögel schwiegen, und allein das
Schrillen der Heuschrecken, die sich seit Severins Zeiten hüten, wieder Schaden anzurichten, durchschwirrte die Stille, in
der bewegungslos die hohen Linden und Fichten standen.

Und dann *Kuchl,* ein behäbiger Markt mit stattlichen, breiten
Häusern am Straßenplatz, mit der prächtigen Pfarrkirche
Sankt Maria und Pankraz, deren Gemeinde bereits 470 in der
›Tabula Peutingeriana‹ urkundlich genannt wird. Cuculla
war schon in der Jungsteinzeit besiedelt und während der
römischen Herrschaft die erste Station an der Straße von
Salzburg nach Aquileja. Anfänglich scheint Kuchl am Fuß des

Dürrnbergs gelegen zu haben, muß jedoch um 1200 als
Markt, wie die planmäßige Anlage zeigt, an den heutigen
Platz verlegt worden sein. Während des Bauernkrieges hielten hier 1526 die Bauern dem Schwäbischen Bundesheer
stand.

Die Kirche steht vor der Kulisse grüner Vorhöhen, hinter
denen die schneebedeckten Schroffen des Hohen Göll aufsteigen. In der Turmhalle mit dem Portal von etwa 1200 sehen
wir das Grabmal des Ritters Wolfgang Panichner von 1507,
Pfleger zu Golling, das Hans Valkenauer zugeschrieben wird.
Wir treten in den dämmrigen, dreischiffigen, dreichörigen,
netzrippengewölbten Raum: offensichtlich ein Neubau vom
Ende des 15. Jahrhunderts, dessen Westempore mit herrlichem Sternrippengewölbe und prächtiger Maßwerkbrüstung
aus Kunststein auf rotmarmornen gedrehten Säulen ruht,
datiert und signiert ›1492 Rosengartt‹. Es gibt eine schöne
Marmorkanzel mit figürlichen Reliefs von 1520: Muttergottes, Johannes Evangelist und Matthäus. Auf der Kanzelstiege
hockt ein Marmorlöwe, der ein Kind im Fang hält, aber sonst
recht freundlich dreinblickt. Der große Hochaltar mit den
Seitenfiguren der Heiligen Cäcilie und Antonius wurde im
18. Jahrhundert aufgestellt; der nördliche Seitenaltar entstand 1645, der südliche zwischen 1750 und 1760, und an
der Empore sehen wir die Statuen der Heiligen Michael und
Rupertus, Anfang 16. Jahrhundert, die vom Georgenberg
stammen. Im Chor dann die schöne Dreifaltigkeitsgruppe des
Andrä Eysl von 1745, die bis 1858 den Hochaltar von Maria
Kirchental im Pinzgau schmückte. Wohlgelungen sind die
1955 von Josef Widmoser gemalten Fenster im Chor.

Das Volk liebte religiöse Feste. Georg Stadler erzählt
davon:

*Ein Kleiderverzeichnis der Prozessions- und Passionsklei-
der des Pfarramtes enthält u. a. vier Christuskleider, elf ägyp-
tische Josefskutten, türkische Kleider, vier Teufelsgewänder,
viele Judenhosen und Judenhauben, Pharisäer- und Apostel-
hüte, 22 versilberte Soldatenpickelhauben, Waffen und Lei-*

*denswerkzeuge des Herrn; für den Palmsonntag stand der
Palmesel bereit. Bei der Nachmittagsandacht des Christi
Himmelfahrtstages wurde die Christi Himmelfahrtsfigur
durch eine Öffnung im Kirchengewölbe emporgezogen.
1691 wurden 31 Bittgänge gehalten, davon 28 zu den zehn
Kirchen der Pfarre, zu denen damals auch noch die Kirchen
von Adnet, Krispl, Vigaun und Golling zählten ... Ein Nach-
wirken dieser so starken religiösen Komponente in Kuchls
Geschichte können wir u. a. auch noch im Zusammenschluß
aller Gewerbetreibenden der Gemeinde zu einer Art Zunft
sehen ... Am Festtag der Zunft wird den Zünftlern von der
Epistelseite des Altars aus geweihter Wein verabreicht.*

Zum Dachstein

Von Kuchl fahren wir ein kleines Stück nach Torren, wo wir
den Wagen lassen können, wenn wir nicht zu faul sind, zum
berühmten *Gollinger Wasserfall* oder *Schwarzbachfall* hinaufzusteigen, der sich durch hochstämmigen Nadelwald her-
abstürzt und – wie wir in einer Quelle lesen – als Schwarz-
bach aus dem Königssee kommen soll. Wo kommen die
Wasser des Gollinger Falls her? Der Höhlenforscher Gustav
Abel schreibt: »Im Volksmund geht die Meinung, daß der
Wasserfall ein unterirdischer Ablauf des Königssees sei. Da
aber 1929, im Jahre seines Versiegens, die Königssee-Ache
zur gleichen Zeit ununterbrochen weiter aus dem See lief, ist
diese Annahme hinfällig geworden.« Heute glaubt man, daß
der größte Teil des auf das Massiv des Hohen Göll fallenden
Regens den Gollinger Wasserfall speist.

*Das Schönste daran ist das Loch, die grüne Gumpe, der
flaschengrüne Tümpel, als welcher er an den Tag tritt – ruhig
wie ein großes Auge verwundert über den neuen Tag, der
nach der langen schwarzen Wanderung wieder in seine Tiefe
aufhellend dringt, ein seltsames Aufschlagen des Fluth-Au-
ges.* (Heinrich Noé)

Dort ist im Jahre 1805 ein Obelisk für den »Entdecker dieser erhabenen Naturszene, der sie durch Aufwand von Mühe und Kosten für jedermann empfänglich machte«, den Fürsten Ernst von Schwarzenberg, aufgestellt worden.

Torren aber hat noch etwas ganz besonders Schönes: seine kleine ehemalige Wallfahrtskirche Sankt Nikolaus. Sie liegt auf einem breiten Felsklotz über dem Ort, von Bäumen umstanden, und vor ihr breitet eine gewaltige Buche ihre Äste. Es ist wunderbar still hier oben auf dem grasigen ebenen Plan, und wir können uns vorstellen, wie einst der Priester von der marmornen Freikanzel zu den Pilgern sprach.

Da steht die Kirche als schlichter mittelalterlicher Bau mit hohem Turm unter zierlich geschweifter barocker Haube. Sie erscheint urkundlich 1444, der jetzige Bau ist 1517 geweiht worden. Eine elegante Sternrippenfiguration schmückt das Gewölbe des Schiffs; die Westempore trägt eine reizvolle, in der Mitte durchbrochene Maßwerkbrüstung aus Steinguß von 1517.

Der ganze Raum ist ungemein heimelig, wozu auch der blau-goldene Hochaltar mit weißen, weinlaubumkränzten Säulen von 1715 beiträgt, dessen Bildwerke Johann Georg Mohr im gleichen Jahr geschaffen hat, eine Anna Selbdritt und einen Petrus. Das schöne Altarblatt von Franz Anton Heillmair schildert eine Szene aus dem Leben des Kirchenpatrons Sankt Nikolaus, des Heiligen und Bischofs von Myra in Kleinasien, die Befreiung eines Königskindes aus der Gewalt des Heidenkönigs, das der Heilige durch die Luft fliegend seinem Vater zurückbrachte. Nikolaus ist einer der beliebtesten Volksheiligen, dessen Leib 1087 nach Bari gebracht wurde, wo noch immer aus seinen Gebeinen eine heilkräftige Flüssigkeit tropft, das Manna di San Nicola, ähnlich dem Walburgisöl in Eichstätt. Dargestellt wird er mit drei goldenen Kugeln, auch Äpfeln oder Broten auf dem Buch oder mit drei Kindern zu seinen Füßen. Die Kugeln gehen auf die Legende zurück, daß Nikolaus den Töchtern eines verarmten

Edelmanns die Brautausstattung verschaffte, indem er nachts Goldstücke durchs Fenster warf. Daher rührt die Sitte unseres Nikolaustages am 6. Dezember, an dem die Kinder beschenkt werden.

Ich weiß nicht, ob der Nikolaustag heute noch so gehalten wird wie in meiner Kinderzeit. Ich erinnere mich noch genau an diese Tage. Man hatte uns gesagt, der Nikolaus werde bald erscheinen, und so saßen wir voller Aufregung und etwas beunruhigt am Fenster und starrten in den verschneiten Park hinaus. Es wurde dunkel, unsere Ungeduld und Unruhe nahmen zu. Da sahen wir plötzlich ein Lichtlein schwanken und alsbald eine dunkle Gestalt durch den Schnee heranstapfen, den Sack auf dem Rücken, die Laterne in der Hand. Wir schlüpften sogleich unter das Sofa, aber die Mutter sagte: »Bleibt nur hübsch bei mir. Wenn ihr artig wart, wird der Nikolaus sehr freundlich sein.« Nun, gar so artig waren wir nicht gewesen. Dumpfe Tritte auf der Stiege, ein Scharren an der Tür! Sie flog auf, und der Heilige stand im Zimmer, bärtig, im dicken Kapuzenmantel, und sah uns forschend, aber nicht unfreundlich an. Dann kamen die gefürchteten Fragen, die wir recht und schlecht und stotternd beantworteten, gefolgt von Gebeten und einem zittrig gesungenen Lied. Er wußte ja eh alles, und dann, endlich, nahm er den Sack von der Schulter und schüttete den Inhalt auf den Boden. Es war nicht viel: Nüsse, Äpfel und etwas schwärzliches Gebäck, denn solche Dinge waren im Ersten Weltkrieg rar geworden. Später erst erfuhren wir, daß der Vater den Nikolaus dargestellt hatte. Wer aber möchte solche Erinnerungen missen?

Die beiden Seitenaltäre der Kirche Sankt Nikolaus sind aus der gleichen Zeit wie der Hochaltar; der südliche enthält die ›Taufe Christi‹ von Johann Weiß, 1759, der nördliche die ›Heilige Elisabeth‹ von Jakob Schemberger aus demselben Jahr, und die ungefaßte Holzkanzel wurde 1728 angebracht. Rechts und links vom Chorbogenkruzifix stehen Maria und Johannes, alle aus dem beginnenden 16. Jahrhundert, und über der Kanzel befindet sich ein Gemälde, das den ›Heiligen

Nikolaus mit Kindern‹ zeigt, um 1670 gemalt. Alles in diesem
behaglichen, freundlichen Raum stimmt zusammen, und die
unten am Felsaufgang angebrachte Inschrift trifft seine Stimmung: »... Wirf nichts weg als Mißmut und Traurigkeit ...«

Vom Sankt-Nikolaus-Felsen sieht man jenseits des Tals *Golling* vor der großen Kulisse der Gebirge. Vor Golling zweigt
rechts das breite Bluntautal ab, durch das wir zum Bluntau-
und Torrener Wasserfall sowie zum Torrener Joch kommen,
doch erschließt sich das Tal eigentlich nur dem Wanderer.

Der alte Markt Golling liegt auf einer Terrasse über der
Salzach, im weiten Rund von Hochgebirgen umschlossen,
von Untersberg, Torrener Joch, Hagen- und Tennengebirge,
Göll und auf der Ostseite von Schmittenstein und Trattberg,
die in Terrassen mit Wäldern und Matten zum Salzachtal
abfallen. Golling liegt also schön, wahrscheinlich an einer
Römerstraße. 1438 gelang es dem Salzburger Erzbischof,
Golling fest in seine Hand zu bringen, und seither saßen auf
der Burg bischöfliche Pfleger. Trotz mancher Brände sind
einige Häuser des 16. Jahrhunderts erhalten, zum Teil mit
spätgotischen Toren und reizenden Fensterumrahmungen
des Biedermeier.

Am Ende der Hauptstraße steht die *Pfarrkirche Sankt
Johann Baptist und Evangelist,* ursprünglich eine einschiffige
spätgotische Anlage mit durchlaufendem Netzrippengewölbe, die 1688 durch Seitenschiffe zum eindrucksvollen Kirchenraum erweitert worden ist. Der breite, bunte Hochaltar
von 1707 bringt Farbe in den Raum. Das Altarbild der Marienkrönung malte Josef Rattensperger 1859. Die Seitenaltäre wurden 1750 aufgestellt. Der nördliche Seitenaltar enthält
als Altarbild den von Simon Jakob Lamberti 1707 gemalten
›Heiligen Kajetan‹, der südliche die ›Heilige Familie‹ von
Anton Eggl 1860. Im Langhaus sind die Statuen der Mater
Dolorosa und des Schmerzensmannes aus der ersten Hälfte
des 18. Jahrhunderts an den Pfeilern angebracht, doch über-
wiegt alles in allem der spätgotische Raumeindruck. Die

Barockisierung der Kirchen im Salzburger Land ist ja keineswegs so verbreitet wie im Bayerischen, und daher finden wir hier so viele gotische Kirchenräume erhalten. Im Seitenschiff sehen wir eine wahrhaft liebliche, farbig gefaßte Statuette der Heiligen Notburga, aus dem 18. Jahrhundert. Schön ist die Kanzel, die Josef Zenzmaier, Schüler von Giacomo Manzù, 1960 für die Kirche gearbeitet hat.

Am Rand des Marktes liegt schmucklos und abweisend das graue *Schloß,* dessen Gebäude um einen kleinen Hof gruppiert sind, beherrscht vom kräftigen Turm. Der Südtrakt ist erst 1846 hinzugefügt worden. Die Burg bietet nicht viel Interessantes, wie alle Bauten dieser Art, die unbewohnt sind, und zudem war ein Pflegschloß nie so wohnlich eingerichtet wie ein ständig von der gleichen Familie bewohntes Haus. Das Hübscheste ist die Kapelle, deren reizender Altar von 1760 mit ausgezeichneten Skulpturen uns in eine andere Welt versetzt. Franz Anton Heillmair malte das Altarbild aus der Nikolauslegende, die Gemälde an den Wänden zeigen die Sieben Heiligen Zufluchten: die Dreifaltigkeit, den Gekreuzigten, das Altarsakrament, die seligste Jungfrau Maria, Alle Heiligen Engel, Alle Heiligen und Alle Armen Seelen.

Weiter durchs Lammertal nach Abtenau

Von Golling aus führt uns der Weg in eine weite Gebirgslandschaft mit dunklen Wäldern über sanft ansteigenden Wiesenflächen bis hinauf zu den Almen. Es ist das Lammertal: eine überaus anmutige, unberührte, ja großartige Landschaft, gerahmt von Dachsteinmassiv, Tennengebirge und den herrlichen Mittelgebirgen im Norden. Wo die Flüsse Mühe hatten, das Gestein zu durchbrechen, kam es zu einer merkwürdigen Bildung im Ufergestein, den sogenannten ›Öfen‹, nämlich Strudeltöpfen, in denen das Wasser brodelt und kocht.

Wir passieren zunächst die sogenannte Duscherbrücke. Ein Stück flußaufwärts fließt die Lammer durch zwei große

Felsen. Von diesem Ort erzählt die Sage: Der Teufel hatte einst die Seele eines Wildschützen in seine Gewalt bekommen. Als er gerade mit ihr in sein Reich aufbrechen wollte, trat ihm ein frommer Einsiedler entgegen und zwang ihn mit hoch erhobenem Kreuz, die Seele herauszugeben. In wilder Wut stieß der Teufel die beiden Felsen so gegeneinander, daß Funken stoben, Blitze zuckten und der Donner rollte, daß es im ganzen Tal zu hören war. Seitdem heißt der Ort die Teufelsbrücke.

Bald sehen wir am Rand des Weilers *Scheffau an der Lammer* auf der Wiese, von Obstbäumen umgeben, die Ulrichskirche mit ihrem prachtvollen Turm unter barocker Haube und mit Strebepfeilern am Chor. Urkundlich erscheint die Kirche erstmals 1473, ist aber vermutlich älter; der jetzige Bau wurde 1500 geweiht. Chor und Schiff haben die gleiche Breite, überspannt von dem bewegten Netz ihrer Rippengewölbe. Die Maßwerkbrüstung der Westempore ist datiert 1473. Im Jahre 1850 tauschte man den Hochaltar von etwa 1510-20 gegen den Nonnberger aus, der 1629, noch mit gotischen Anklängen, geschaffen worden ist. Die Figuren dieses Altars arbeitete Hans Waldburger. In der Mittelnische thront die Himmelskönigin, eine Kopie des in Stift Nonnberg aufbewahrten Originals von Waldburger. Rechts von ihr steht der Heilige Ulrich, um 1510, der einst den alten Scheffauer Hochaltar geschmückt hatte. Die Statuen Kaiser Heinrichs II. des Heiligen und des Heiligen Benedikt sowie die Engel über den Giebeln der Seitenteile sind Werke Waldburgers. Im Seitenaltar befindet sich eine gute Pietà, um 1520, und im Chor ein prächtiges Fenster der Salzburger Glasmalerschule, um 1500, mit den Aposteln Petrus und Paulus, einer Kreuzigungsgruppe, der Ölbergszene, den Heiligen Margarethe, Katharina, Elisabeth, Ulrich, Rudolf und Rupert; im Dreipaß des Maßwerks erscheint das Christushaupt, sowie ein erneuerter Engelskopf. Dazu finden wir eine ansehnliche Sammlung von Hinterglasbildern.

Sankt Ulrich war vor langer Zeit ein vielbesuchter Wall-

fahrtsort, doch schon 1577 klagte der Pfarrer von Kuchl:
»Noch bei Menschengedenken ist eine große Wallfahrt son-
derlich aus dem Land Bayern zum Sankt Ulrich Gotthaus
gewesen und haben etwa die Kirchfahrer ihre Roß dahier
gebracht und wiederum mit ihrem Opfer gelöset, daß allso-
viel Gottsberat gefallen und die Kirchen stattlich hat mögen
unterhalten werden, welche Wallfahrt aber durchaus abge-
nommen.«

Das Tal weitet sich, sanft steigen die Hänge auf, weit verstreut liegen Höfe und Weiler, alles ist eingeschlossen von den
steilen Wänden des Breitsteins, den weit hinauf bewaldeten
Höhen der Osterhorngruppe, der bizarr geformten Bischofs-
mütze und dem Dachsteinmassiv, hinter dem die Salzkam-
mergutseen liegen.

Es war ein entlegenes Gebiet, das von unruhigen Zeiten –
mit wenigen Ausnahmen – kaum in Mitleidenschaft gezogen
wurde, denn hier fand man weder Salz noch Erze, gab es nur
Bauern, die ihren Zehnten nach Salzburg zahlten und sonst in
Frieden gelassen wurden. Durch seine Abgeschlossenheit hat
das Tal, die ›Au‹ – oder ›Insula‹, wie sie lateinisch genannt
wurde – lange Zeit eine politische, kulturelle und kirchliche
Einheit gebildet. Die agilolfingischen Herzöge von Bayern
schenkten im 8. Jahrhundert der Kirche von Salzburg Wälder
in diesem Gebiet, und Kaiser Otto II. bestätigte 977 diese
Schenkungen. 1124 übergab Erzbischof Konrad I. Graf von
Abenberg dem Salzburger Stift Sankt Peter die ›Insula‹ *Abtenau,* deren Name nichts mit Abt zu tun hat, sondern von der
Au des Abbo abgeleitet sein soll.

Später bildete die ›Insel‹ ein selbständiges Landgericht.
Um 1350 erscheinen fast alle Bauern mit ihren Hofnamen in
den Besitzverzeichnissen, und vom 16. bis ins 19. Jahrhundert ist hier wenig gebaut worden. In einer Beschreibung des
Erzstiftes Salzburg von 1796 heißt es lakonisch: »Der sitt-
liche Charakter der Abtenauer ist bey sichtbar wenig Ausbildung doch im Grunde gut.«

Im Kern des Marktes liegt die schlichte *Pfarrkirche Sankt Blasius*. Das erste, was wir sehen, ist der hohe Turm mit nadelspitzem Helm; dahinter liegt das Schiff, wohl am Ende des 15. Jahrhunderts umgebaut, 1500 geweiht und 1513 noch einmal konsekriert. Von außen ist alles sehr einfach. Umso überraschter sind wir dann beim Anblick des Innenraums: Ein prächtiges Sterngewölbe überzieht das Schiff, ein Kreuzgewölbe den Chor, und auf der Nordseite des Schiffs liegt die sogenannte ›Kleine Kirche‹, eine vom Architekten des Salzburger Petersstifts, Christoph Gottsreiter, durch Anbau von 1660 verlängerte gotische Kapelle, die möglicherweise noch aus dem Jahre 1313 stammt.

Die enge Verbindung Abtenaus mit dem Stift Sankt Peter fand ihren Niederschlag in der künstlerischen Ausstattung der Kirche. Bemerkenswerte Freskenreste aus der Zeit um 1600 sind erhalten; an der nördlichen Chorwand ein Sakramentshäuschen, dahinter ein Vorhang mit Engeln. Wahrscheinlich befand sich darunter die Nische für die Hostien. An der nördlichen Langhauswand sind das Urteil Salomos sowie die Werke der Barmherzigkeit dargestellt.

Der bedeutendste Auftrag ging an den Halleiner Bildschnitzer Andreas Lackner auf Lieferung des ursprünglichen Hochaltars, der 1518 vollendet war und dessen Malereien Ulrich Bocksberger ausgeführt hat. Von diesem Altar sind noch erhalten die ausgezeichneten Statuen der Heiligen Florian und Georg im Langhaus. Die Hauptfiguren aber, Blasius, Virgil und Rupertus, befinden sich jetzt in der Österreichischen Galerie zu Wien, während zwei Flügelreliefs mit der Anbetung der Könige und der ›Auferstehung Christi‹ sowie zwei Predellenflügel mit Reliefs der Heiligen Elisabeth und Anna Selbdritt im Kapitelsaal des Erzstiftes Sankt Peter zu sehen sind und schließlich ein Relieffragment mit der ›Ausgießung des Heiligen Geistes‹, ins Museum Carolino Augusteum in Salzburg gekommen ist.

Die bischöfliche Visitation von 1613 fand sieben Altäre in der Kirche, nämlich den Hochaltar des Sankt Blasius, den

Marienaltar, Zwölfapostel- und Mutter-Anna-Altar, den Ot-
tilienaltar und die Altäre der Heiligen Florian und Sebastian.
1674 klagte Pater Gregor Scholz über die »große Ungestalt«,
des Hochaltars, mit dem für »Priester in der Consecration
gefährlichen Sprengwerk«. Der gotische Altar wurde deshalb
abgebrochen und 1684 der jetzige, ebenfalls reich und
prachtvoll geschmückte, goldglänzende neue Hochaltar aufgestellt. Er war aber von Erzbischof Max Gandolf Graf von
Kuenburg ursprünglich als Blasiusaltar für Maria Plain in
Auftrag gegeben und etwa 1675 dort errichtet worden. Die
Tischlerarbeit führte Christoph Stern, die Figuren Simeon
Fries aus. In der Mitte sitzt der Heilige Blasius als Kirchenpatron, ihm zur Seite stehen die Heiligen Benedikt und Scholastika, im Auszug sehen wir den Gnadenstuhl, flankiert von
Engeln und den Aposteln Petrus und Paulus. Die Anlage des
Altars steht, so Dehio, Thomas Schwanthaler, dem berühm-
ten Schnitzer aus Ried im ehemals bayrischen, heute ober-
österreichischen Innviertel nahe.

Auf Grund von Stiftungen und Legaten wurden weitere
Altäre angefertigt, so der Skapulieraltar von 1705, dessen
Altarbild, die ›Vision der Heiligen Therese‹ mit der Skapulier-
spende der Muttergottes an Simon Stock, Friedrich Pereth
1684 gemalt hat; Familienaltar, von 1701, mit einem Gemälde von Josefs Traum. Die Engel beider Altäre sind von Fries.
Im nördlichen Seitenschiff steht der Anna-Altar mit einem
Gemälde der Sippe Christi von Christoph Lederwasch, 1684
gestiftet.

Am Pfeiler des Chorbogens steht ein liebliches Christkind,
im Volksmund ›s'foaste Kindl‹ genannt, das Werken des
Salzburgers Jakob Gerold nahe steht. Die Bauern Underper-
ger von Grillberg, Haller von Hall und Auer von Unterau
stifteten die Kreuzigungsgruppe im Langhaus 1677. Von den
einst zahlreichen Votivtafeln ist ein Rest erhalten, die anderen sind schon am Ende des 18. Jahrhunderts verschwunden
und zwar auf Grund des Hirtenbriefs des Erzbischofs Hieronymus Graf Colloredo von 1782, der solche Bildchen, Kro-

nen und Ketten der Marienbilder, ja die »überschüssigen Marienbilder« selbst nicht mehr in den Kirchen dulden wollte.

Das Leben der Bauern verläuft sicherlich noch in Bahnen, die seit Jahrhunderten vorgezeichnet sind, deren Rhythmus von den Jahreszeiten, den Sitten und Bräuchen bestimmt ist. Nur im Sommer mag das etwas anders sein, wenn die Flut der Touristen und ›Frischler‹ in diese Abgeschlossenheit einfällt. Sie finden die schönsten Spazier- und Wanderwege, schöne Einzelhöfe, deren Namen vielfach die Art der Rodung anzeigen: ›Gseng‹, ›Brandbichl‹, ›Schlag‹.

Am Dachstein

Von Abtenau aus können wir über den Paß Gschütt nach Hallstatt fahren oder weiter über die Salzburger Dolomitenstraße nach Niedernfritz, von dort nach Filzmoos, Ramsau, wo wir links zum Dachstein abbiegen, der mit seinen 2995 Metern der zweithöchste Berg der nördlichen Kalkalpen ist. Dort oben sind wir dicht unter den grauen Wänden, die schier himmelhoch vor uns aufschießen. Früher mußte man sich bequemen, zu Fuß hinaufzusteigen, wenn man auf den Gipfel wollte. Heinrich Noé hat es in der zweiten Hälfte des vorigen Jahrhunderts getan und beschrieben.

Früh am Morgen verließen wir unser Lager. Es war ein Uhr. Als wir vor die Hütte traten, lag ein dichter Nebel über der Oberfläche des Sees ausgebreitet; doch war der Himmel rein und wolkenleer und klar strahlte die halbe Scheibe des abnehmenden Mondes ihr fahles Licht auf uns herab. Alle Anzeichen versprachen einen außerordentlich günstigen Tag … Die Kälte war sehr bedeutend, zudem konnten wir wegen der unsichern Mondbeleuchtung nur sehr langsam vordringen … Nachdem wir wenige Minuten gestiegen waren, lag der im Kessel ausgebreitete Nebel unter uns; so schnell wie möglich ging es nun aufwärts, da uns die schneidige Kälte zu beschleunigtem Schritte zwang, um einigermaßen den Kör-

Südwesten zeigte sich jetzt freier, da ein frischer Nordwind die schwarzen unheimlichen Wolkenmassen größtentheils zerstreut hatte. Gerade vor uns im Osten lag der eigentliche Dachstein, der sich von hier aus noch über tausend Fuß erhebt. Von nun an begannen aber auch die eigentlichen Schwierigkeiten der Ersteigung. Nach einer kurzen Rast von wenigen Minuten brachen wir mit Zurücklassung alles Entbehrlichen auf, um den letzten Theil der Arbeit zu bewältigen. Gleich anfangs, kaum 50 Fuß oberhalb der Scharte, mußte eine glatte Felswand überschritten werden, wobei wegen der bedeutenden Steigung große Vorsicht anzuwenden war. Von da an geht es beständig über lose aufliegende Blöcke an den schroffen Wänden aufwärts. Ein Fehltritt, ein Ausgleiten wäre gewiß todbringend gewesen, denn es war sicher, daß ein Sturz über die mehrere Fuß hohen Wände den Unvorsichtigen zerschmettern würde. Im Jahre 1856 traf dieses Los einen Herrn Neilrich aus Wien, der auf ein Fleckchen losen Schnees trat und mit diesem abrutschend auf das Gosauer Eisfeld fiel. Noch eine große Unannehmlichkeit trat hinzu: da wir ständig gezwungen waren, zur größeren Sicherheit uns mit den Händen an den Felsen zu halten und letztere wegen der tieferen Temperatur eisig kalt, zum Theil mit einer Eiskruste überzogen waren, so wurden uns die Finger völlig starr. Die Führer leisteten uns keine Hilfe, denn sie hatten genug mit sich selber zu thun, um an schwierigen Stellen empor zu kommen. Sie dachten auch gar nicht daran, ihre Schützlinge nur einigermaßen zu unterstützen. Im Gegentheil, sie schwatzten uns beständig vom Absturz jenes Wieners vor und redeten unaufhörlich von den vorhandenen und noch zu erwartenden Gefahren.

Dessen ungeachtet kamen wir rüstig und sicher aufwärts, doch nicht ohne ein paar Mal kleine Fährlichkeiten bestehen zu müssen. Einmal rollte mir ein Felsstück, das durch die Unvorsichtigkeit des vor mir steigenden ersten Führers losgelöst worden war, auf das Knie und machte mich für einige Minuten kampfunfähig. Dann glitt mein Freund W. aus und

*per zu erwärmen. Der eingeschlagene Weg gehörte nicht zu
den leicht zu begehenden.*

Anfangs mußten wir uns eine ziemliche Strecke durch
dichtes Krummholz hindurchwinden und dann, als dieses
hinter uns lag, begann eine furchtbar eintönige und ermüden-
de Wanderung über das wirre Geklippe, das den Boden
bedeckte. Überall zeigte sich die in den Kalkalpen so überaus
mächtige Wirkung des Wassers. Bald mußten wir auf den
Rändern trichterförmig ausgehöhlter Gruben fortgehen,
bald auf glatten schlüpfrigen Felsplatten emporsteigen, bald
wieder über ein Chaos von wirr durcheinander gewürfelten
Felsblöcken wegklettern, wobei natürlich die Aufmerksamkeit darauf gerichtet sein mußte, nicht fehlzutreten, was wegen der unsicheren Mondbeleuchtung sehr leicht geschehen
konnte ... Es war 6 Uhr, als wir das Gosauer Eisfeld betraten.
Einige Male hatten Blitze die schwarzen Wolkenmassen, die
im Südwesten lagen, durchzuckt, doch hatte wenigstens der
arge Sturmwind sich gelegt. Imposant stiegen, von den ersten
Strahlen der aufgehenden Sonne beleuchtet, vor uns die
Wände des Thorsteins aus ihrer eisigen Hülle empor; er sieht
viel gewaltiger aus als der weiter zurückstehende Dachstein,
dessen Absturz bei weitem nicht so schroff und unnahbar
erscheint als der seines mächtigen Rivalen.

Einen gerade vor uns zwischen Dachstein und Thorstein
isoliert aufsteigenden Kegel bezeichneten uns unsere Führer
als ›Zuckerhut‹, welcher Name für die Gestalt vollkommen
paßte. Doch habe ich diese Benennung nirgends angegeben
gefunden und ich glaube, es ist derselbe Berg, der sonst als
›Mitterspitz‹ bezeichnet wird. Zu unserer Linken hatten wir
die jähen Wände des ›Hochkreuz‹, das hier fast senkrecht
zum Gosauer Eisfeld abstürzt ... Wir befanden uns jetzt in
der Scharte, die zwischen dem Dachstein und dem vorge-
nannten ›Zuckerhut‹ (Mitterspitz) liegt. Zu unseren Füßen
lag das Ennsthal ausgebreitet, die Talsohle selbst war in ein
wogendes Nebelmeer verborgen, doch erhoben sich die das
Tal einschließenden Höhenzüge aus dem Nebel. Auch der

wäre beinahe in die gähnende Tiefe hinabgestürzt, wenn er sich nicht noch im Augenblick des Ausrutschens an einer Felskante gehalten hätte.

Endlich, nach einer mühevollen Stunde, befanden wir uns vor der ehemals schwierigsten Parthie, einer etwa 12-15 Fuß hohen senkrechten Felswand, über welche empor man in wenigen Minuten auf die Spitze gelangt. Dieser Theil der Dachsteinfahrt, der sonst nur mit den größten Gefahren zurückgelegt werden konnte, ist seit dem Jahre 1863, wo einige Führer eiserne Stifte in die Wand eintrieben und daran ein etwa zwanzig Fuß langes Seil befestigten, ohne besondere Schwierigkeit zu passiren, und bald waren wir über die Wand emporgestiegen. Wir standen jetzt auf einem von der Spitze herabziehenden Felsengrate, der mit ungefähr 150 Schritten gefahrlos überschritten wurde. Es war 8 Uhr. Wir hatten also vom Hinter-Gosau-See bis auf die Spitze sechs Stunden gebraucht.

Die Spitze, selbst nur wenige Fuß im Geviert enthaltend, gewährte gerade Platz für unsere kleine Schar und wir lagerten uns, um nun den süßen Kern der harten Nuß zu genießen. Das Wetter, das uns anfangs so bedenklich erschienen war, hatte sich sehr befriedigend gestaltet, besonders der Blick gegen die Tauernkette, die am frühen Morgen von Gewitterwolken umlagert gewesen, war wieder ganz frei geworden. Rein und makellos ragten die glitzernden Hörner in die blaue Luft. Besonders schön traten die Berge der Glocknergruppe hervor, vor allem der Großglockner selbst mit seinem gewaltigen Nachbarn, dem Wiesbachhorn; an sie schloß sich ein eisbelasteter Gipfel nach dem andern. Deutlich unterschieden wir den Groß-Venediger, die Dreiherrnspitze, den Hochgall und viele andere uns wohlbekannte Gipfel. Desgleichen war weiter gegen Süden die Gruppe der Gasteiner Kette, besonders Ankogel und Hochalpspitz, frei von Nebel. Im Süden jedoch war das gerade sich ausbreitende Ennsthal vollständig verhüllt. Von der Thalsole selbst war gar nichts zu sehen und nur die höher liegenden Berge ragten wie Inseln aus einem Meer empor. Gegen Osten und Nordosten war die Aussicht wieder etwas freier und in den ersten Momenten unseres Aufenthaltes auf der Spitze sahen wir auch die Seen von Aussee und das Traunthal, besonders das freundliche Ischl; bald hüllte der Nebelschleier auch diese Gegend ein.

Gegen Norden und Nordwesten tauchten nur die bedeutendsten Berge aus dem Nebel hervor, so der Schafberg, der Untersberg bei Salzburg, der Staufen und das Sonntagshorn, dann die Berge des Berchtesgadener Ländchens: Watzmann, Göll, Steinernes Meer und Übergossene Alp, sowie mehr im Vordergrunde das Tennengebirge. Ein paar Mal, als ein frischer Wind die rings um uns ausgebreitete Decke zerriß, erblickten wir tief unter uns den vorderen Gosau-See. Den interessantesten Anblick gewährte unstreitig der Untersberg, der mit seinen gewaltigen, aus dem Nebel emporsteigenden Wänden uns lebhaft an die Abbildungen von Helgoland erinnerte, das gleich jenem in steilen langgedehnten Wänden sich aus dem Meere erhebt ... Die wogenden und treibenden Nebelgebilde, welche zu unseren Füßen in den wunderlichsten Gestalten umhergeschaukelt wurden und welche trotz dem unaufhörlichen Kampfe mit der sie herabdrückenden strebenden Sonne immer höher und höher emporstiegen und welche, auf ihrer Oberfläche beleuchtet von den Strahlen der letzteren, grell abstachen gegen die dunklen Bergesspitzen, die aus ihnen emportauchten – der seltsame Wechsel in dem Nebelmeere selbst, indem dieses bald einer Riesendecke gleichend Alles gleichmäßig verhüllte und dann wieder ausgedehnte Risse und Abgründe und wunderlich geformte Mauern dem Auge darbot – und dazu der blaue Himmel über diesen blendend weißen Gebilden: das Alles gewährte einen Anblick von eigenthümlicher Schönheit.

Heute hat man es bedeutend leichter, denn das Plateau des herrlichen Berges ist mit der Bergbahn in kurzer Zeit zu erreichen.

IM PONGAU

Von Salzburg nach Werfen

Wir können, von Salzburg kommend, der Autobahn durch endlose Tunnels nach Werfen folgen oder die gut ausgebaute Paßstraße über Hallein, Kuchl, Golling fahren, von welcher der Dichter August Graf von Platen schreibt: »Der Paß Lueg gehört gewiß zu den schönsten Prospekten in den Salzburger Alpen. Das Kalkgebirge senkt sich schräg, zerklüftet, schieferartig gegen die brausende Salzach, und aus jeder Felsspalte scheint ein Wald von Buchenlaub hervorzubrechen. Dies schöne Laubholz verliert sich alsbald, und bis hinten sieht man auf den Bergen fast nichts als Tannen und Lärchenbäume.«

Es ist eine tiefe Schlucht, in der die Salzach, eingezwängt von steil aufschießenden Felsmauern, tief unten fließt. In diesem gewaltigen Engpaß windet sich die Straße an den Hängen hin bis zum Ende des Passes, wo die alte Kapelle steht. Rechts oberhalb der ›Öfen‹, erzählt Noé, zieht sich die vielgenannte Höhle des ›Kroatenlochs‹ in die Felsen hinein.

Wir steigen sofort in die berühmten ›Öfen‹ der Salzach ab. Es ist dies eine Klamm, deren Specialität darin besteht, daß die grauen Gletscherwasser von herabgeschmetterten Felsbrocken, die den engen Schlund hie und dort verstopfen, an mancher Stelle für den von oben Hinabblickenden völlig versteckt sind. Der jetzige Wasserstand ist, wie überall in diesen Klammen, nur eine Andeutung von den Fluthkräften, denen der Durchbruch gelungen ist und die ihre Spuren als Aushöhlungen, welche mehr als hundert Fuß über dem heutigen Wasser sich befinden, in den grauen Felswänden zurückgelassen haben. Während bei den Klammen des Berchtesgadener Landes es nur Bäche, aus irgendeiner Bergfalte zusammengelaufen, sind, welche Felsen durchbrechen, ist es hier ein Fluß, in welchem sich die Wasser zahlloser Gletscher gesammelt haben und der von den Krimmler und Sulzbacher bis zu den weißen Firnen der Tauern als Schale dient, in welche ihre silberschäumenden Spenden hinabfallen.

Wir erreichen *Tenneck,* wo rechts die Straße ins Blühnbachtal abzweigt, das sich zwischen Hagengebirge und
Hochkönig hinaufwindet. Einst war es erzbischöfliches Jagd-
gebiet, und am Talende liegt Schloß Blühnbach, das Erzbischof Wolf Dietrich von Raitenau sich in den Jahren
1603-1607 bauen ließ. Es wurde 1910 von den neuen Besit-
zern, den Krupp von Bohlen und Halbach, erhöht und mit
Kunstgegenständen aller Art gefüllt, die zum Teil in der Kapelle zu sehen sind.

Wir sind nun im Pongau, den im Norden Hagen- und
Tennengebirge begrenzen, durchbrochen von der Salzach, im
Süden die Radstädter Tauern, im Osten die Dachsteingruppe,
im Westen wieder hohe Bergzüge mit dem Hochkönig. Dazwischen liegt ein bewegtes Gelände von Wald- und Almber-
gen, mit Seitentälern wie Fritz- und Ennstal, Gasteinertal,
Blühnbachtal und Mühlbachtal.

Eisriesenwelt

Von Werfen aus gelangt man auch in die berühmte *Eisriesenwelt* im Tennengebirge. Von der Ostseite der Burg gelangt
man über die Kalcher-Brücke auf einer Bergstraße zu einem
Parkplatz, von wo es zu Fuß etwa eine Stunde bergauf zum
Eisriesenwelt-Rasthaus ›Wimmerhütte‹ geht. Eine Seilbahn
befördert uns dann in vier Minuten auf eine Höhe von 1575
Metern zum Dr.-Friedrich-Dedl-Haus. Dann ist es nur mehr
eine Viertelstunde zum Eingang der Höhle, wo auch die
Führungen beginnen. Für die verwöhnten Autofahrer von
heute wird zwar ein einstündiger Fußmarsch, noch dazu
bergauf, fast schon zum Alptraum, trotzdem sollte man ihn
nicht scheuen, denn in der Eisriesenwelt erwartet uns eine
sicherlich einmalige Überraschung. Mit seiner Gesamtlänge
von über vierzig Kilometern und seiner Eisfläche von 30000
Quadratmetern ist sie eines der größten Höhlensysteme der
Welt. Die sogenannte ›Kleine Führung‹ dauert etwa zwei bis
drei Stunden und umfaßt die eindrucksvollsten Teile: die

gefrorenen Wasserfälle, Dome, Hallen, Eisseen und unterirdischen Gletscher im magischen Licht des Magnesiums. Die
Wanderung durch das gesamte Höhlensystem in der ›Großen
Führung‹ kommt dagegen einer richtigen Tagestour gleich.
Sie dauert acht bis zehn Stunden und führt unter anderem
auch in den ›Tropfsteinwald‹ und die beiden ›Diamanten-
reiche‹

Hohenwerfen

An späten Herbstnachmittagen, wenn die Salzach durch das
bereits in Schatten getauchte Tal rauscht, glänzt das Massiv
des Tennengebirges grell im Licht der scheidenden Sonne.
Fahlweiß, fast gespenstisch, steht der mächtige Bergstock vor
dem tiefblauen Himmel.

Angesichts des majestätischen Massivs von Hagen- und
Tennengebirge erhebt sich auf steilem Kegel über der Sal-
zachschleife das gewaltige Bergschloß Hohenwerfen, ehemalige Landesburg des Erzstifts Salzburg, 1077 gebaut, im
12. Jahrhundert erweitert und im 16. Jahrhundert mit zwei
Vorburgen versehen. Von Salzburg führte einst der Saumweg
über Werfen und die Tauern nach Oberitalien. Es ist anzu-
nehmen, daß Kaiser Heinrich IV. im Jahre 1077 auf seinem
Rückweg von Canossa auf ihm oder über den Felber Tauern-
paß nach Bayern reiste und die Burg Werfen vielleicht von
Erzbischof Gebhard zunächst als provisorische Befestigung
errichtet worden war, um dem Kaiser den Rückweg zu verle-
gen. Erst Erzbischof Konrad I., Graf von Abenberg, hat sie
nach 1122 zur richtigen Burg ausgebaut. Hohenwerfen war
zeitweilig zweite Residenz und Jagdschloß der Erzbischöfe.
Vor allem aber baute Erzbischof Johann Jakob von Khuen-
Belasi (1560-1586) ab 1563 die Burg wegen der religiösen
Unruhen im Pongau zu einer modernen Festung nach italieni-
schem Vorbild aus. Die Anlage nimmt die Hälfte des Berges
ein. Ein steiler Weg führt unter Bäumen zum Zwinger mit
dem Wappen des Erzbischofs Paris Graf Lodron und durch

ein Sperrbogengebäude in die erste Vorburg. Der Weg steigt
weiter an zur zweiten Vorburg mit dem runden Persch- oder
Wallerturm, 1560-1564. Von hier führt links eine gedeckte
Stiege zum Hauptschloß – gedeckt, damit die Bewegungen
der Besatzung von den umliegenden Höhen nicht eingesehen
werden konnten. An der Nordostecke steht der runde Salz-
achturm von 1564, und von hier aus biegt die Mauer nach
Westen ab, begleitet vom Zugangsweg, vorüber am Linden-
gebäude oder Landsknechtshaus und am Marienturm zum
Marientor, geschützt vom mächtigen runden zu unserer Linken aufragenden Fallturm, der 1566 zum Teil in den Palas
eingebaut worden ist. Nun geht es noch steiler bergan in
einen engen Vorhof mit dem Getreidekasten, später Zeug-
haus, und Binderturm an der Westecke. Über die lange, steile
Treppe, die ›Weinstiege‹, gelangen wir in den großen Burg-
hof, den niedrige Gebäude mit erzbischöflichen Wappen,
darunter dem des Matthäus Lang von Wellenburg, des illegi-
timen Sohnes Kaiser Maximilians I., umschließen: im Osten
steht der Palas mit Kapelle, die durch den Bau der Kapellen-
bastei von 1565 viel von ihrem ursprünglichen Aussehen
verloren hat, im Süden der hohe runde Glockenturm mit
seiner Glocke, der ›Schloßahnl‹. 1563 wurde er um fünf
Meter abgetragen. Rinsum läuft der Wehrgang, und im Norden steht ein Trakt mit Wohn- und Wirtschaftsräumen. Die
Kapelle enthält noch Reste romanischer Bauteile, schlichte
Altäre aus den Jahren 1648-1650 von dem Werfener Tischler
Konrad Schwarz, Statuen der Heiligen Sigmund und Oswald,
1758 von Dominik Plasisganig geschaffen, eine Mater Dolorosa, Schmerzensmann und Triumphkreuz von 1758. Über
der Kapelle lagen die Fürstenzimmer. Hier hielt man, wie wir
gehört haben, Erzbischof Wolf Dietrich von Raitenau gefangen, ehe er auf die Hohensalzburg gebracht wurde. Während
der Restaurierung von 1905 erschienen auf der Wand Bruch-
stücke einiger trauriger Verse, die der Fürst geschrieben hat:

Gibt in der Welt vil Trug
Tue recht und fürcht die Lug

Damit ward ich betrogen
Ich tat recht und ward (belogen). –
Lieb ist Laydes Anfangkh
über kurz oder langkh.

Der jäh von seiner Höhe gestürzte Kirchenfürst mag oft am Fenster des Hohenwerfener Palas gestanden und über den Zwinger in das herrliche Salzachtal geschaut haben.

Seit 1840 verfiel die Burg, bis sie 1898 Erzherzog Eugen, Hoch- und Deutschmeister, instandsetzen und prächtig mit Renaissancemöbeln einrichten ließ. Die ganze Pracht ging bei dem Brand des Palas im Jahre 1931 wieder zugrunde. Das Schloß ist 1948 erneut renoviert worden und dient jetzt als Polizeischule und Jugendherberge.

Von Werfen aus besuchen wir *Pfarrwerfen* mit seiner erhöht liegenden Wehrkirche Sankt Cyriakus, als Pfarrei 1074 genannt, vermutlich an Stelle der römischen Siedlung Vocario gelegen. Die schöne Kirche ist im 15. Jahrhundert gebaut worden; sie ist mit dem Pfarrhof durch einen Bogen verbunden, so daß sich eine malerische Baugruppe ergibt. Die zweigeschossige Vorhalle auf der Westseite der Kirche gleicht einem Burgturm mit Zinnen. Durch diese Vorhalle treten wir in das dreischiffige, kreuzrippengewölbte Langhaus. Beide Chöre tragen ein Netzrippengewölbe, dessen Zwickel mit ornamentalen Malereien des 15. Jahrhunderts geschmückt sind. Die Kirche ist reich ausgestattet mit spätgotischen Altären, die erst in der Mitte des 19. Jahrhunderts unter Verwendung alter Teile aufgestellt worden sind. Im Hochaltar sehen wir eine Madonnenstatue, um 1500, sowie Reliefs, darunter die Erschaffung Evas und Christi Himmelfahrt aus der zweiten Hälfte des 16. Jahrhunderts. Die Außenseiten der Flügel tragen Szenen aus der Passion von dem Lienzer Meister Andrä Peuerweg, der 1580 die Fresken der Korbianskirche in Assling im Pustertal malte. Der Altar des südlichen Seitenschiffs birgt eine Anna Selbdritt, um 1520, die Flügel zeigen die Heiligen Wolfgang und Nikolaus, um 1500 geschaffen, und in der Nothelferkapelle sehen wir im Nothelferaltar Figuren, Flügelreliefs und Malereien von Gordian Guckh (Gugg) aus Laufen, um 1520. Im Chor untergebracht sind die Statuen der Heiligen Rupertus und Virgil, 1500, im Schiff die Heiligen Florian, Ende 17. Jahrhundert, und Johann Nepomuk, erste Häfte 18. Jahrhundert, schöne Grabsteine der Grafen von Kuenburg, darunter das große Marmorepitaph des Christoph von Kuenburg von 1592. Die südliche Außenwand des Langhauses schmückt ein großes Christophorusfresko aus dem Anfang des 16. Jahrhunderts.

Nun geht es hoch hinauf durch eine wundervolle Landschaft von Hügeln, Schluchten, Wiesen und Wald, vor dem Hintergrund der Hochgebirge zum Weiler *Werfenweng* mit seiner Kirche Sankt Maria, deren Hochaltar von 1763 eine schöne thronende Muttergottes um 1510 birgt. Lange Stangen, von rotweißem Stoff umwunden, standen in der Kirche. Ich fragte im benachbarten Bauernhaus nach dem Sinn, und die junge Frau erklärte mir: »Das sind Prangstangen, die nur im Sommer aufgestellt und für die Himmelfahrts-, Fronleichnams- und Johannesprozession gebraucht werden. Ich bin aus dem Lungau und dort schmücken wir die Prangstangen mit frischen Blumen. Das ist so viel schöner.«

Sankt Johann im Pongau

Wir folgen weiter der Salzach und kommen über Bischofshofen nach *Sankt Johann im Pongau,* einem stattlich auf breiter Hügelterrasse gelegenen alten Markt, seit 1290. Die große Pfarrkirche – sie gleicht von weitem etwas dem Regensburger Dom im kleinen – wurde 1855-1861 nach Plänen des Münchners Georg Schneider gebaut. Die beiden Westtürme errichtete 1873-1876 der Salzburger Josef Wessiken. Es ist eine sehr pompöse, dreischiffige, kreuzrippengewölbte Basilika mit einheitlicher guter Ausstattung aus der Erbauungszeit, ein vortreffliches Beispiel neugotischer Architektur. Nur im Hochaltar stehen einige Schnitzfiguren aus der Zeit um 1500. Die bei der Kirche stehende Annakapelle, vormals das frühgotische Beinhaus, ist als Doppelkapelle 1520 geweiht worden. Am Altar stehen die Statuen des heiligen Kaiserpaares Heinrich II. und Kunigunde, etwa 1530-1540 geschaffen. Südlich von Sankt Johann im Pongau, wo es zur Liechtensteinklamm geht, liegt das Dorf *Plankenau* mit einer Anzahl der prachtvollsten Bauernhöfe in Blockbau, die Haupthäuser geschmückt mit den zierlichen, geschnitzten Glockentürmchen, wie wir sie an den meisten Höfen im Land noch sehen können. Sie werden ›Eßtürmchen‹ genannt, weil die Glocke die Leute vom Feld zur Mahlzeit ruft. An der Giebelseite ziehen oft reich geschnitzte Balkons hin, meist geschmückt mit leuchtenden Geranien und Petunien, Nelken oder Fuchsien.

Von Sankt Johann windet sich die Straße unter hohen Felswänden durch den Bergwald hinauf, unter denen tief unten der Arlbach der Salzach zufließt, und passiert die ›Alte Wacht‹, einen im Kern vielleicht mittelalterlichen, öfters erneuerten Bau, der einst den Zugang zum Tal schützte. Dann öffnet sich das *Großarltal,* das sich bis zu dem an seinem Ende gelegenen Weiler Hüttschlag befahren läßt. *Großarl,* der Hauptort, ist eine ansehnliche Siedlung, über der am Berghang die Pfarrkirche Sankt Ulrich steht, die 1768-1769 als Saalbau nach dem Plan des Salzburgers Wolfgang Hagenauer von dem Werfener Maurermeister Christian Glaner – sein Grabstein befindet sich in der Kirche – errichtet wurde. Die drei Altäre, die Kanzel sind 1770 von Dominikus Plasisganig aus Piding in Oberbayern geschaffen worden. Das Hochaltarbild zeigt den Heiligen Ulrich vor der Muttergottes, im Auszug ein Gemälde der Dreifaltigkeit, und zwischen den Säulen stehen als Schreinwächter die Apostel Petrus und Paulus, die Heiligen Ulrich und Virgil, die Heiligen Könige Ferdinand und Sigismund. An den Wänden sehen wir die Statuen der Heiligen Florian, Leonhard und Michael, um 1770, sowie eine Rosenkranzmadonna der gleichen Zeit.

Vielleicht noch schöner ist das *Kleinarltal,* das wir von Sankt Johann über Wagrain erreichen, eine wahrhaft liebliche Landschaft mit vielen stolzen Einzelhöfen. An seinem Ende liegen zwei stille, kleine, dunkle Seen, der Jägersee und der Tappenkarsee. Am Ufer des Jägersees steht ein kleines, wohl im ausgehenden 19. Jahrhundert als Jagdschlößchen erbautes Holzhaus – heute Gastwirtschaft –, dicht dabei das Haus der heutigen Gutsherrschaft. Es ist eine kleine Welt für sich in der Stille des engen Tals, ein freundlicher, beruhigender Ort. Und wenn wir in der Sonne unter dem Balkon des Gasthauses sitzen, zieht der kühlende Hauch des Sees zu uns herüber. Ringsum dunkler Wald über den Wiesen und darüber das Grau und Violett der Kalksteingebirge.

Auch der einsame, unter steilen Wänden liegende Tappenkarsee hat seine Sage. Einst stieg allnächtlich ein Lindwurm aus der Tiefe und verschlang Menschen und Vieh. Endlich taten sich einige beherzte Burschen zusammen, verfertigten aus einer Rinderhaut das Abbild einer Kuh, deren Inneres sie mit Pulver füllten. Diese Kuh stellten sie am Seeufer auf und suchten schnell das Weite. Bald begann der See hohe Wellen zu werfen, der Lindwurm kroch aufs Land, stürzte sich auf den Köder und biß zu. Da tat es einen gewaltigen Knall, aufbrüllend wälzte sich der Drache in seinem Blut und schleppte sich zum Wasser, in dem er verschwand ohne je wieder aufzutauchen. Aber er soll unaufhörlich an den Felsen nagen, die den See vom Tal scheiden. Eines Tages wird die Wand brechen und die Fluten werden das ganze Kleinarltal bis nach Wagrain hin bedecken.

Nach Radstadt

Reizvoller als die große Straße von Werfen über Hüttau entlang dem Fritzbach nach Radstadt ist der Weg von Sankt Johann über Wagrain, die alte römische Tauernstraße, die durch eine tief eingeschnittene Bachschlucht, dann über die Höhen führt. Genau in der Mitte liegt Wagrain, das durch

den 1973 verstorbenen Dichter Karl Heinrich Waggerl Be-
rühmtheit erlangt hat. Hier oben liegt auch der Dichter der
Stillen Nacht, Franz Josef Mohr, begraben.

Wagrain war bis 1400 Besitz der Herren von Goldegg, die
dort den Bergbau in Gang brachten. Im Jahre 1732 wander-
ten 1440 von 2256 Einwohnern als Protestanten aus, und
1927 legte ein großer Brand mehr als die Hälfte des Marktes
in Asche.

Früher einmal, schreibt Waggerl in seinem ›Dank an mein
Dorf‹, *war Wagrain ein bedeutender und betriebsamer
Markt. Neun Wirtshäuser standen um den geräumigen Platz
zu Füßen der Burg, stattliche Herbergen, in denen zur Som-
merzeit an die neunzig Schwerfuhrwerke auf dem Weg vom
Paß herab nächtigten. Die Frächter rumpelten durch die
breiten Tore und über den Flur bis zu den Ställen, starke
Planwagen, mit Südwein beladen, mit Gewürzen und toska-
nischer Seide, prächtige Rösser voran, funkelnd in ihrem mit
Messing beschlagenen Geschirr. Die Fuhrleute saßen hinter-
her in den Stuben beisammen, lauter weltkundige Burschen,
Spielleute liefen ihnen zu, weitherum steckten die Weiber ihre
Röcke auf und kamen zum Tanz. Von all dem ist nicht viel
geblieben. Die Burg ließ schon der Bauernkrieg im Feuer
aufgehen, die Essen der Kupferschmiede und Glockengießer
rauchen nicht mehr, und schließlich schnitt die Eisenbahn im
Nachbartal dem Dorf seine Lebensader ab. Es entschlief in
seiner behaglichen Mulde zwischen den mäßig hohen Bergen
und schlief auch noch, als ich ankam. Erst das Unheil der
einzigen Brandnacht weckte uns alle wieder auf. Seltsam,
seither ist mein Dorf von Jahr zu Jahr jünger geworden. Ich
selber freilich nicht, jetzt zähle ich schon zu den wenigen
leidlich erhaltenen Altertümern, die es noch vorzuweisen hat.*

Zu den wenigen Altertümern gehört auch die Pfarrkirche
Sankt Rupertus auf dem ›Kirchenboden‹, einer Terrasse hoch
über dem Markt. Sie ist ein Bau des 14. Jahrhunderts mit
starkem Turm, dem im 15. Jahrhundert ein fast quadrati-
scher Erweiterungsbau angefügt worden ist, dessen Sternrip-

pengewölbe auf einer mächtigen Mittelsäule ruht. Das nörd-
liche Seitenschiff kam erst 1711 hinzu. Im neugotischen
Hochaltar sehen wir die Statuen des vormaligen Altars, die
Heiligen Rupertus und Virgil, die wie die im Chor befindlichen Statuen von Joachim und Anna 1764 von dem Tittmo-
ninger Johann Georg Itzlfeldner geschnitzt wurden. In der
Mitte des Altars eine Muttergottes, um 1340-1350. Die im
Ort selbst stehende Franziskanerkirche mit dem Wappen des
Erzbischofs Markus Sittich von Hohenems ist unter Leitung
des Salzburger Dombaumeisters Santino Solari 1616 gebaut
worden.

Wir kommen in die Ebene hinunter nach *Altenmarkt* mit der
stattlichen Pfarrkirche Sankt Ämilian, etwa von 1390-1400
gebaut, zum Teil von einer hohen Wehrmauer umzogen, in
welche ein runder Karner, die Annakapelle, eingebaut ist.
1478 ist es den Türken nicht gelungen, diese von den Bauern
verteidigte Kirchenburg zu stürmen.

Die dreischiffige Basilika trägt im Längsschiff ein vielma-
schiges Netzrippengewölbe auf Diensten, im Chor ein Kreuzrippengewölbe auf Kopfkonsolen. Am Chorgewölbe und an
den Chorbogenwänden sind bemerkenswerte Fresken, um
1470, aufgedeckt worden, im Chor die Evangelistensymbole
und Blumen, am Chorbogen eine Schutzmantelmadonna der
gleichen Zeit, dem Villacher Meister Thomas zugeschrieben.
Die Muttergottes zwischen Petrus und Paulus ist etwas jünger
und von einem anderen Meister geschaffen. Im neubarocken
Hochaltar steht eine Muttergottes aus der zweiten Hälfte des
15. Jahrhunderts, im nördlichen Seitenaltar eine qualitätvolle
Maria aus Kalkstein, urkundlich 1393, und in der Vorhalle,
die als Kriegergedächtniskapelle dient, eine Pietà von 1410.
Andere gute Figuren, um 1500, sind der große Kruzifixus im
Langhaus, die Heiligen Rupertus und Virgil, die Heiligen
Antonius Eremita und Ämilian(?) und Sankt Martin am Sok-
kel des Hochaltars. Das Chorgestühl trägt die Jahreszahl
1530; aus dieser Zeit stammen auch die Schnitzereien der

Betstühle. Vom Nordportal der Kirche führt ein gewölbter Gang zur Annakapelle, einem außen runden, innen achteckigen Bau von 1395, dessen Sterngewölbe von einer Mittelsäule getragen wird. Die Fresken von Heiligen und Evangelistensymbolen zwischen zarten Blumenranken sind im Jahre 1550 gemalt worden.

Ganz nahe von Altenmarkt liegt auf einer Uferterrasse der Enns *Radstadt,* das hier am Eingang zum Taurachtal im letzten Viertel des 13. Jahrhunderts planmäßig angelegt worden ist, mit großem rechteckigen Stadtplatz, umzogen von hoher Stadtmauer, an der drei feste Rundtürme von 1534 stehen. Das westliche Salzburgertor wurde im 19. Jahrhundert abgebrochen, das östliche Steyerertor ist in einem Haus noch zu erkennen. Der Häuserbestand hat durch viele Brände sehr gelitten, so daß nur wenige Bauten aus dem 16. und 17. Jahrhundert erhalten sind, wie zum Beispiel das schöne Haus in der Hoheneggstraße Nr. 6 aus dem ersten Viertel des 16. Jahrhunderts.

Am Platz steht die Stadtpfarrkirche Mariä Himmelfahrt, eine dreischiffige Basilika mit langem Chor von 1417.

Die Emigranten

Luthers Lehre hatte auch in den Alpengebieten viele Anhänger gefunden. Trotz zahlreicher Maßnahmen ist es den Erzbischöfen von Matthäus Lang von Wellenburg (1519-1540) bis hin zu Franz Anton Fürst von Harrach (1709-1727) jedoch nicht gelungen, das Erzstift vollständig zu rekatholisieren. Es erhielt sich die ganze Zeit über ein Krypto-Protestantismus, und besonders in manchen Gebirgstälern hielten die Bauern an ihren evangelischen Glaubensüberzeugungen fest. Schon im 17. Jahrhundert, zur Zeit der eigentlichen Gegenreformation, war es zu verschiedenen Emigrationen gekommen. Doch die für das Land größte und schwerwiegendste Vertreibung blieb einer Zeit vorbehalten, in der sich schon die ersten

19 Die Salzachklamm bei Lend *Lithographie von Jakob Alt, um 1825*

20 Die Wallfahrt Maria Kirchental

Anonyme Lithographie, um 1830

21 Zell am See

Aquarell von Johann Jakob Strüdt, um 1800

22 Prielau am Zeller See

Aquarell von Johann Jakob Strüdt, um 1800

23 Versuch einer Erstbesteigung des Großvenedigers durch
   Erzherzog Johann am 8. August 1828
   Lithographie nach Josef Rattensperger, 1828

Anzeichen der Aufklärung bemerkbar machten und für die dieser Rückfall in die Praktiken des 17. Jahrhunderts umso unverständlicher erscheint. Doch Erzbischof Leopold Anton Freiherr von Firmian (1727-1744) witterte hinter dem hartnäckigen Festhalten am Lutherturm eine staatsgefährdende Rebellion, die von heimlich zurückgekehrten protestantischen Auswanderern geschürt werde, und machte die ganze Angelegenheit zum Politikum.

Firmian, der die Jesuiten – seine ›Janitscharen‹ – ins Land holte, ging voller Eifer an sein Bekehrungswerk, an Strafpredigten, Jesuiten-Missionen, Güterkonfiskationen, Verhaftungen und Landesverweisungen. Treibende Kraft war wohl der Hofkanzler Christani von Rall. Der salzburgische Gesandte Zillerberg am Reichstag zu Regensburg, der mit dem Regensburger ›Corpus Evangelicorum‹, dem Gremium der protestantischen Reichstagsgesandten, verhandeln mußte, war ein vernünftiger, maßvoller Mann, der alle Härten vermieden sehen wollte, ja er prangerte den Klerus schonungslos als habgierig, faul und unwissend an. Ihm seien die protestantischen Unruhen zuzuschreiben.

Im Jahre 1731 lief eine Bittschrift von 19000 Pongauer Bauern beim Regensburger Reichstag ein, ihnen gegen Verfolgungen beizustehen. Firmian aber entschloß sich, die Bewegung zu unterdrücken. Er ließ den Pflegern einschärfen, behutsam mit den Bergbauern umzugehen, und eine Untersuchungskommission sollte die Beschwerden im Pongau prüfen. Sie fand den Wunsch nach freier Religionsausübung als »einzigen Hauptpunkt des Aufruhrs«.

Firmian bat Kaiser Karl VI. um Hilfe, entgegen dem Wunsch Zillerbergs, der alles in Güte zu regeln suchte. Domdechant Graf Thurn und der Geheimrat Freiherr von Rehlingen reisten am 26. Juli 1731 nach Wien und trugen dem Kaiser, Prinz Eugen und den Ministern vor, die Pfleger hätten berichtet, daß die Bauern alle Katholiken erschlagen wollten, der Landesherr, der »teuflische Schelm, geohrfeigt, ausgeraubt und verbrannt werden soll«.

Der Kaiser sagte zwar seine Hilfe zu, lehnte jedoch Firmians Feldzugsplan ab, denn er hatte auf die protestantischen Reichsstände Rücksicht zu nehmen; zudem dürften, so meinte er, die Berichte der Pfleger übertrieben sein. Ende August 1731 erließ Firmian dann ein Patent, das den Untertanen der rebellierenden Pfleggerichte die Hausandacht erlaubte, zugleich aber alle Zusammenkünfte von mehr als fünf Personen untersagte und Untersuchung der Beschwerden ankündigte. Gleichzeitig ließ er die Grenzen sperren, obwohl den Protestanten auf Grund des westfälischen Friedenstraktats das Emigrationsrecht zustand. Daher blieben die Bauern mißtrauisch. Nun erschienen kaiserliche Truppen, und der Erzbischof schritt zur Tat. In der Nacht vom 27. auf den 28. September 1731 wurden etwa dreißig Rädelsführer verhaftet und auf die Festung Hohensalzburg gebracht, der Pongau aber mit Truppen belegt. Der ›Aufruhr‹ war zu Ende. Am 16. Oktober wurden die Schützen entwaffnet; nur die katholischen Bauern durften ihre Büchsen behalten, und am 11. November wurde das Emigrationspatent veröffentlicht. Firmian hatte den Kaiser, der gerade im Reichstag die Pragmatische Sanktion, also die Nachfolge seiner Tochter Maria Theresia durchzufechten begann, auf dem Laufenden zu halten. Karl VI. verlangte, Firmian solle Milde zeigen, nichts übereilen, er müsse den Protestanten Entschädigung zahlen und die Verhafteten freilassen. Es nutzte nichts. Zwei Tage vor Bekanntgabe des Emigrationspatents erhielt der Kaiser ein Exemplar und stand vor vollendeter Tatsache. Er war sehr ungehalten. Firmian mußte sich entschließen, seine Behauptungen als bewiesen darzulegen, also den protestantischen ›Aufstand‹ als Faktum darzustellen, als reine Rebellion nicht aus religiösen Gründen, sondern mit dem Ziel »unter sich einen neuen Staat aufzurichten...« Einen Fürsten, der seine aufrührerischen Untertanen zur Verantwortung zog, hätten die anderen Reichsfürsten gewähren lassen müssen. Es hieß dann, der Fürst habe die Rebellen aus Gnade zu Emigranten gestempelt. Die Durchführungsbestimmungen lauteten dahin, daß Bauern ohne eigenen Grundbesitz binnen acht Tagen mit ihrer Habe das Land zu verlassen hätten, ebenso alle Personen, die in landesfürstlichen Diensten stünden.

Für die Bauern kam dieser schreckliche Schlag ganz unerwartet, denn sie hatten auf die Hilfe der protestantischen Reichsstände gebaut. Selbst die erzbischöflichen Beamten und Offiziere wichen zunächst zurück, wurden aber von Salzburg angehalten, weder Gnade noch Milde walten zu lassen. Firmian verlängerte auf Drängen des Kaisers die Auswanderungsfrist bis ins Jahr 1732, die Verfügungsfrist über den Grundbesitz bis 1734. Am 24. November 1731 begann der Auszug, in Radstadt, Wagrain, Sankt Johann, Goldegg und Sankt Veit. Voller Verzweiflung jagten die Bauern das Vieh davon, öffneten Haus und Hof. Man brachte sie an die bayerische Grenze, und Ende März 1732 befanden sich bereits 5 000 Menschen außer Landes. Joseph Schaitberger, der Anführer des Haupttrupps, dichtete damals das Exulantenlied, dessen erste Strophe lautet:

> I bin an armer Exulant,
> A so thue i mir schreiba,
> Ma thuet mi aus dem Vatterland
> Um Gottes Wort vertreiba.

Kaiser Karl vi. ließ nach dem neuen Emigrationsedikt vom 18. September 1732 die Sache vom Reichshofrat prüfen, und die Stellungnahme des Präsidenten Grafen Wurmbrandt, eines Protestanten, fiel sehr ungünstig für Salzburg aus.

Die Emigrantenzüge wurden, sobald sie evangelisches Gebiet erreicht hatten, zu wahren Triumphzügen. Man nahm die Exulanten begeistert auf, verköstigte und pflegte sie. Der Herzog von Sachsen-Hildburghausen lud sie zu Tisch und bediente sie selbst. Als die ersten Emigranten in Berlin eintrafen, wurden sie von Pfarrer Schönemann empfangen und mit einem Gedicht begrüßt, worin es heißt:

> Seid willkommen, liebe Brüder!
> Seid willkommen, Christi Glieder!

> Papstes Joch ist abgetan,
> Jetzt seid ihr in Kanaan!

Die meisten wurden in Ostpreußen als Kolonisten angesiedelt. 1734 wurden auf Wunsch König Friedrich Wilhelms I. von Preußen die in Salzburg zurückgelassenen Güter der Emigranten durch eigens beauftragte Kommissäre verkauft und ihm das Geld zur Neuansiedlung der Emigranten überlassen. Im ganzen sind in 32 Zügen rund 22000 Salzburger ausgewandert, nach Preußen, Hannover, Holland, England, ja selbst nach Amerika. So sind sie fortgegangen, treu ihrem Glauben, und allenthalben im Reich hat man damals das Exulantenlied von 1731 gehört, dessen letzte Strophe lautet:

> Leb wohl, du wertes Vaterland,
> Dem ich den Rücken hab gewandt!
> Gott sei mit dir und auch mit mir!
> Ich reis in Gottes Schutz von dir.

Sankt Veit und Goldegg

Nach Sankt Johann zurück gekehrt, fahren wir weiter auf der großen Straße Nr. 311, die uns zunächst nach *Schwarzach* bringt, wo wir der Missionskirche Sankt Maria einen kurzen Besuch abstatten wollen. Sie ist 1736-1741 von Pater Bernard Stuart, der Schloß Leopoldskron bei Salzburg baute, errichtet worden. Die durch eine Kolossalordnung gegliederte Fassade wölbt sich in der Mitte stark vor und ist seitlich konkav eingebogen. Aus Schwarzach fahren wir steil hinauf und gelangen zu dem Dorf *Sankt Veit,* mit dem weiten Platz, den prächtige, solide, mit Blumen geschmückte Häuser umstehen. Erhöht über dem Ort liegt die Kirche Sankt Veit, die schon 1074 genannt wird. In der Sakristei finden sich noch romanische Gewölbe. Der heutige Bau ist eine vierschiffige Anlage des 14. Jahrhunderts, deren Mittelschiff durch Einstellung von zwei Stützen in eine zweischiffige, sternrippengewölbte Halle verwandelt worden ist. Das Gewölbe der

Krypta wird von einem achteckigen Mittelpfeiler getragen. Der Turm wurde 1730 erhöht und trägt außen ein römisches Porträtrelief. Im Inneren sind Freskenreste aus der Zeit um 1460 aufgedeckt worden, zwei Heilige und Stifter im Chor, Apostelköpfe im Langhaus. Das Raumbild der Kirche, in dem das Gotische noch vorherrscht, ist das einer der ursprünglichen Salzburger Landkirchen, die zu sehen eine Freude ist. Besonders reizvoll ist die bäuerlich prächtige bunte Ausstattung mit drei Altären aus der Zeit von 1650-1660, zwischen Renaissance und Barock stehend, reich geschmückt mit Säulen und Bildwerken. In der Mitte des Hochaltars sehen wir den Heiligen Veit, flankiert von den Heiligen Georg und Florian, oben zwischen Erzengel Michael und dem Heiligen Rupertus eine Marienkrönung. Die Altarblätter der Seitenaltäre zeigen den Heiligen Sebastian und die Kreuzigung; die Empore trägt kleine Szenen aus dem Leben Christi, die Kanzel die vier Evangelisten, und in der Kirche verstreut sind Statuen des Heiligen Veit, um 1500, Muttergottes, Johann Nepomuk, Heilige Elisabeth und im Chor ein guter Ölberg, alles das aus dem 18. Jahrhundert. Sankt Veit genoß, vor allem im slawischen Norden und Osten, große Verehrung. Manchmal wird er mit dem Hahn dargestellt, meist mit dem Kessel, in dem er gesotten wurde. Den Kessel, der aussieht wie ein Nachttopf, trägt er auch manchmal in der Hand, und darum wurde Veit auch Patron der bettnässenden Kinder. Daher der Hahn als Attribut. In Süddeutschland betete man einst:

> Heiliger Sant Vit,
> Weck mich zur Zit,
> Weck mich nit z'früh und z'spot,
> daß es nit ins Bett got.

Es ist eine lustige gemütliche Kirche, in der man sich wohl fühlt, angenehm berührt von der fröhlichen Farbigkeit und Atmosphäre dieses Raumes. Die Kirche liegt in einem kleinen Friedhof mit hübschen eisernen Grabkreuzen, und der Blick geht weit hinaus in das prachtvolle Hochtal. Wer da oben Pfarrer ist, mit dem hat es der Herrgott gut gemeint, denn man möchte meinen, daß die Welt hier noch intakt ist.

Wir können noch andere Ausflüge machen, hoch hinauf ins Bergland, entweder von Bischofshofen durchs Mühlbachtal nach Dienten am Hochkönig oder von Schwarzach nach *Goldegg* und von dort über den Böndlsee nach Dienten. Diesen Weg wollen wir einschlagen. Auf schmaler Hochfläche liegt ein See, daran das Dorf mit behäbigen Blockhäusern und hübschem Brunnen mit der Figur des Heiligen Florian von etwa 1840. In der Pfarrkirche Sankt Georg, erstmals genannt 1339, geweiht 1516, erweitert 1770 und 1884 reromanisiert, steht ein strenger Hochaltar von Wolfgang Hagenauer, datiert 1790, dessen Altarbild Franz Nikolaus Streicher aus Trostberg in Bayern 1789 gemalt hat. Über dem Ort steht das ehemalige Schloß der Herren von Goldegg, dann der Salzburger Erzbischöfe. Es wurde im 14. Jahrhundert neu gebaut und im 16. Jahrhundert verändert. Die stattliche Vierflügelanlage enthält als prunkvollsten Raum den Rittersaal, der 1536 ausgestattet wurde, mit Holzdecke und Malereien in Fresko und Tempera. Wir sehen dort 137 Wappen: Reichswappen, Wappen der Reichsstände nach der sogenannten Quaternionentheorie, Wappen aus dem Erzstift Salzburg, biblische und profane Szenen sowie Einzelfiguren. Die Meisterfrage ist nicht geklärt, meldet Dehio. Es mag sich um einen Maler aus dem Kreis um Kaiser Maximilian 1. handeln.

Noé berichtet von einem ländlichen Fest in Goldegg:

Auf dem Goldegger Berg, dem Felsenengpasse der Gasteiner Klamm gegenüber, lag der Glanz eines heiteren Sommertages. Der Frühnebel hatte sich gehoben – Thautropfen glänzten in den Heckenrosen und den Blättern des wilden Hopfens an den Wegzäunen.

Das Dorf ist eine ärmliche Ansiedlung, deren Bewohnern man die Entfernung vom Verkehre der Landstraße wohl anmerkt. Das Schloß, zur Zeit unserer Erzählung ein adliges

Pflegegericht, ein finsteres Gebäude, zinkengekrönt, mit engen Fenstern, die Schießscharten gleichen, der See aber ein seltsames Gewässer, bekannt durch seine ›schwimmenden Inseln‹, Flächen von ineinander verschlungenen Algen, Nymphäum und anderem Wasserkraut, die auf der trüben Fluth herumtreiben.

Ringsherum steht Wald und wer an diesem Morgen in seinem Schatten herumgegangen wäre und manchmal durch die Zweige nach der Lichtung geblickt hätte, dem würde sich der Anblick eines Bergdorfes geboten haben, wie er immer ist, wenn eine Kirchenfeier abgehalten wird. Es war darin kein anderes Lebenszeichen wahrzunehmen als der Rauch, der still über die Schindeldächer sich emporhob, nichts rührte sich, selbst die Blumen auf den Wiesen standen unbeweglich, weil die Luft warm und regungslos über den Halden flirrte.

Desto lauter ging es um den Hochsee zu. Gesang scholl vom Ufer, manchmal vom Glockenklang unterbrochen, der zeitweilig vom Kirchthurm sich vernehmen ließ. Dann donnerte ein Böller und forderte den Widerhall der Bergrunde heraus. Rothe Fahnen schienen über den blauschwarzen Schatten, den der Wald auf das bethaute Gras warf, ins Dickicht herein, in welchem das Münzenkraut neben trägen Bächen duftete.

Es war die Prozession des ›Scapulirfestes‹, welches, wie man weiß, von der Kirche an vielen Orten durch feierliche Umgänge verherrlicht wird. Sie bewegte sich langsam um den See herum. Außer dem betenden und murmelnden Volk, den Priestern und Fahnenträgern schritt auch eine Anzahl von Schützen mit, eine bewaffnete Ehrenbegleitung des Zuges. Nachdem die Prozession, von lauterem Glockenschall begrüßt, wieder in die Kirche zurückgekehrt war, schritten die Schützen einem freien Platz zu, wo von einigen großmüthigen Einwohnern Bier für sie aufgestellt war. Die Hitze, welche mittlerweile auf Wiesen und Wege herabdrückte, ließ diese Gabe zu einer willkommenen werden. Hastig tranken die Burschen und Männer aus den gereichten Krügen – am eifrig-

sten aber der Hauptmann, ein hagerer Mensch, sonst dem unkriegerischen Zeichen der Tischlerei angehörig, dessen langer, fest zugeknöpfter Tuchrock samt den schweren hohen Stiefeln und dem wundersamen schiffähnlich geformten Sturmhut ihm die Hitze besonders fühlbar machen mußten. Er trank auch in schweren Zügen, daß mancher verlorene Tropfen die dicke Feldbinde näßte, welche zu allem Überfluß die Hüften und den Bauch zusammenschnürte.

So konnte es nicht fehlen, daß, als die Gewehre wieder ergriffen wurden, um den Spendern des Trankes die üblichen Dank-Salven zu geben, die Kommando-Worte nicht so nachdrücklich klangen wie vorher. Es kostete dem Herrn Hauptmann Mühe, nur ein lautes Wort hervorzubringen. Er verzerrte seine Kinnbacken, griff nach der Stirne, um sich den Schweiß wegzuwischen, stotterte endlich einige unzusammenhängende Worte, taumelte und fiel der Länge nach auf den gepflasterten Weg. Das hinderte indessen die wackeren Schützen nicht, ihre Schüsse zu Ehren der freigebigen Bürger knallen zu lassen.

Mit Ausnahme dieses Zwischenfalles hatte sich beim heutigen Umzuge nichts Absonderliches ereignet. Niemand war vom Sonnenstich getroffen worden, kein Streit hatte den Frieden gestört. So versammelte sich denn auch nach vollendeter Feier Alles friedlich beim Bier – Männer und Weiber, Schützen und Nichtschützen, Ortsangehörige und Leute aus anderen Dörfern, die theilweise aus Neugierde wegen des großen Prozessions-Spectakels gekommen waren, theilweise das Fest aber nur als Vorwand benutzt hatten, um mit ihren Mädchen ungehindert durch den schattigen Wald heraufzukommen.

Doch ja – ein bedenklicher Zwischenfall hatte sich zugetragen. Der Strohlehenjörg, ein etwas wilder Bursche, der bei einem Goldecker Bauern im Dienste stand, hatte vor der Communion dem Branntwein zugesprochen und sich in diesem Zustande vor dem Altar zum ›Abspeisen‹ eingestellt. Der geistliche Herr wies ihn zurück, was einiges Aufsehen in der

Kirche verursacht hatte. Indeß kamen derlei Auftritte unter dem Gebirgsvolke so häufig vor, daß man nicht viel Aufhebens davon machte.

Wir fahren weiter hinauf durch das prachtvolle Hochtal, sehen bald nach Goldegg rechter Hand am Wiesenhang einen großen Bauernhof, der mit seinen zwei runden Eckerkern mehr einem Schlößchen gleicht, passieren *Goldegg-Weng* mit der Annakirche aus dem 16. Jahrhundert, in deren Hochaltar von 1686 eine Anna Selbdritt, die Heiligen Katharina und Barbara stehen, und sehen im Seitenaltar ein Relief der Kreuzigung, alles das um 1500 entstanden.

Nun geht es wieder bergab, und wir erreichen den *Böndlsee,* mehr einen großen Weiher in engem Talkessel, an dem im Sommer reges Badeleben herrscht. Von hier aus erreichen wir die Straße, die uns in herrlicher Fahrt nach Dienten am Hochkönig bringt.

Dienten gehört zwar schon zum Pinzgau, doch ist die Fahrt durch das Bergland steil hinauf so schön, daß wir es vom Pongau aus besuchen wollen. Der Weiler liegt in einem engen Hochtal unter dem Hochkönig, und über ihm steht auf dem Wiesenhügel das Kirchlein St. Nikolaus mit seiner geschindelten barocken Turmhaube. Ringsum ist es wiesengrün, waldgrün dahinter, darüber die Berge im blauen Sommerduft, alles das in schönster Harmonie von Menschlichkeit und Natur, Dorf und Landschaft, so als könnte es gar nicht anders sein, als hätten die ersten Siedler gesagt: Hier ist der Ort, nirgendwo sonst. So ist es geblieben seit langer Zeit, und mitten darin steht diese heitere kleine würdige Kirche. Der Name Dienten kommt von ›Torrens Tuontina‹ so hieß der Ort im Jahre 890, Tuenta seit 1228 und im 16. Jahrhundert schrieb man Tuenten. Die Kirche ist als Filiale von Saalfelden 1407 erstmalig urkundlich genannt. Seit 1891 ist Dienten Pfarrei. In den Jahren von 1505-1506 ist die Kirche umgebaut und dem Heiligen Nikolaus geweiht worden. Entsprechend dem Brauch der Gewerke des Bergbaus ist sie zwei-

schiffig, der einzige ursprüngliche Bau dieser Art im Salzburger Land. Der Turm ist 1685 hinzugefügt, der Zwiebelhelm
1784 aufgesetzt worden.

Im Innern fällt sogleich der reiche Säulenbau des Hochaltars von 1660 auf, der früheste Tpyus des dreiteiligen Tri-
umphbogenaltars (Dehio), wie er im Spätbarock gebaut
wurde. Die Brüder Faistenberger, Benedikt Bildhauer in
Kitzbühel, Wilhelm Maler in Salzburg, haben ihn gearbeitet.
In der Mittelnische steht der Heilige Nikolaus zwischen den
Heiligen Erasmus und Rupertus, alle drei aus dem Jahre
1505. Links außen steht Daniel, rechts die Heilige Barbara,
die Patrone des Bergbaus. Im Auszug thront die Muttergottes, und über ihr steht der Erzengel Michael. Die Seitenaltäre,
der nördliche von 1730, der südliche von 1693, enthalten die
Statuen der Apostelfürsten Petrus und Paulus von 1616 und
der Heiligen Georg und Florian von 1520. Im Langhaus
sehen wir eine gute Holzfigur des Heiligen Nikolaus, um
1450. Auch die übrige Ausstattung ist hübsch und behaglich.
Da ist die kleine barocke Empore im Chor, geschmückt mit
vier kleinen silbernen Bildwerken von Kirchenvätern, von
1730, während die Westempore die vier Evangelisten aus
dem 18. Jahrhundert, zeigt. Es gibt drei Tafelbilder mit Darstellungen der sieben Sakramente und den Bildnissen der
Gewerkenfamilien Zach und Ainkäß aus dem Jahre 1619,
sowie das Jüngste Gericht und eine Nikolausdarstellung von
1551 und marmorne Grabsteine der Zach.

Nach Bad Gastein

Wir kehren zur 311 zurück, die wir bei Lend erreichen. Nun
geht es auf der 167 steil hinauf durch die Tunnels der Klamm
ins Gasteiner Tal. Der erste Autofahrer dort war Leopold II.,
König der Belgier, der 1901 die Fahrt wagte, aber die damali-
ge Steigung von 30% konnte er nur mit Hilfe eines Pferdevor-
spanns bewältigen. In Badgastein sah man Autos damals
ungern. Nur die Franz-Joseph-Straße wurde ihnen freigege-

ben, zugleich angeordnet, daß »dreißig Schritt vor dem Automobil der Gemeindewachmann im Dienstschritt vom Mozartplatz bis zum Bahnhof einhergeht, während das Automobil dem Wachmann ebenfalls im Dienstschritt-Tempo folgen muß«. Das ist lange her; die neue Zeit hat sich nicht aufhalten lassen.

Thermalquellen und das einst reiche Goldvorkommen prägten das Bild ›des Gastein‹, wie das Gebiet im Volksmund heißt. Von 963 bis 1218 waren Hof und Bad Gastein Eigentum der Grafen von Peilstein. Als sie ausstarben, folgte der mit ihnen verwandte Herzog von Bayern, der das Gebiet vermutlich schon zu Lebzeiten der letzten Gräfin Peilstein gekauft hatte; aber auch der Salzburger Erzbischof erhob Ansprüche auf die Grafschaft. 1297 verkauften die Herzöge Otto und Stephan von Bayern ihre dortigen Güter an Salzburg; sie hatten jedoch schon vorher die Herren von Goldegg dort belehnt. Die Goldegger, begütert im Salzburgischen, in Tirol, Bayern und der Steiermark, waren ein mächtiges Geschlecht, das im Gebirge die Vogteirechte des Salzburger Domkapitels verwaltete. 1327 verzichtete nach langen Streitigkeiten mit Salzburg Friedrich von Goldegg auf die Grafschaft Gastein. Sein Haus erlosch 1400.

Während des Bauernaufstandes im 16. Jahrhundert befand sich der Erzbischof-Administrator, Herzog Ernst von Bayern auf einer Visitation in *Hofgastein*. Er wollte sich von der Richtigkeit der Beschwerden überzeugen und wohnte im Schloß der bedeutenden Gewerkenfamilie Weitmoser. Um ungeschminkte Berichte zu erhalten, legte er Bauernkleider an, ging zum Haus des Landrichters Kölderer, setzte sich vor dem Haus auf eine Bank und hörte sich die Klagen der Landleute an. Schließlich bot er sich an, einen Bauern zum Landrichter zu begleiten, um ihm beizustehen. Der Bauer warnte ihn, aber der Herzog ließ sich nicht abhalten. Als der Landrichter kam, wies er die Bauern hinaus; sie sollten sich in der Wirtsstube, die ihm gehörte, Wein geben lassen. Herzog Ernst erklärte, sie seien so arm, daß sie kaum Brot kaufen

könnten, geschweige denn Wein. Das brachte den Richter in
helle Wut und er brüllte: »Du loser Tropf, wer hat dir erlaubt,
vor mir zu prokurieren?« Er rief seine Büttel und ließ den
›Pauernkunig‹ ins Gefängnis werfen. Herzog Ernst sah aus
dem Fenster, rief einem Bauern zu, er solle Weitmoser be-
nachrichtigen, in welcher Lage er sich befinde. Weitmoser
eilte sogleich herbei und fauchte Kölderer an: »Daß euch
Bocks Marder schänd, was habt ihr getan, ihr habt unseren
Landesfürsten ins Gefängnis gelegt, der Teufel wird euch
beschmeißen!« Voller Schrecken packte der Richter seine
Siebensachen und verließ das Tal.

Ehe Gastein als Bad berühmt wurde, waren es Gold,
Silber und Erz, die seine Bedeutung für das Erzstift ausmachten, im Radhausberg, in der Goldlacke auf der Reicheben, im
Hohen Goldberg, in der Goldzeche, im silberreichen Pochkar
und vielen anderen Orten. Der römische Historiker Strabo
überliefert eine Nachricht des Polybius über die Goldgewin-
nung des keltischen Stammes der Taurisker aus dem 2. Jahrhundert vor Chr. Es wird als sicher angenommen, daß schon
die Taurisker den Goldbergbau betrieben haben. Es gibt im
Hochland eine Anzahl von Höhlen, welche heidnische
Schlösser oder Löcher, ›enterische Kirchen‹, genannt werden,
was auf Verehrung alter Götter anspielt. Auch ›Wilde Leute‹
sollen darin wohnen, doch auch diese sind, wie Heinrich Noé
berichtet, nichts anderes als heruntergekommene Götter.
Eine der großen Höhlen findet sich über den Wassern der
Gasteiner Klamm. Dort sollen Schätze verborgen sein, vor
allem zwölf große goldene Bildsäulen, die sogenannten ›ente-
rischen Götzen‹, die nur in der Sonnwendnacht zu sehen sind.
Vielleicht hat man die Tropfsteinbildungen für goldene Figuren gehalten, und die Sage von den Schätzen mag ein Nach-
klang uralter Legenden über die alten Taurisker und andere
Urbewohner der Tauern sein. Diese ›Heidenschlösser‹ werden an vielen Orten auch ›Frauenhöhlen‹ genannt, weil Wildfrauen darin hausen sollen. Sagen von Wildfrauen gibt es
allenthalben in den Alpenländern.

Im Jahre 908 übergab König Ludwig das Kind Salzburg die Bergbaurechte, die Kaiser Otto I. bestätigte. Die Erzbischöfe verpachteten die Gruben an vermögliche Gewerkenfamilien und auch die Fugger, Welser und Ilsunger aus Augsburg, sowie die Münchner Patrizier Liegsalz waren an der Förderung beteiligt. Die bedeutendsten und reichsten der Gewerkenfamilien waren die Weitmoser. Ihr Aufstieg begann am Ende des 15. Jahrhunderts, denn 1480 wird Erasmus Weitmoser zum ersten Mal genannt. Christoph I. Weitmoser (1506-1558) hatte in Freiburg im Breisgau studiert und übernahm nach dem Tode seines Vaters den verschuldeten Gold- und Erzbergbau, den er zu großer Blüte brachte. Hofgastein trug damals den Namen ›Guldners Stadtl‹. Er war ein hochgebildeter, tüchtiger Mann, pflegte Kunst und Wissenschaft, und Hans Sachs widmete ihm die große Ausgabe seiner Werke. Weitmoser ließ auch die Straße durch die Klamm nach Bad Gastein anlegen und so herrschte damals reges Leben im Gasteiner Tal. Das 1553 erbaute Weitmoserschlößchen sehen wir rechts der Straße. Jede von Weitmosers Töchtern erhielt als Erbe 80 000 Gulden; sie waren mit Angehörigen vornehmster Familien verheiratet: Windischgrätz, Preysing, Fugger und Khevenhüller. Mit seinen Söhnen Hans und Christoph II. erlosch die Familie, wie auch der Goldbergbau langsam und stetig zurückging. Um 1650 scheint der private Gewerkenbetrieb bereits aufgehört zu haben, aber erst 1944 ist der Bergbau endgültig eingestellt worden. So ist Hofgastein heute nicht mehr wirtschaftliches Zentrum, sondern Badeort, der Bad Gastein Konkurrenz macht, und das Weitmoserschlößchen ist Gastwirtschaft geworden.

Hübsch ist die Kirche Sankt Maria, die zwischen 1498 und 1507 gebaut wurde. Sie erhielt eine neue Ausstattung im 18. Jahrhundert. Der Hochaltar wurde 1738 nach Entwurf von Joseph Andrä Eysl angefertigt, die Figuren schnitzte Paul Mödlhammer. Eine Arbeit der Zeit um 1500 ist die thronende Muttergottes. Der südliche Seitenaltar, dessen Figuren Georg Mayr, dessen Bilder Matthäus Pußjäger schuf, ent-

stand 1716, der nördliche, dem südlichen angeglichen, 1748.
Seine Figuren schnitzte Sebastian Eberl. Die Kanzel ist von
Georg Mayr, 1716.

Bad Gastein

New York auf kleinstem Raum nennt ein Freund das merkwürdige Gebilde, das wir auf der Höhe vor uns sehen. Zu
recht, denn die Hotelpaläste mußten infolge des beschränk-
ten Raumes in die Höhe gebaut werden. Mitten hindurch
braust und schäumt donnernd der Wasserfall der Gasteiner
Ache, und um den Ort steigen Gamskar-Kogel, Graukogel-
gruppe und Ankogelgruppe steil auf. Das berühmte Bad ist
also auf engstem Raum zusammengedrängt. Wahrscheinlich
waren die Thermalquellen schon den Römern bekannt. Als
Wildbad wird Gastein erst 1350 erwähnt. Es hatte im Jahre
1401 zwei Gasthäuser, denen sich 1450 ein drittes zugesellte,
das Mittereck, heute Hotel Straubinger. Von etwa 1450 bis
ins 16. Jahrhundert erlebte Gastein den ersten Höhepunkt als
Badeort, der damals schon von den Wittelsbachern und
Habsburgern besucht wurde. Kurfürst Ottheinrich von der
Pfalz kam mit zwanzig Wagen und fünfzig Pferden, denn für
den dem Bad durchaus fehlenden Komfort hatte man selbst
zu sorgen. Während des Dreißigjährigen Krieges machte Gastein durch wunderbare Wundheilungen viel von sich reden,
da eitrige und brandige Verletzungen durch Einwirkung der
Bäder verschwanden. Seit 1687 gibt es ein streng ständisch
geführtes Gästebuch, das heute noch aufliegt, allerdings nicht
mehr nach der früheren Ordnung: »Majestäten und gekrönte
Häupter, Fürsten und Fürstinnen, Grafen und Gräfinnen,
Herren aus dem Prälatenstande, Äbtissinnen und Ordensper-
sonen, Bürger und andere guttätige Mannspersonen, Weibs-
personen.« Mit dem Eintrag war einst die Auflage zu einer
Geldspende verbunden. Alle hohen Gäste wohnten bei Straubinger, und bis 1810 spielte sich das Badeleben in recht
primitivem Rahmen ab. Erst Erzbischof Hieronymus Graf

von Colloredo-Mansfeld befahl 1780 den Bau des Badschlosses, denn ein Hindernis für stärkeren Besuch des Bades »waren bisher die elenden hölzernen Hütten, in denen die Badgäste unter sehr mittelmäßiger Bedienung und unter tausend anderen Unbequemlichkeiten ihre Badekur machen sollten. Nur die ganz besondere Heilkraft dieses Wassers konnte den Zuspruch noch in der Weise erhalten, wie er bisher bestanden hat, denn alle übrigen Umstände schienen sich dazu verbunden zu haben, Fremden und Einheimischen den Aufenthalt daselbst ekelhaft zu machen...«

Wolfgang Hagenauer baute 1791-1793 das Schlößchen als einfachen Bau. Man hat es Mitte des 19. Jahrhunderts bis zum ersten Stock abgebrochen und neu errichtet. Im engen Hochtal war das Bauen sehr schwierig, und so ist ›New York auf kleinstem Raum‹ entstanden. 1826 baute Straubinger ein neues Hotel – seine Familie sitzt als Hoteliers seit 1602 in Gastein – und 1830 baute sich Erzherzog Johann, Gemahl der Anna Plochl (Gräfin von Meran) einen Wohnsitz, das heutige Meranhaus. Straubinger hatte dem hohen Herrn das Gelände gegen ein kostbares Altwiener Teeservice abgetreten. Erzherzog Johann, begeisterter Bergsteiger und Naturfreund, erschloß den Kurgästen den Gamskar-Kogel, ließ einen Weg hinauf anlegen und auf dem Gipfel eine Unterkunftshütte errichten. 1836 weilte der berühmte Baumeister Carl Friedrich von Schinkel in Gastein, der seinem Schwager schrieb, trotz der Weltberühmtheit des Bades sei das Leben so ländlich und geräuschlos, daß es sich sehr von anderen Bädern unterscheide. König Ludwig I. von Bayern, Franz Schubert, Wilhelm von Humboldt, Franz Grillparzer gehörten zu den Kurgästen. Ein Weltbad aber ist Gastein erst seit der zweiten Hälfte des 19. Jahrhunderts. 1875 führte die Bahnlinie bis zum Taleingang, und wir lesen in der Leipziger Illustrierten vom Juli 1881: *Mit berühmten Curorten ist es wie mit berühmten Frauenschönheiten. Während Tausende für sie schwärmen, gibt es wieder andere, welche den Enthusiasmus nicht begreifen, ihn jedoch mit Leidenschaft für ein*

*andęres Object ihrer Verehrung in Anspruch nehmen wol-
len... Der vielfach erhobene Streit daher, welcher Curort vor
einem anderen von gleicher oder nahe verwandter Qualität
den Vorzug verdient, wird immer ein müßiger bleiben; eine
Thatsache aber ist es: Gastein gehört zu den beliebtesten,
gesuchtesten und renommirtesten Bädern der Welt... War
nun der Pilgerzug nach Gastein schon in altersgrauer Zeit, als
die Wanderung noch mit heute unfaßbaren Schwierigkeiten
und elementaren Hindernissen zu ringen hatte, ein ungemein
lebhafter und von allen Weltgegenden her, so ist es natürlich,
daß gegenwärtig, da der moderne Geist durch seine aus ihm
hervorgegangenen Mittel Weltentfernungen auf ein Mini-
mum reduciert, die Reisenden froher und hoffnungsreicher
ihre Reisetaschen füllen, um in Gastein das ersehnte Ziel
aufzusuchen. Vor wenigen Jahren noch konnte man ein gutes
Stück immer mehr erbleichender und verwitternder Reise-
romantik in den Eil- und Postwagen erblicken, welche uns
von Salzburg aus durch Hitze und unsäglichen Staub nach
Gastein rütteln oder eigentlich zu einer Art Brei zerreiben
mußten! Freilich, der Schwager Postillon blies dazu noch sein
wehmütig-kreischendes Lied weithin über die Thäler einer
entschlafenen Zeit, und man konnte auf den Zwischenstatio-
nen, wenn man eben Menschenkenntnis nur nippen wollte,
›Land und Leute‹ kennen lernen... Nun, das ist durch die an
West- und Bairische Bahn sich anschließende Giselabahn
gründlich geändert. Sie führt uns in bequemster Weise durch
einen Kranz anmutigster Gebirgsparthien bis nach Lend, wo
uns bereits die Gasteiner Ache mit ihrem erfrischenden
Hauch vielverheißend begrüßt. Von hier gelangt man in wenigen Stunden durch die hochinteressante Klamm nach Gastein, um sich dort von dem zauberischen Athem des innern
grünen Alpenlebens anschmeicheln zu lassen, um sich an die
geheimnisvoll sich regende Brust der großen, herrlichen Natur zu schmiegen und zu träumen von dem Glück, das wir so
oft in dem Gewirr der Städte suchen, ohne es jemals zu
finden!* ... In dieser blumigen Sprache geht es weiter.

Im Jahre 1905 war die Bahn bis Bad Gastein fertiggestellt. Karl Heinrich Waggerl, der Dichter, erlebte als Kind die Eröffnung dieser Eisenbahnlinie, denn er war ausersehen, Kaiser Franz Joseph ein Gedicht aufzusagen. *Ich erkannte ihn sofort, obwohl er keine Krone trug, wie ich es erwartet hatte, und keinen Hermelin, nur den gleichen himmelblauen Waffenrock wie seine Begleiter hinter ihm... Das bärtige Gesicht sah ich über mir, das vertraute Angesicht unter dem grünen Federhut, aber die blauen Augen blickten nicht streng auf mich herab, sondern es glomm ein kleiner Funken von gelassener Heiterkeit darin ...und als ich geendet hatte, hob der Erlauchte seine Hand und klopfte mir sacht und freundlich die Schulter... Auch der Vater meinte, es sei so gut wie ein Orden, eine unvergeßliche Ehre für mein ganzes Leben. Und das ist wahr. Ich wüßte heutzutage niemand mehr in der Welt, der mich dadurch auszeichnen könnte, daß er mich auf die Schultern klopft.*

1863 begann für das Bad die ›Kaiserzeit‹, denn in diesem Jahr kam König Wilhelm von Preußen, der nachmalige Kaiser Wilhelm I., zum ersten Mal. Zwei Jahre später verhandelte Bismarck hier mit seinem österreichischen Kollegen über das Schicksal der Elbherzogtümer, und vierzehn Jahre später wurden in Gastein die Vorverhandlungen zum deutsch-österreichischen Bündnis geführt. Der jährliche Aufenthalt Kaiser Wilhelms I. war stets der Höhepunkt der Saison, vor allem wenn sein österreichischer Kollege Franz Joseph ihn besuchen kam.

In der bereits zitierten Leipziger Illustrierten lesen wir in der Augustnummer von 1889: *Die eisenfeste Natur Kaiser Wilhelm's hat zur herzlichen Freude aller Deutschen auch über den letzten Krankheitsunfall glücklich den Sieg davon getragen, und der Kaiser befindet sich seit dem Abend des 19. Juli wieder wohlbehalten in seinem Lieblingsbadeort Gastein, wo er seit einer langen Reihe von Jahren die heilkräftige Quelle mit bestem Erfolge gebraucht. Beim Scheiden im vorigen Jahr rief Kaiser Franz Joseph seinem Verbündeten zu:*

*»So Gott will, werden Majestät noch oft nach Gastein wie-
derkehren!«*

Der alte Herr wurde von Statthalter Graf Thun-Hohenstein begrüßt, und die Zeitung fährt fort: *Auch in diesem Jahr
fehlte es nicht an zarten Aufmerksamkeiten für den kaiserlichen Gast, und in den Gemächern, welche er alljährlich zu
bewohnen pflegt, fand er unter zahlreichen Blumenspenden
einen herrlichen Kranz und einen besonders schönen Blu-
menstrauß von der Gräfin Lehndorff, der Gemahlin seines
steten Begleiters und Generaladjutanten, vor... Am Nachmittag stattete er der Gräfin Lehndorff in der Solitüde* (wir
sehen das Haus beim Einfahren linker Hand) *einen Besuch ab
und ließ sich auch durch das am Himmel stehende Gewitter
nicht abhalten, eine abermalige Ausfahrt zu machen. Zu den
reizvollsten Abwechslungen des kaiserlichen Aufenthaltes
gehören die Abendgesellschaften bei der Gräfin Lehndorff,*
die eine Liebhaberaufführung veranstaltete, ›Der vorsichtige
Ehemann‹ von Förster, gespielt von der anwesenden Aristokratie.

Das Kötschachtal und den Weg nach Böckstein liebte der
alte Herr besonders. Kaiser Wilhelm wohnte stets im Bad-
schloß, Kaiser Franz Joseph im Hotel Straubinger. Als Kaiser
Wilhelm starb, ließen die Gasteiner einen Kranz von dreitau-
send Edelweiß an der Bahre in Berlin niederlegen.

Das älteste Bauwerk Gasteins ist die Nikolauskirche,
1410-1420 gebaut, deren Sternrippengewölbe auf einem
Mittelpfeiler ruht. Der Chor wurde im 16. Jahrhundert hinzugefügt. Interessant sind die Fresken aus der Zeit zwischen
1470 und 1480, gemalt vom Meister von Schöder (Steiermark): Passion Christi, Szenen aus dem Leben des Heiligen
Nikolaus, Mannaregen und Schutzmantelmadonna, in den
Gewölbezwickeln Engel mit den Leidenswerkzeugen und
Heilige, vielleicht die Nothelfer. Jüngstes Gericht und Wurzel Jesse an der Südwand des Schiffs sind datiert 1517.

Man kann schöne Ausflüge in die Umgebung machen, so
nach Böckstein mit den Thermenstollen und der Evianquelle,

ins Naßfeld oder ins Anlauftal, wo man den Tauerntunnel erreicht.

In *Böckstein* steht auf einem Hügel die kleine Pfarr- und Wallfahrtskirche Unser Lieben Frau zum guten Rat, Gemeinschaftswerk der Brüder Hagenauer aus Salzburg, Wolfgang als Baumeister, Johann Baptist als Bildhauer. Erzbischof Sigismund Graf von Schrattenbach – sein Wappen befindet sich im Giebel der Vorhalle – ließ das Kirchlein für die Gewerke des Goldbergbaus 1764-1767 bauen. Außen ist es achteckig, innen längsoval. Ein kühler, heller Raum ohne jegliche Stukkatur empfängt uns, schon klassizistisch kühl, auch die Altäre sind weiß gehalten. Farbe bringt lediglich das große Kuppelfresko, noch durchaus dem Rokoko zugehörig, das Johann Weiß 1765 gemalt hat. Es schildert die Übertragung des Gnadenbildes aus dem albanischen Skutari nach Genazzano bei Rom. Den Hochaltar schmückt eine Kopie des Gnadenbildes, die Rosa Hagenauer, geborene Barduzzi, anfertigte. Keine barocke Pracht, keine Rokoko-Eleganz, Strenge und Feierlichkeit sind die Merkmale des klar gegliederten Raumes, als solle nichts den Pilger vom Gnadenbild ablenken.

IM LUNGAU

Der Lungau, vormals ein geschlossenes Siedlungsgebiet der Slawen, die im 11. Jahrhundert von den Bayern verdrängt worden sind, gehörte in römischer Zeit zur Provinz Noricum. Zeugen jener Epoche sind die römischen Meilensteine auf der Südseite des Tauernpasses, der Name des Hauptortes Tamsweg, das auf der Tabula Peuteringiana, dem römischen Straßenverzeichnis in der Wiener Nationalbibliothek, ›statio Tamasicis‹ genannt ist.

Es war eine weltabgeschiedene Landschaft, nur über Pässe zu erreichen, und sie ist recht eigentlich erst durch die Tauernbahn und die Tauernautobahn erschlossen worden. Wie schwer müssen es Reisende gehabt haben, welche die Paßstraße von Radstadt über Unter- und Obertauern in den Lungau überwinden mußten, oder von Kärnten her über den Katschberg kamen, im Pferdewagen, zu Pferd oder zu Fuß. Noch in meiner Jugend war der Katschberg von Autofahrern beinahe gefürchtet. Der Gebirgsname Tauern wird abgeleitet von dem indogermanischen Wort teur=Stier, groß, Berg.

Von Radstadt her

Wir sind die landschaftlich prachtvolle Straße von Radstadt her über den Tauern gefahren, erst durch das Tal, dann zwischen engen Felswänden und bewaldeten Berghängen hin, nach *Mauterndorf,* das am Ausgang des Taurachtals liegt. Es war das Zentrum der Besitzungen des Salzburger Domkapitels im Lungau, zudem die älteste Zollstätte innerhalb der Ostalpen und hatte als Sitz mehrerer Gewerke des im Lungau betriebenen Bergbaus Bedeutung. Der hübsche Marktflecken mit seinen stattlichen Häusern, deren einige – eine Seltenheit im Salzburger Land – mit Staffelgiebeln geschmückt sind, liegt unter der Burg, die das Domkapitel 1253 mit Erlaubnis des Papstes Innozenz IV. als Schutz der Tauernpaßstraße gebaut hat. Bergfried, Wohntrakt, Kapellenbau und Getreidekasten umschließen den Hof. Unter den Erzbischöfen Burkart von Weißpriach und Leonhard von Keutschach erfolgte im 15. und 16. Jahrhundert die Ausstattung der Räume. Die Sankt Heinrichskapelle enthält Fresken aus der Mitte des 14. Jahrhunderts, einen Thron Salomonis mit Marienkrönung, Löwen und Tugenden auf den Stufen sowie Medaillons mit Heiligen. Der Flügelaltar, mit neugotischem Gesprenge, stammt aus der zweiten Hälfte des 16. Jahrhunderts und soll von Gabriel Häring geschaffen worden sein. Das gemalte Triptychon aus dem ersten Drittel des 17. Jahrhunderts wird Otto van Veen zugeschrieben. Die über der Kapelle liegenden Keutschachzimmer wurden 1513 mit Rankenwerk und Wappen ausgemalt.

Hübsch ist die Friedhofskirche Sankt Gertraudis, die wohl aus romanischer Zeit stammt, wie das Fresko, Osterlamm, aus dem 12. Jahrhundert, in der Kapelle des Turmanbaus beweist, das wohl das Tympanon des einst hier befindlichen Eingangs war. Im Jahre 1513 wurden die flache Holzdecke und die originelle, farbig bemalte Empore eingebaut. Die beiden Seitenaltäre von 1601 und 1607 sind frühe Beispiele dieses Altartypus im Salzburger Land. Der Hochaltar entstand um 1750; seine Bildwerke schuf Johann Pult aus Tamsweg, und das schöne Chorbogenkruzifix schnitzte Johann Georg Mohr 1703. Außerhalb des Gottesackers liegt der ummauerte ›Friedhof der unschuldigen Kinder‹, eine Besonderheit im Salzburger Land, den ungetauft gestorbenen Kindern gewidmet.

Wir fahren weiter und kommen nach *Tamsweg*, diesem ansehnlichen Markt im weiten Talkessel. Der Ort ist um 1250 planmäßig angelegt worden; der fast quadratische Marktplatz ist von behäbigen Bürgerhäusern umstanden, darunter das im 16. Jahrhundert von der Familie Gressing erbaute jetzige Rathaus mit Ecktürmchen. Tamsweg hatte immer wieder unter verheerenden Bränden zu leiden, so daß der Hausbestand nicht mehr der ursprüngliche ist. Wenn wir in den Ort einfahren, sehen wir linker Hand das ehemalige Schlößchen der Grafen von Kuenburg, mit schönem schmiedeeisernem Rokokowappen über der Tür, das Fidelis Hainzl in den Jahren 1742-1749 gebaut hat.

Die Dekanatskirche Sankt Jakob hat Hainzl zwischen 1738 und 1741 als Wandpfeilerkirche mit Kapellennischen neu gebaut. Die ganze Ausstattung entstand im Rokoko, so die reizvollen zierlichen Stukkaturen der Gewölbe von dem Grazer Johann Kajetan d'Androy. Die fünf Altäre schufen Tamsweger, Tischler Andrä Pirkner, Bildhauer Johann Pult und Maler Gregor IV. Lederwasch, der die Altarblätter malte. Der reiche Säulenbau des Hochaltars von 1753 füllt den Chor und umschließt die Mittelfigur, den knienden Sankt Jakobus Major, über dem die Dreifaltigkeitsgruppe schwebt. Außen stehen die Apostel Jakobus Minor, Judas Thaddäus, Petrus und Paulus. In der Zeit von 1762-1768 entstanden die Seitenaltäre, der Sebastiansaltar mit den Heiligen Antonius von Padua und Franziskus, der Josephsaltar mit den Aposteln Johannes der Evangelist und Andreas, der Christophorusaltar mit den Heiligen Nepomuk und Maximilian und dem Kuenburgwappen, der Skapulieraltar mit den Heiligen Virgil und Vitalis. Die guten Kreuzwegstationen malte Gregor IV. Lederwasch; Schmerzensmann und Mater Dolorosa und die prächtige Immaculata schuf Johann Pult. Die Kanzel, in Gold, Blau und Rot, wurde Anfang des 18. Jahrhunderts angebracht, geschmückt mit den Figuren der Kirchenväter und bekrönt von der Statue des Salvator. Die schöne Kreuzigungsgruppe am Chorbogen ist aus dem 17. Jahrhundert, der prächtig geschnitzte Taufsteindeckel wurde 1670 angefertigt. Alles in allem ist Sankt Jakob eine der liebenswürdigen, freundlichen Kirchen des Landes.

Am Lungau, schreibt Rudolf Bayr, *ist vieles bemerkenswert, so etwa, daß er mehr als tausend Meter über der Adria liegt, was ihm vermutlich, mir sicher bekommt; daß er sich gleichsam gegen jedermann mit Gebirgen wappnet, die Steiermark im Osten ausgenommen, trotzdem zu Salzburg gehört und, dem Zeugnis seiner Bewohner nach, auch gehören will; daß er nordwärts ein Tal neben dem anderen aus-*

schickt, die alle irgendwo droben mit einem See enden, wie der Satz mit einem Punkt; daß die Gebirgszüge dazwischen wie breitbucklig verhockt beginnen und als scharfgezähnte Gratberge den Tauern-Hauptkamm erreichen; daß die Orte und Weiler am südlichen Ausgang besagter Täler und breithüftiger Gebirge in Sache Sonnenbestrahlung den Davosern den Fehdehandschuh hinwerfen; daß die Lungauer Säue dank der Beihilfe der sie besitzenden Bauern den ebenso charaktervollsten wie zärtlichsten Speck liefern, kernig wie Manneswort, rosa überhaucht gleich einer Eosbotschaft in hohem Gewölk, süßer duftend als Rosen, also nach Knoblauch, schmal wie Geigenton, und durchzogen, oh, durchzogen wie eben nur ein Lungauer Speck sein kann...

Wir wollen von Tamsweg aus einige Orte in der nächsten Umgebung besuchen. Da ist die schöne Kirche Unsrer Lieben Frau in *Mariapfarr,* die urkundlich 923 erscheint. Die heutige Kirche, mit Chor des 14. Jahrhunderts ist 1446 geweiht worden. Der Vierungsturm wurde nach einem Brand 1854 erneuert. Es ist eine dreischiffige Basilika mit achteckigen Pfeilern, Netzrippengewölbe im Langhaus und Kreuzrippengewölbe in den Seitenschiffen. Bedeutende Fresken sind im untersten Geschoß des Chorturms, heute Vorjoch des Chors, aufgedeckt worden, und zwar ein Zyklus des Lebens Jesu, um 1200, im Chor Szenen aus der Kindheit Jesu, sowie die Heiligen Gregor und Martin und eine sehr seltene Darstellung der Schutzmantelmadonna mit dem Schmerzensmann in Kindergröße auf dem Arm, und Heilige Katharina, um 1360, in der Georgskapelle die Legende des Heiligen und ein Andachtsbild zum allerheiligsten Leib und Blut Christi, um 1430, von den Meistern Friedrich und Johann aus Villach gemalt. Der neugotische Hochaltar mit einer dem 15. Jahrhundert gut nachempfundenen Muttergottes – nach Dehio alt – hat vier spätgotische Flügelbilder. An der Empore sehen wir die stark ergänzte Reihe der Apostel aus dem 15. Jahrhundert. Den Georgsaltar zimmerte 1708 Gregor Salpser, ebenso die Kanzel 1711, und die Bildwerke dazu schnitzte Johann Georg

Mohr. In der Georgskapelle befindet sich ein Kruzifix, um 1400. – Nicht weit von Mariapfarr finden wir bei *Weiß-priach* das Kirchlein Sankt Rupert, einen romanischen, später veränderten Bau, in dessen Apsis ebenfalls Fresken aus der Zeit um 1200 aufgedeckt worden sind: Christus in der Mandorla und die vier Evangelisten. – Dann kehren wir um, folgen dem Murtal abwärts, bis uns ein Wegweiser nach Sankt Leonhard leitet. Hier biegen wir von der Straße, die über *Ramingstein* mit seiner Burg Finstergrün ins Steirische führt rechts ab.

Sankt Leonhard

Schon von weitem ist die Wallfahrtskirche zu sehen, hoch über dem von Bergzügen der Niederen Tauern umschlossenen Tal der Mur am Hang des Schwarzenbergs.

Leonhard lebte im 6. Jahrhundert nach Chr., stammte aus vornehmem fränkischen Haus und kam schon als Knabe an den Hof des Merowingerkönigs Chlodwig, wo er bald großes Ansehen genoß. Er bekehrte sich zum Christentum, ließ sich taufen, wurde Priester, ein berühmter Prediger und wirkte manches Wunder. Schließlich zum Bischof geweiht, nahm er aber kein Bischofsamt an, sondern zog sich als Eremit in die Nähe von Limoges zurück, wo er vor allem den Bauern bei der Pflege des Viehs beistand. Dort gründete er das Kloster Noblac, wo er freigelassenen Gefangenen alle Hilfe angedeihen ließ, sie, wie es heute heißt, ›resozialisierte‹. Leonhard starb 559.

Die Vita des Heiligen – sie wurde in Noblac niedergeschrieben – lag 1030 vor und hat ohne Zweifel sehr zur Verbreitung seines Kultes beigetragen. Der Kult griff im Verlauf des 12. Jahrhunderts von Frankreich auf Deutschland über. Damals kam die Gabe von Eisenvotivtieren an Sankt Leonhard auf, da er der Patron des Viehs, vor allem der Pferde war. Kreuzfahrer, die in Gefangenschaft der Sarazenen geraten waren, gelobten, nach ihrer Befreiung ihre Ketten am Grabe des Heiligen aufzuhängen. Später brachte man sie an der Außenseite der Leonhardskirchen an; wir können sie heute noch in Bayern sehen. Leonhard half auch in Krankheiten und bei Unglücksfällen, aber als hochverehrter Viehpatron erscheint er erst im 15. Jahrhundert. Vor allem in Süddeutschland und Österreich wurde er zum großen, geliebten Volksheiligen, zum ›Altbayerischen Herrgott‹.

Die Chronik berichtet, daß im Jahre 1421 die kleine, bäuerlich wirkende Statuette des Heiligen aus der gleichen Zeit aus der Pfarrkirche zu Tamsweg verschwand. Man fand sie auf dem Schwarzenberg wieder, wo sie sich in einem Wacholderstrauch niedergelassen hatte, und brachte sie in einer versiegelten Truhe nach Tamsweg zurück. Doch Leonhard verließ die Kirche noch zweimal, woraus man schloß, er verlange ein eigenes Haus. Da sich auf dem Vorsprung des Schwarzenbergs zudem Wunder ereigneten, rief das Volk nach einer Wallfahrtskirche.

Der Salzburger Baumeister Peter Harperger erhielt den Auftrag und begann den Bau 1430. Am 20. September 1433 konsekrierte der Salzburger Weihbischof, auch Bischof von Chiemsee, Johann Ebser, das Gotteshaus. Bischof und Baumeister sind im Fresko der nördlichen Chorwand 1433 verewigt worden.

Bald hatte die Wallfahrt großen Zulauf; sie stand 1479 schon an dritter Stelle unter den österreichischen Wallfahrtsorten, und die damals gegründete Sankt Leonhardsbruderschaft besteht noch heute in allen Teilen des Landes. Die alte Kirchenausstattung aber ist im 17. und 18. Jahrhundert zum größten Teil erneuert worden.

Es war ein sehr heißer Sommertag, als wir den alten Pilgerweg unter hohen Fichten und Lärchen emporstiegen, vorüber an kleinen Bildstöcken, deren erster das Fresko einer Pietà, um 1430, trägt. Es duftete scharf und würzig nach sonnenheißem Holunder und Kräutern, und es war ganz still ringsum. Wir erreichten das Tor in der starken, mit Schießscharten versehenen Umfassungsmauer, die vermutlich zum Schutz der Kirche gebaut wurde, als Bernhard von Rohr,

Erzbischof von Salzburg, mit König Matthias Corvinus von Ungarn Krieg gegen Kaiser Friedrich III. führte. Neben dem Tor steht eine große Kreuzigungsgruppe, die Johann Georg Mohr 1691 schnitzte. Der eine Schächer brüllt mit weitaufgerissenem Mund seinen Schmerz heraus.

Wir umschritten diese einzige Kirchenburg im Lande Salzburg, die wie eine kleine Kathedrale vor uns liegt, und fanden auf der Südseite das hübsche Mesnerhaus von etwa 1430, mit Fresken von Gregor I. Lederwasch, König David und Heilige Familie aus dem 17. Jahrhundert.

Das hohe Kirchenschiff mit Strebepfeilern unter steilem Dach überragt die niedrigen Seitenkapellen, und auf der Nordseite steht der schlanke Turm mit Maßwerkblenden und Spitzhelm.

Durch das Südportal mit dem prächtigen Löwen als Türklopfer traten wir ein und waren überrascht. Ein hoher, heller Saal mit Seitenkapellen, überspannt von einem Netzrippengewölbe auf schlanken Diensten.

Um 1660 begann die Barockisierung der Einrichtung, die etwa um 1740 abgeschlossen war, aber den kostbarsten Schatz bilden die Glasfenster, die zwischen 1430-1450 entstanden sind und zu den wunderbarsten Werken europäischer Glasmalerei gehören. Es wird vermutet, daß sie entweder in Salzburg geschaffen worden sind, oder, da fast alle Fenster von Adelsfamilien südlich der Tauern gestiftet wurden, vielleicht in der Steiermark.

Beginnen wir mit dem ›Goldenen Fenster‹, es ist das allerschönste, ganz in Gold und Blau und von dem Salzburger Erzbischof Johann II. von Reisberg geschenkt. Es befand sich einst in der Mitte des Chors, wurde aber zu Beginn unseres Jahrhunderts auf die südliche Chorseite verlegt, da es vom barocken Hochaltar verdeckt war. In einem mit reichem Maßwerk geschmückten goldenen Tabernakel vor leuchtend blauem Grund gruppieren sich die verschiedenen Szenen um den Gnadenstuhl zwischen Petrus und Paulus. Ganz unten die erzbischöflichen Wappen, darüber der Stifter selbst, flan-

kiert von den Heiligen Rupertus und Virgil als den Landespatronen. Über dem Gnadenstuhl Szenen aus dem Leben Mariae und Leonhards, Propheten und Heilige. Man kann sich
vorstellen, welche Wirkung dieses herrliche Fenster gehabt
haben muß, als es noch an der ursprünglichen Stelle in der
Chormitte saß, vor allem wenn die Sonne hindurchfiel, so
daß die Farben von unglaublicher Leuchtkraft gewesen und
den Gläubigen wie eine himmlische Glorie erschienen sein
müssen.

Eine seltene Darstellung ist der Lebensbaum in der Kapelle rechts vom Südeingang. An der Wurzel des Baumes kniet
Maria, deren Hände durch eine Kette mit Gottvater verbunden sind, und vernimmt die Botschaft des Engels. Der Baum
wächst auf zum Kreuzesstamm, an den Christus geschlagen
ist. Das dritte Fenster, datiert 1434, in der Kapelle links vom
Südportal, ist durch seine seltene Thematik besonders interessant. Es zeigt die ›Apostelmühle‹, das Heilsgeschehen des
Neuen Bundes. Ganz oben schütten die vier Evangelisten das
Korn in die Mühle, deren Rad von den zwölf Aposteln gedreht wird, mit ziemlicher Anstrengung, wie man sieht. Unten halten die vier großen Kirchenväter, Ambrosius, Augustinus, Hieronymus und Gregor, den Kelch, in dem das Christkind steht – Agnus Dei qui tollit peccata mundi. Das Ganze
ist von eindrücklicher Lebendigkeit der Darstellung als Symbol der Verbreitung von Gottes Wort. Es gibt einundzwanzig
Fenster in der Kirche; eines im Chor zeigt Christi Kindheits-
geschichte. »Sehen Sie nur«, sagte Frau Resch, die Mesnerin,
»da bringt der Engel Kirschen im Korb, worauf sich's Kindle
freut.«

Als ich vor dem wundervollen Goldenen Fenster stand,
mußte ich an einen Bericht Carl J. Burckhardts an Max
Rychner denken, in dem er 1948 von einem Besuch im Aache-
ner Münster erzählt. Er traf dort einen Mann, der ihn herum-
führte und vor einem Gemälde von Memling sagte: »Dieses
Blau, wir können es nicht mehr machen, kaum mehr fühlen,
in Rußland während des Feldzugs sah ich es in vielen Iko-

nen..., die Russen können es noch, es ist auch in unserer Musik, bei Mozart vor allem...« So ist es auch mit dem Goldenen Fenster.

Von der alten Einrichtung ist noch einiges erhalten, so Tafelbilder eines Flügelaltars, des 1452-1466 entstandenen Leonhardaltars, und prachtvolle Tafelbilder des 1462-1466 geschaffenen vormaligen Hochaltars mit Szenen aus dem Marienleben, sowie Figuren von Hans Baldauf, darunter eine Muttergottes, um 1460-1462, die Heiligen Leonhard und Jacobus Major der gleichen Zeit und Flügelreliefs. Die Heiligen Helena und Florian entstanden um 1520. Es gibt einen reich geschnitzten Chorstuhl, um 1450, der ›Peter pistator de Leisnitzy‹, einem in Tamsweg nachgewiesenen Tischler, zugeschrieben wird.

An der festlichen Barockausstattung in warmen Gold- und Brauntönen war hauptsächlich die Maler- und Mesner-familie der Lederwasch als Faßmaler beteiligt, die von 1665-1875 als treue Hüter des Heiligtums hier oben lebten, ihnen folgten ihre Nachfahren Resch.

Da ist der prunkvolle Hochaltar von 1660 mit den kräfti-gen Säulen, nach dem Entwurf des Gasteiner Malers Georg Haim gearbeitet, mit Figurenwerk des Salzburgers Jakob Gerold geschmückt. Im Aufsatz steht eine Leonhardsfigur von 1445, die noch vom alten Altar stammt, zwischen Jako-bus Major und Christophorus. Im Mittelschrein sehen wir die Dreifaltigkeitsgruppe, wo wir im Bart Gottvaters das angebliche Gesicht des Künstlers gewahren können. Dane-ben kniet die Gottesmutter und unter ihr knien die Heiligen Dominikus, Förderer des Rosenkranzgebetes, und Franzis-kus als Ordenspatron der Tamsweger Kapuziner. Außen ste-hen die heiligen Landespatrone Rupertus und Virgil. Vom gleichen Meister sind die Figuren der reichen Chorseitenaltä-re von 1676, mit Altarbildern von Gregor IV. Lederwasch und Georg Haim. Um 1710 schuf Gregor Salpser für die zwei südlichen Kapellen die Altäre der Vermählung Mariae und des Heiligen Florian, auch den Schalldeckel der Kanzel hat er gearbeitet sowie das reizende Altärchen auf der Emporenbrüstung. Um 1735 entstanden Marien-, Laurentius- und Kreuzaltar, und schließlich gibt es noch ein Altärchen mit dem alten kleinen Leonhardsgnadenbild von 1421, das auf den Ästen des Wacholderbuschs steht. Joseph Anton Pfaffinger schuf den figürlichen Schmuck des Kanzelkorbs. Am Chorbogen stehen die Statuen der Maria und des Johannes, als Assistenzfiguren des Chorbogenkruzifixus, alle von 1661. Es ist eine im wahrsten Sinn des Wortes fromme Kirche, und wir sind berührt von einer Einheit, die sich aus so vielen einander entgegengesetzten Teilen zusammengefügt. Der Rahmen ist spätgotisch, die Ausstattung steht zwischen Spätgotik, Barock und Rokoko, alles aber zeigt die Harmonie des langsam und organisch Gewachsenen. Kunstfertigkeit und Gemüt entsprechen einander, Frömmigkeit, Kunst und festes Dasein sind auf das angenehmste verbunden in diesem wundervollen Gotteshaus.

Im Murtal

Eine schöne Fahrt führt von Tamsweg durch das weite, grüne Tal, entlang der Mur nach Sankt Michael, wo wir die Autobahn nach Salzburg erreichen. Als wir *Mörtelsdorf* durchfuhren, sahen wir Bauern mit Tragstangen und einer großen Ritterfigur auf der Straße stehen. »Was ist das?«, fragten wir. Das ist für den Samson, antworteten sie lakonisch. Schon Chroniken der Barockzeit berichten von der ›Tamsweger Prang‹, dem Fronleichnamsfest, wobei nicht versäumt wird, die ganze biblische Geschichte vorzuführen. Vor allem aber erscheint der Liebling der Lungauer, der Samson, in römischer Rüstung, der allerdings an der Fronleichnamsprozession nicht teilnehmen darf. Die Kapuziner hatten diesen Brauch aus Bayern eingeführt, wo er längst ausgestorben ist. Die Forschung hat nachgewiesen, daß schon in vorchristlicher Zeit in einstigen keltischen Ländern Riesengestalten zu Hause gewesen sind. So zieht der Samson bei jeder passenden

Gelegenheit mit Tanz und Musik durch die Ortschaften, durch Tamsweg, Mariapfarr, Lessach und eben auch durch Mörtelsdorf.

Der Schönste unter den Schönen ist der Tamsweger Samson, schreibt Ignaz Kürsinger 1853. *Er wird am Fronleichnamstage (jedoch nicht bei der Prozession) im ganzen Markt herumgetragen. Seine Höhe beträgt ungefähr drei Klafter, so daß er weit über den ersten Stock der Häuser hinaufreicht. Am Leibe trägt er einen langen lichtgelben Unterrock (tunica) mit einer lichtblauen, bebänderten Jacke (toga), über die linke Schulter herab ist ihm ein Krummsäbel umgehangen. Über dem rotbrüchigen wohlgenährten Gesichte glänzt ein versilberter Kriegshelm von bunten Schwungfedern umwallt und vorne mit einem sternförmigen Spiegel geziert. In der Hand hält er den langen Schaft einer Lanze (ohne Spitze), in der anderen den bekannten Eselskinnbacken. In seinem hohlen Leib steht ein Mann, auf dessen Schultern das schwere Gerippe dieser riesigen Figur ruht. Der Träger desselben muß ein starker Mann sein; beim Fürschreiten muß er um so vorsichtiger sein, als er nur durch zwei am Unterrocke des Samson angebrachte Öffnungen zu Tage sieht und ein Sturz ihn unter der schweren Last erdrükken würde. Wenn der Samson seine Ruhestätte verläßt und seinen Festumgang hält, so hat er sein großes Cortege bei sich. Vor unt hinter ihm ziehen Pelotons von uniformierten Bürgern als Leibwache; voran die Janitscharen- oder sogenannte türkische Musik. Zu beiden Seiten gehen seine Edelfräuleins, zwei weibliche Zwerge mit ungeheueren Köpfen, welche den ehemaligen Passauer Tölpel sich zum Muster genommen zu haben scheinen; ihre Winzigkeit hebt die Riesengestalt ihres Gebieters nur noch riesiger heraus ... Wenn Samson vor einem Haus ankömmt, steht der Festzug stille und bildet um den großen Herrn einen weiten Kreis. Die Musik beginnt mit einem Marsch und fällt dann in einen steierischen Tanz ein. Sobald Samson diese lieblichen Weisen hört, beginnt der alttestamentarische schwerfällige Herr mit*

schwerem pathetischen Schritt einen Steirer zu tanzen, wäh-
rend die ihm kaum an die Knie reichenden Zwerglein um
ihren hohen Gebieter herumwalzen.

Die Sage geht im Volk, daß dieser Samson ursprünglich in
Welting gewesen ist, dessen Bewohner einst dieses Samson-
Privilegium erhalten haben, wegen der Tapferkeit, die sie in
der Besiegung der Margarethe Maultasch bei Thurnschall
bewiesen haben.

So wird selbst die berühmte Gräfin von Tirol mit dem
Riesen in Verbindung gebracht.

Noch ein Stück weiter, und wir sehen am Hang des Mitter-
bergs Schloß *Moosham,* so genannt nach dem Moos zu seinen Füßen. Es ist eine der typischen Burgen des Salzburger
Landes, wie Goldegg oder Mauterndorf, streng, schlicht und
wehrhaft. Hier saßen einst die Herren von Moosheim, das
älteste Dienstmannengeschlecht des Lungau, das 1191 urkundlich erscheint und 1725 ausgestorben ist. Sie hatten
jedoch schon 1285 auf Moosham verzichtet, das nunmehr
erzbischöflicher Pflegsitz war.

Westlich vom Schloß wurde ein Mithrasheiligtum mit
einem Relief von Jagdszenen samt Inschrift und Widmung
gefunden und oberhalb dieses Tempels römische Baureste,
sowie Gräber an der Römerstraße Juvavum-Teurnia.

1256 wird die Burg Moosham zum ersten Mal erwähnt,
die jedoch schon vorher existiert haben muß, denn 1212
erscheinen die Herren von Moosheim. Die heutige Gestalt
des Schlosses stammt im wesentlichen von einem im Jahre
1517 durch Erzbischof Leonhard von Keutschach begonnenen und 1522 von seinem Nachfolger Matthäus Lang von
Wellenburg vollendeten Umbau. 1886 kaufte der bekannte
Mäzen aller Künste, Hans Graf von Wilczek, das verfallende
Schloß, setzte es in Stand und stattete es mit Möbeln und
Kunstgegenständen aus, meist aus dem Lungauer Gebiet, vor
allem mit schönen Holzplafonds und prachtvollen Öfen des
15. bis 18. Jahrhunderts. Moosham ist eine der typischen

Burgen des Salzburger Landes, eine weiträumige Anlage aus dem 13. Jahrhundert, im 16. Jahrhundert vergrößert. Über den Graben kommen wir in den Hof des Oberen Schlosses, der vom Hof des Unteren Schlosses durch den hohen Getreidekasten geschieden ist. Im Unterschloß liegt die Kapelle mit Fresken des Gregor IV. Lederwasch, 1780 ausgeführt, mit einem von Graf Wilczek aus Süddeutschland erworbenen Flügelaltar der ersten Hälfte des 16. Jahrhunderts, der die Marienkrönung zeigt. Die Flügeltafeln zeigen innen gemalte Szenen aus dem Marienleben, außen die Reliefs der Heiligen Christophorus und Maria Magdalena.

Ein Amtskollege sagte mir, ich müsse unbedingt eine Führung der Rosl erleben, das sei das Lustigste, was man auf diesem Gebiet erfahren könne. Leider aber war die Rosl gestorben, und so lasse ich hier einen Passus aus den Erinnerungen des Grafen Wilczek folgen, dessen wichtigste Sammlungen auf der Burg Kreuzenstein bei Wien untergebracht sind.

Im Sommer des Jahres 1886 fuhr ich mit meiner lieben Tochter Jetta Palffy, meinem Archivar Dr. Schrauf und dem Architekten Kayser über Villach zum Millstätter See. Auf dem Wege hielten wir uns auch in Friesach auf, wo ich mich meiner seligen Mutter und der Postmeisterin erinnerte. Ich bewunderte die schönen, interessanten Kirchen und erwarb in einer von ihnen einen großen Christus, der in einem nassen Trog lag, ließ ihn dann restaurieren, und heute schmückt er die Rückwand der Kreuzensteiner Kapelle ... Dann ging es über Rennweg und über den Katschberg nach Sankt Michael in den Lungau hinunter. Dieses schöne Tal sollte später eine große Rolle in meinem Leben spielen. In Sankt Michael nahmen wir einen Wagen, um nach Tamsweg zu fahren. Der Weg führte uns an einem schön gelegenen Schlosse vorbei, es war Moosham. Da es noch nicht spät am Tage war, ließ ich den Wagen halten, und wir gingen aufs Schloß hinauf, welches einem Bauer gehörte, der einen gegenüberliegenden Meierhof bewohnte. Das Schloß mit seinen vielen Sälen und

Gemächern, Wehrgängen und Einbauten war sehr interessant, der ältere Teil jedoch eingestürzt, die Zimmer alle ohne Fenster und verwüstet; nur eines wurde als Kneipe für die von Mauterndorf vorüberfahrenden Bauern benützt. Für das gotische Zirbelholzgetäfel eines Raumes bot ich dem Besitzer den hohen Betrag von 500 Gulden, er aber ging mir nicht darauf ein, was mir eigentlich gefiel, denn er tat es nicht, um mehr zu bekommen. Dieser Besuch machte auf mich einen ganz besonderen Eindruck. Wir fuhren dann nach Tamsweg weiter in ein recht gutes Wirtshaus, wo wir köstliches Bier tranken, und tags darauf über Murau und Unzmarkt nach Wien.

Einige Monate später erhielt ich von dem Mooshamer Bauern einen Brief, in dem er mir das Schloß, freilich ohne weitere Grundarea, um 1500 Gulden antrug. Sofort schloß ich mit ihm ab und reiste mit meinem Sekretär Wurmb-Nordmünster hin, um die Restaurierung in die Wege zu leiten. Die Lungauer sind gute Arbeiter, Maurer, Schmiede, Tischler usw. Einem Baumeister in Sankt Martin übergab ich die Arbeiten und entwarf mit ihm die Pläne. Die ganze Arbeit bis zu ihrer Vollendung dauerte nicht sehr lange und kostete auch nicht sehr viel. Wurmb ließ ich dort, um bei den Arbeiten zugegen zu sein und strenge Ordnung zu halten; er ließ seinen Bruder, den bekannten Eisenbahningenieur, und seine Schwägerin hinkommen, die ich auch dort wohnen ließ. Als wir mit dem Bau fertig waren, mußte ich an die innere Einrichtung denken. Ich hatte zwar schon früher in dieser Gegend bis weit hinauf nach Zederhaus und Mur, bis nach Radstadt und Murau, bis ins Pundschuhtal und über den Katschberg alles Alte abgesucht und, was ich an Möbeln, Bildern und sonstigen Altertümern fand, zusammengekauft und brachte jetzt alles im Schlosse unter. Nun mußte ich mir aber auch eine Kücheneinrichtung, Gläser, Teller, Bestecke, Servietten, Tischtücher, Matratzen, Polster und Leintücher anschaffen, um das Schloß bewohnbar zu machen. Alles Notwendige kaufte ich vom Hotel Europa am Schillerplatz in

Wien, das gerade damals aufgelassen wurde. Daß ich nicht vergesse, auch die Kapelle hatte ich schön hergerichtet, die Fresken von Lederwasch restaurieren lassen und eine kleine, von der Familie Stubenberg stammende Orgel von Pettenegg erworben. Auch erstand ich einen gotischen Altar aus Hamburg und Glasgemälde aus dem xv. Jahrhundert aus einer kleinen Kirche bei Leoben.

Als alles vorbereitet und fertig war, kündigte ich meiner Familie an, ich würde mit ihr eine kleine Fahrt ins Gebirge machen, wo wir in einem schönen Tal übernachten würden, denn die ganze Zeit hatte ich es ihr verheimlicht, daß ich neben Kreuzenstein noch ein zweites Schloß restauriere, sie hätte mich ja für einen Verschwender erklärt. Sie hatte also keine Ahnung von der Überraschung, die sie erwartete. Wir fuhren des Morgens von Wien ab, nachdem die Köchin und das Küchenpersonal schon einen Tag früher im geheimen vorausgefahren waren, um Proviant mitzunehmen, alles herzurichten und uns mit einem Diner zu erwarten. Wir waren unser über dreißig Personen, meine Familie, Dr. Mandl, der auch nicht wußte, wohin die Fahrt ging, und die männliche und weibliche Dienerschaft.

Tagsüber war das Reisewetter günstig. In Radstadt fing es an zu regnen, und das Wetter wurde recht unangenehm. Es tat mir leid, daß dieser schönste Teil der Reise über den Tauern nach Moosham so verdorben war, denn die Straße führt eine lange Strecke über die herrliche Waldvegetation an einem hospizähnlichen Hause und einer interessanten Kapelle vorüber zur Höhe des Berges nach Tweng. Von hier nach Mauterndorf und Moosham ist es wohl nicht mehr weit, allein wir waren so langsam gefahren, daß, als wir ankamen, schon stockfinstere Nacht war. Um so überraschender war es für die Meinen, als sie sich vor einem Schlosse sahen, dessen Fenster hell erleuchtet waren und dessen Hof, in den wir lärmend einfuhren, voll Leute war, die uns mit Musik empfingen. Aus der Küche strömte das Licht vieler Lampen und duftete der Geruch von guten Speisen. Nun ging es gleich in den Speisesaal, wo der mit Blumen gezierte Tisch schön hergerichtet war. Wir tranken guten Wein, sprachen lustige Toaste und suchten erst sehr spät unsere Schlafzimmer auf, wo jeder sein famoses Bett fand, ich, wie gewöhnlich, mein Brett. Alle schliefen gut, und am Morgen glaubten sie, das ganze Erlebnis sei nur ein Traum gewesen. Als meine Familie ins Murtal hinuntersah, wollte sie ihren Augen nicht trauen, daß die Mur in einem so tief unter dem Schlosse gelegenen Tale fließt, während wir am Abend vorher von der Bergseite auf ebener Straße ins Schloß gefahren waren. Jetzt erst lüftete ich den Schleier des so lange gehüteten Geheimnisses. Meine Familie denkt aber noch immer an diesen ersten Besuch und wohl auch an viele spätere, denn unter allen Schlössern der Welt gibt es keines, ob es mir gehört oder nicht, welches sie so liebt, schätzt und nach dem sie sich so sehnt. ...

Einige Jahre später kaufte ich den Bauernhof mit einigen Grundstücken, den Mitterberg und den Karlsberg, der jenseits des Tales liegt, dazu. Unter dem Schlosse befindet sich ein Torfmoor, das die Schwarzenbergische Hüttenadministration in Murau zu einer Zeit erworben hat, als man glaubte, aus Torf brauchbaren Koks für Hochöfen erzeugen zu können; das war aber ein großer Irrtum, und der Torf blieb viele Jahre ungestochen. Ich sah das Moor alle Tage unter meinen Fenstern, nicht einmal vom Vieh ausgenützt, liegen, und schrieb daher einmal meinem Freunde Adolf Schwarzenberg, daß ich es ihm gerne abkaufen würde. Er hatte es seinerzeit viel zu teuer bezahlt und verlangte einen Preis, der für mich zu hoch war, da sich dieses Moor nicht für eine Kuhweide, nicht einmal für eine Ochsenweide eignet und nur für mich eine Augenweide ist. Später überließ er es mir um eine geringere Summe, und jetzt bin ich im Begriffe, es der Gemeinde Unternberg zu verpachten, um Streutorf zu gewinnen.

Der Enkel des Grafen kommt mit seiner Familie jedes Jahr nach Moosham, wohnt aber nicht im Schloß selbst, das als Museum gezeigt wird, sondern im dazugehörigen Bauernhof.

Die Familie hat also die alte Anhänglichkeit an Moosham bewahrt.

Gegenüber von Moosham liegt im Thomatal unter der Schönalpe *Sankt Margarethen* mit seiner Pfarrkirche von 1421, die 1586 erhöht und neu gewölbt worden ist. Der prächtige Hochaltar – er stand vormals in der Kirche von Mauterndorf – ist geschmückt mit ausgezeichneten ›Schrein-wächtern‹ von Wolf Weißenkirchner d. J., 1687, und das Altarbild malte Jakob Zanusi 1731. Wir fanden in der Kirche zwei Grabsteine der Herren von Moosheim von 1533 und 1554.

Außerhalb des Ortes steht das Augustinuskirchlein, ein Bau des 15. Jahrhunderts, der 1765 erweitert worden ist. Die Holztonne hat Gregor Lederwasch 1768 bemalt, und der schöne Hochaltar von 1674 birgt eine gute thronende Mut-tergottes, während die seitlichen Heiligenfiguren Jakob Ge-rold gearbeitet hat. Die beiden Seitenaltäre wurden 1768 aufgestellt, und die Augustinusfigur am südlichen Altar schnitzte 1781 Johannes Pult. Eine andere Augustinusfigur ist von etwa 1445.

Die Pfarrkirche von Sankt Michael steht mitten im 1416 zum Markt erhobenen Ort. Aufgrund des in der Vorhalle angebrachten römischen Porträtreliefs glaubte man, daß es sich um eine römische Siedlung handle, doch lag sie abseits der alten Römerstraße. 1147 wird das Gotteshaus zum ersten Mal genannt. Der im Kern romanische Chor und die nörd-liche Chorkapelle wurden in frühgotischer Zeit vollendet. Das Langhaus mit Netzrippengewölbe, das Seitenschiff mit Kreuzrippengewölbe wurden im 15. und frühen 16. Jahrhun-dert ausgeführt. Einige Fresken haben sich erhalten: an der Südwand des Chorquadrats Engel, die Tiere in Kessel stoßen, die Heiligen Kaiser Heinrich II. und Kaiserin Kunigunde, um 1250. Im Chor sehen wir eine Szene aus dem Leben der Heiligen Dorothea aus der zweiten Hälfte des 14. Jahrhun-derts, im Langhaus die Heiligen Dorothea und Agnes, sowie das Christkind aus der Zeit um 1430-1440 und die Darstellung der Bestrafung der sieben Todsünden aus dem Anfang des 17. Jahrhunderts. Die beiden Seitenaltäre wurden nach Entwurf des Joseph Andreas Eysl ausgeführt, die Skulpturen sind von Paul Mödlhammer, 1731. Über dem Chorbogen befinden sich Skulpturen vom alten Hochaltar von Paul Mödlhammer, und in der nördlichen Kapelle steht der Vierzehn-Nothelferaltar von 1745. Schön ist der Karner oder die Sankt Wolfgangskapelle an der Friedhofsmauer, ein Oktogon des 14. Jahrhunderts.

Eine große Ruhe liegt über dem grünen Tal mit seinen Waldbergen, saftigen, von Bächen durchzogenen Wiesen und den Gebirgen ringsum.

IM PINZGAU

Von der Tiroler Grenze bei Krimml kommt die Salzach und eilt durch den Pinzgau, ebenso die Saalach, die nach Bayern fließt. Eingerahmt wird der Pinzgau von der langen Kette der Hohen Tauern mit Großvenediger und Großglockner im Süden, im Norden von den bayerischen Gebirgszügen und vom Steinernen Meer bei Saalfelden. Er ist also beschützt und abgeschlossen auf allen Seiten, nur über Pässe zugänglich. Es ist Bauernland zwischen Dreitausendern und grünen Mittelgebirgen, ein altes Pferde- und Rinderland, mit dichten Wälder und hellen Tälern, mit Bergen, Flüssen, Gießbächen wie überall im Salzburger Land, aber wieder anders geartet als Pongau oder Lungau, ein Gebiet voller Überraschungen wie die Krimmler Fälle oder der Blick von der Glocknerstraße auf siebenunddreißig Dreitausender. Ein schönes Land mit alten Dörfern und den prächtigen Haufen- und Paarhöfen aus dem 16. bis zum 18. Jahrhundert, mit Kirchen, die oft erstaunlich kostbare Dinge bergen. Es ist auch reich an Mineralien; im Habachtal zum Beispiel werden Smaragde gefunden, wie sie die große Monstranz von 1697 im Dom zu Salzburg schmücken.

Die Besiedlung des Landes begann um 2000 vor Chr. durch die Kelten. Dann kamen die Bayern zu Beginn des 6. Jahrhunderts nach Chr., die sich zuerst im Gebiet von Saalfelden ansiedelten. Schließlich saßen im Pinzgau die Grafen von Matrei-Lechsgemünd in Mittersill, die Grafen von Plain, die Herren von Walchen, von denen der bedeutende Erzbischof Friedrich von Walchen abstammt, der als persönlicher Freund Rudolfs von Habsburg die habsburgische Herrschaft in Österreich mitbegründete. 1228 erwarb Erzbischof Eberhard II. Graf von Regensberg den gesamten Pinzgau, tauschte dafür Land bei Mühldorf am Inn an Bayern und belehnte die Plainer Grafen wieder mit ihren Gütern, die sie bis 1249 besaßen.

Die Pinzgauer Pferde waren berühmt. Eine Sage ist mit dem alten Brauch des Leonhardiritts verknüpft. Die Pinzgauer hatten vor langer, langer Zeit eine schöne braune, tragende Stute gekauft und sie in ein Seitental bei Zell am See gebracht, wo die Weide besonders fett und kräftig war. Die Braune setzte zwei Fohlen, war aber so entsetzlich gefräßig, daß die saftigen Wiesen in kürzester Zeit abgeweidet waren. Die Stute wurde ins Zeller Tal geführt, wo sie fraß und fraß, bis auch hier nichts mehr zu finden war. Nun jagten die Bauern das nimmersatte Pferd ins Fuschertal, doch auch hier hatte es bald alles abgeweidet. Dann streckte die Stute ihren langen Hals über die Tauern nach Kärnten und begann dort zu grasen. Die Braune war verhext. Ein Aufgebot von Kärntnern, Pinzgauern und Pongauern erschlug das unheimliche Tier, dessen Körper im Zeller See versenkt wurde. Um diese Zeit, berichtet die Sage weiter, war der Heilige Leonhard in den Pinzgau gekommen und lehrte die Bauern die beiden Fohlen der Stute richtig aufzuziehen. So entstand die Pinzgauer Rasse, und zum Dank für die Hilfe des Heiligen feiert man dort seitdem den Leonhardiritt, eine Sitte, die auch im Bayerischen zuhause ist. Alles innerhalb des weihenden Umritts gelegene Land ist gegen böse Geister gefeit.

Nach Lofer

Wir wollen von Reichenhall aus in den Pinzgau einfahren, über den Steinpaß, entlang der Saalach, die tief unten dahinrauscht. Dieser Paß wird schon zu Anfang des 13. Jahrhundert als Grenze zwischen der Grafschaft Reichenhall und dem Pinzgau genannt. Im Jahre 1800 verteidigten der Pinzgauer und Tiroler Landsturm den Paß gegen die Franzosen. Als Tirol durch den Frieden von Preßburg 1805, der den dritten Koalitionskrieg gegen Frankreich beendete, Bayern zugesprochen worden war, schrieb Kaiser Franz 1. damals dem Landesgouverneur Grafen Brandis: *Gebieterische Umstände machten es mir zur Notwendigkeit, der Beherrschung des Landes Tirol zu entsagen. Wie schwer dieses Opfer meinem Herzen gefallen ist, wissen die biederen Tiroler ohnehin. Ich*

*verliere keine Worte darüber, sie würden die Wunden nur
aufreißen, welche die durch eine Reihe unglücklicher Ereignisse mir abgenötigte Trennung von so wertgeschätzten Untertanen mir und ihnen schlug.*

Des Kaisers Bruder, Erzherzog Johann dagegen hatte die
Verbindung zu Tirol nie abreißen lassen. 1809 war wieder
Krieg zwischen Österreich und Frankreich ausgebrochen.
Erzherzog Karl rückte mit seiner Armee in Bayern ein, Erzherzog Johann, Befehlshaber der Südarmee, gab von Villach
aus den Tirolern das Zeichen zum Aufstand. Kaiserin Maria
Ludovika erkannte die Gefährlichkeit des Vorhabens, wie
aus einem Brief an ihren Schwager Johann hervorgeht. Da
heißt es:

*Mit welchem Recht können wir die Tiroler aufmuntern
zur Empörung, zur Untreue gegen ihren rechtmäßigen Gebieter, denn das ist der König von Bayern? Wir haben das
Land durch feierlichen Traktat abgetreten, wir haben für uns
und unsere Nachkommen auf ewig Verzicht geleistet ... Sie
werden nun sagen, im Krieg ist alles erlaubt, ja im Kampfe!
Aber gestattet sind nicht heimliche Verräterei; um groß zu
sein, braucht man das nicht. Ferners könnte man Napoleon
zum Beispiel darstellen; aber sind wir berechtigt, ungerecht
zu handeln – weil andere Spitzbuben sind?*

Ihre Worte verhallten ungehört. Die Österreicher marschierten im Pustertal ein, die Bayern wurden hinausgewor-
fen und bis Innsbruck verfolgt, wo Andreas Hofer den Sieg
am Berge Isel errang. 1809 siegte der Tiroler Speckbacher
über die bayerischen Truppen am Steinpaß, doch am 19. Oktober unterlag er dem bayerischen Korps bei Melleck, das wir
auf dem Weg nach Lofer durchfahren. Bayern kam mit starken Kräften zurück, und am Paß Strub bei Lofer wehrte sich
am 11. Mai Anton Oppacher mit einem kleinen Haufen neun
Stunden lang. Feldmarschall Fürst Wrede nahm Innsbruck,
die Österreicher verließen Tirol, und Napoleon zog bald
darauf in Wien ein.

Vom Steinpaß herunterkommend sehen wir unten im Tal

Dorf *Unken.* Wo der Unkenbach in die Saalach mündet, erhebt sich ein Felsen, der Meiskogel, dessen Oberfläche Spuren einer Ansiedlung trägt, die etwa von 750 vor Chr. stammt. In dieser Zeit schon wurde aus einer Solequelle am Fuß des Berges Salz gewonnen. Unken ist ein freundlicher Ort, dessen stattliche Wirtshäuser – das des Kramerwirts mit seiner im Stil des 18. Jahrhunderts stuckierten Fassade von 1832 – von der Bedeutung des Dorfes als Poststation zwischen Innsbruck-Wien sprechen. Die Pfarrkirche Sankt Jakobus Minor ist ein heller heiterer Saalbau mit Wandpfeilergliederung, die Philipp Maurer aus Saalfelden 1758-1760 gebaut hat. Aus dieser Zeit stammen auch die reiche, elegante, wohl von Reichenhallern angetragene Stukkierung und die Altäre sowie das Deckenbild im Chor.

Weiter Lofer zufahrend sehen wir links der Straße die *Antoni-Kapelle* des 18. Jahrhunderts, deren Vordach auf drei Pfeilern ruht. Sie ist mit Malereien aus dem Leben des Heiligen geschmückt. Von hier können wir einen Abstecher nach *Au* machen. Es geht tief hinunter, dann über die Saalach in ein weites Tal. Dort steht die reizvolle kleine Kirche Sankt Antonius, rosa und weiß, von einem Mäuerchen umzogen, um 1680 erbaut, 1708 sowie 1745 erweitert und reich ausgestattet. Besonders hübsch ist das Bild der heiligen Familie auf einem Seitenaltar, wo Josef Mutter und Kind Obst reicht, sowie eine kleine Pietà aus der zweiten Hälfte des 15. Jahrhunderts.

Lofer und Maria Kirchental

Wir kommen in den schönen alten Markt *Lofer,* mit behäbigen Gast- und Bauernhöfen und der Pfarrkirche Sankt Maria und Leonhard in der Mitte. Es ist ein Bau aus den Jahren 1315-1338 (?), der 1678 die beiden Seitenschiffe erhielt und dessen Turm nach einem Brand 1731 neu gebaut wurde. Über dem Portal befindet sich das Wappen Salzburgs mit der Jahrzahl 1678. Im Chorgewölbe sind Reste von Fresken aus der Zeit von 1420-1430 aufgedeckt worden, die Heiligen

Crescentius, Vitus und Modestus. Im linken Seitenaltar steht eine barock überarbeitete Muttergottes, um 1500. Bemerkenswert sind die Vortragsfiguren der Heiligen Rochus und Sebastian aus der ersten Hälfte des 17. Jahrhunderts.

Die Straße zieht unter den Loferer Steinbergen durch das grüne Tal entlang der Saalach über Sankt Martin bei Lofer nach Saalfelden.

Wir wollen von Sankt Martin aus die Wallfahrtskirche *Maria Kirchental* besuchen. Sie liegt hoch oben unter den Loferer Steinbergen in einem engen Hochtal, wo die Bauern der Kirche Sankt Martin, die ›Kircher‹, Holz- und Weiderecht hatten. Daher rührt der ursprüngliche Name Kirchental. Einst war dieser abgelegene Ort nur über einen steilen Pfad zu erreichen, heute kann man hinauffahren – es lohnt sich. Man kann auch von Lofer auf dem ›Tiroler Steig‹ hinüberwandern.

Es ist ein einsamer Fleck, gut zum Ausruhen, wenn man zu Fuß heraufgestiegen ist. Rings umgibt ihn Bergwald, und hinter ihm steigen die grauen Felswände auf. In der Mitte des Kessels steht die Kirche, ein nüchterner, sparsam gegliederter Bau, ohne Prunk. Nichts als weiße Mauern mit strenger Gliederung, nur leicht geschweift im Giebel und an den Turmgesimsen, über denen die schlanken runden Laternen sitzen.

Im Jahre 1689 schafften die Bauern aus Sankt Martin ein altes hölzernes Marienbild hier herauf, da ihre Kirche barokkisiert wurde und man keine Verwendung für die Statue mehr hatte. Einige Jahre zuvor hatte hier oben ein Holzknecht ein Kapellchen gebaut, dessen Altärchen nun die Muttergottes aus dem Anfang des 15. Jahrhunderts aufnahm. Im gleichen Jahr trug sich etwas seltsames zu: Maria schaute recht traurig vor sich hin, ja sie weinte sogar. Als die Leute davon hörten, kamen sie in Scharen von allen Seiten; der Anfang zur Wallfahrt war gemacht, und bald genügte die Holzknechtskapelle nicht mehr.

24 Radstatt *Lithographie von Franz Wolf nach Adolph Kunike, um 1840*

25 Hohenwerfen über der Salzach

Lithographie nach C. Auer, um 1815

26 Kirche und Wirtshaus auf dem Radstätter Tauern-Paß

Kolorierte Umrißradierung von Joseph Zutz nach Carl Viehbeck, um 1820

27 Schloß Moosham im Lungau

Anonymes Aquarell von 1827

28 Ramingstein mit Burg Finstergrün
Aquarell von Leopold Steinlechner, um 1817

Im Jahre 1691 besuchte der Erzbischof von Salzburg, Graf Johann Ernst von Thun-Hohenstein, das Kirchental, ließ sich berichten und ordnete den Bau einer größeren Kirche an. Da er Johann Bernhard Fischer von Erlach damit beauftragte, wurde sie recht groß. Die Bauarbeiten, welche 1694 begannen, leitete Baumeister Stefan Millinger aus Lofer, und 1699 stand die Kirche, die der Bruder des Erzbischofs, Graf Rudolf, Bischof von Seckau, 1701 weihte.

Hans Sedlmayr ist der Ansicht, daß die Fassade der Kirche reicher geplant worden sein könnte, so wie man sie auf dem Stich von Pereth ›Bildnis der Bauten des Grafen Johann Ernst von Thun‹ sieht. Wahrscheinlich aber verboten die hohen Baukosten von 40000 Gulden einen reicheren Schmuck, auch ist es ungewiß, ob der Stich auf die Entwürfe Fischers zurückgeht.

Ungeachtet aller Schlichtheit wirkt der strenge Bau – eine Vorstufe zur Kollegienkirche in Salzburg – kraftvoll und großartig und ist der ernsten Hochgebirgslandschaft gut angepaßt. Die Kirche ist nicht geostet, sondern nach Westen ausgerichtet, wo die Apsis halbkreisförmig vortritt. Die dreigeschossige Ostfassade – sie erinnert etwas an die des Salzburger Doms und an Maria Plain – ist durch kräftige Gesimse und Pilaster an den Ecken gegliedert. Im rotmarmornen Portal sitzt das Thunische Wappen, im Giebel ein Fresko des Gnadenbildes sowie eine Sonnenuhr, die, wenn der Zeiger vorhanden wäre, zugleich ost-, mittel- und westeuropäische Zeit anzeigen würde.

Ebenso streng wie der Außenbau ist das Innere, mit Tonnengewölben auf starkem Gebälk über Pilastern mit korinthisierenden Kapitellen. Der neubarocke Hochaltar von 1857 birgt das Gnadenbild, an den Außenseiten flankiert von den beiden Johannes, Werken des Andrä Eysl (Eisl) von 1745. Die Dreifaltigkeitsgruppe schnitzte der Salzburger Johann Scheidl 1858, und Eysls Gruppe befindet sich heute in der Pfarrkirche von Kuchl. Die Kanzel arbeitete Franz Lamber aus Kitzbühel 1707-1709 und Georg Maier aus Mittersill schnitzte 1710 die Statuetten der vier Evangelisten und die Putten mit Symbolen der Lauretanischen Litanei am Schalldeckel.

Die marmornen Seitenaltäre in den Querarmen, bekrönt von den Wappen der Stifterfamilie Thun, wurden 1710 aufgestellt, im Süden der Familienaltar, mit einem guten Altarblatt von Jakob Zanusi, im Norden Mariae Heimsuchung. Hinter dem Hochaltar steht in einer Nische die eindrucksvolle Holzfigur des Schmerzensmannes aus der Guggenbichler Werkstatt vom Anfang des 18. Jahrhunderts.

Besonders hübsche und instruktive Beweise der Volksfrömmigkeit sind die zahlreichen Votivbilder, die von Bewahrung in Krieg, Unglücksfällen, Krankheit, Naturkatastrophen erzählen, von der tiefen Frömmigkeit und dem Vertrauen der Landleute auf die Hilfe der Gottesmutter.

Draußen auf der Wiese stehen zwei stattliche Häuser mit hohen schindelgedeckten Krüppelwalmdächern, das Mesnerhaus, 1751 gebaut, wo auch Pilger übernachten konnten, und das Regenshaus von 1690-1692, wo junge Priester den letzten Schliff erhalten, wo alte Priester ein Heim finden können. Alles das steht in gelassener Harmonie mit der Landschaft um den ›Pinzgauer Dom‹.

Zum Leoganger Tal

Bei Saalfelden zweigt das Leoganger Tal ab, durch das die Straße über den Grießenpaß nach Sankt Johann in Tirol und Innsbruck führt. Beherrscht wird es von dem Massiv der Leoganger Steinberge, und sein Hauptort ist *Leogang* selbst, dessen Pfarrkirche Sankt Leonhard noch von einer eisernen Kette umspannt wird, denn der Heilige war auch der Tröster und Helfer für Gefangene. Die Kirche ist 1745-1750 von Jakob Singer aus Schwaz gebaut und von seinem Landsmann Christoph Anton Mayr ausgemalt worden.

In der Gegend von Leogang werden noch Geschichten von der Frau Percht erzählt, wie überall im bayerischen und salzburgischen Gebirgsland. In den Rauhnächten zieht sie von Hof zu Hof, und um Mitternacht kehrt sie gern in Bauernhäusern ein. Meist ist Frau Percht den Menschen wohlgesonnen. In jedes Haus, das sie besucht, ziehen Glück und Segen ein, aber sie verläßt es zornig, wenn sie die Bewohner faul, schmutzig und unordentlich findet. Am Perchtentag, dem Vorabend des Dreikönigstages, trippeln hinter ihr die ›unschuldigen Kinder‹ her, die Seelen der ungetauft gestorbenen Kleinen.

Die Bäuerin stellt am Vorabend des Dreikönigstages Krapfen auf den Tisch, um Frau Percht und die Kinder zu ehren, denn wenn die Percht kommt, gibt es ein gutes Jahr. Ein Bauer, der das alles nicht glauben wollte, versteckte sich einst abends im Backofen, um den Besuch der Frau Percht abzuwarten. Endlich war es soweit. Zwölf Schläge der Wanduhr unterbrachen die Stille. Da öffnete sich die Tür, ein Lichtschein erhellte die Stube, und eine große, schöne Frau mit hellblondem Haar trat ein, begleitet von mehreren Kindern. Unruhig schaute Frau Percht umher. Etwas stimmte nicht. Sie beachtete das gute Essen auf dem Tisch nicht. Da rief eines der Kinder: Mutter, im Ofen brennen Lichtlein! Lösch sie aus, sagte Frau Percht ernst. Das Kind blies ins Guckloch, und alle verschwanden. Der Bauer aber war blind. Auch der gute Geist des Hauses war gegangen, Unglück folgte auf Unglück, Hagel zerschlug die Ernte, eine Seuche wütete unter dem Vieh. Eine alte Frau, die sich in solchen Dingen auskannte, riet dem verzweifelten Bauern: Setz dich am Perchtentag wieder in den Backofen, vielleicht erbarmt sich Frau Percht und gibt dir das Augenlicht zurück. Als die Zeit da war, schlupfte der Bauer wieder in den Ofen und wartete sehnsüchtig auf die Erscheinung. Wirklich erschien Frau Percht mit den Kindern, deren eines rief: Mutter, heute brennen keine Lichtlein im Backofen! Frau Percht sagte freundlich: So zünd sie halt wieder an. Schnell eilte das Kind zum Backofen und leuchtete mit einem brennenden Kienspan ins Guckloch. Den Bauern blendete der helle Lichtschein,

denn er konnte wieder sehen. Trotz seiner Freude blieb er
still, denn er wollte Frau Percht nicht wieder vertreiben, ehe
sie gegessen hatte.

Saalfelden

Saalfelden liegt auf uraltem Siedlungsboden und erreichte die
größte Bedeutung in der späten Latènezeit als oppidum der
keltischen Ambisontier auf dem Biberg in der ersten Hälfte
des 1. Jahrhunderts vor Chr. Das Tal von Saalfelden war die
einzige Landschaft des salzburgischen Gebirgslandes, deren
Bewohner die Wirren der Völkerwanderungszeit überstan-
den, so daß keltische Bevölkerungsteile überlebten und sich
mit den Bayern vermischten. Der große Markt, ein sehr beliebtes Ferienziel, liegt unter den fahlen Wänden des Steinernen Meeres. Ringsherum stehen noch einige Schlößchen, wie
Farmach aus dem 16. Jahrhundert oder Lichtenberg.

Heinrich Noé berichtet von dem landschaftlichen Eindruck: *Ich sehe uns Beide heute noch vor der Türe des Wirts-
hauses sitzen. Die Abhänge des Steinernen Meeres, an welchem man zum Funtensee und weiter zum Königssee hinauf-
steigt, standen greifbar vor uns mit all ihren Steinrissen – dem
Karwendel nicht unähnlich. Weiße Kalkrunsen ziehen sich
gegen das grüne Tal herab – die Bäche summten, die Mädchen gingen, Blumen im Haar, zur Nachmittagskirche, von
woher eben, eines heranziehenden Gewitters halber, das
Wetterläuten erscholl.*

So sieht es heute noch dort aus, mit der Ausnahme, daß
die Mädchen keine Blumen im Haar tragen, und alles infolge
des dichten Autoverkehrs im Sommer viel lauter geworden
ist. Friedrich Graf von Spaur erzählt von einem Volksfest im
Jahre 1798:

*Mit inniger Freude blickte ich auf den schlanken, stamm-
haften Körperbau dieser rüstigen Bergbewohner. Alle gleichen sie den starken, majestätischen Felswänden, von welchen die erwärmenden Sonnenstrahlen auf ihr trefflich kulti-
viertes Tal zurückprallen. Keiner unter ihnen war mißgestal-*

tet. *Ihre starknervigen Arme, ihre breiten Schultern und vollen Waden verkündeten echt herkulische Riesenkräfte. Einer ihrer Finger ist mit einem starken, breiten, meistens silbernen Ringe bewaffnet, der schon manchem ihrer Gegner bei Raufereien fürchterlich geworden ist. Unter ihrem gelben, mit schwarzen Bändern eingefaßten und mit einer Hahnenfeder oder einem Gemsbarte gezierten runden Hute blitzt ein feuriges, schwarzes Auge hervor. Ihr ganzer Anzug ist reinlich, leicht, kurz und der gebirgigen Gegend angemessen. Ihre weiten Beinkleider bedecken nie ihre zu jeder Jahreszeit offenen Knie. Ein farbiger Hosenträger und ein schön beschlagener Gürtel über ihrem roten Wams und unter ihrem grauen, mit schwarzen Aufschlägen versehenen Rocke, sind ihre vorzüglichste Feiertagszierde. Immer führen sie dabei die Tabakspfeife im Mund und das Branntweinglas wird bei solchen Gelegenheiten auch nicht unfleißig geleert. Ihre frische, blühende Gesichtsfarbe verrät übrigens nicht minder die dauerhafteste Gesundheit.* Noch gibt es Bauern, die wie kleine Könige auf ihren Höfen sitzen, reich an Land und Vieh.

Nahe von Saalfelden, an der Straße nach Dienten, das wir bereits besucht haben, liegt *Maria Alm* mit seinen schönen alten Bauernhäusern und der Wallfahrtskirche Unser lieben Frau Geburt, ein großer einschiffiger Bau mit hohem Westturm, um 1500-1508 entstanden. Im 18. Jahrhundert erhielt die Kirche eine festliche farbige Ausstattung. Die Wandpfeiler wurden ummantelt, die Rippengewölbe entfernt und 1757 von dem Schwazer Christoph Anton Mayr mit gemaltem Stuckdekor und Deckenbildern, Verherrlichung Mariens, versehen. Der große prächtige Hochaltar von 1754 umschließt das Gnadenbild der Muttergottes aus dem letzten Viertel des 15. Jahrhunderts. Das Figurenwerk stammt von Daniel Mayr aus Saalfelden, der auch die Statuen der Seitenaltäre von 1720 und 1685 geschaffen hat, einen Nepomuk und den Gekreuzigten.

Kurz vor Zell passieren wir das Schlößchen Prielau, das um
1560 gebaut wurde, von 1598-1722 den Grafen von Khuen-
Belasi, dann bis 1806 dem Bischof von Chiemsee gehörte.
1932 kaufte es die Witwe des Dichters Hugo von Hofmannsthal, deren Familie es noch jetzt gehört. Es ist der typische,
schlichte Salzburger Sitz mit hohem geschindelten Walmdach
und zwei Türmchen. In einigen Räumen finden sich noch
Holzvertäfelungen und Kassettendecken, eine datiert 1592.
Die kleine Dreifaltigkeitskirche wurde in den Jahren
1730-1745 gebaut, und das Figurenwerk der Altäre schuf der
Saalfeldener Daniel Mayr.

Vor uns blinkt der Spiegel des langgestreckten Zeller Sees,
und bald darauf fahren wir in die Stadt ein. Sie liegt schön am
Ufer, zwischen Schmittenhöhe und Hundstein. Rings um See
und Stadt ragen die Hochgebirge auf, im Norden das Steinerne Meer mit seinen Zacken in fahlgrauer Blässe, davor die
bewaldeten Vorberge, im Süden das Tauernmassiv des Groß-
glockners. Die Stadt gehört zu den ältesten Orten des Pinzgaus, wohl ein Hauptort der keltischen Ambisontier. Als
Salzburg vor 788 Zell geschenkt bekam, wurde dort eine
Mönchszelle ins Leben gerufen, die dem Ort den Namen gab.
Dank der günstigen Lage wurde Zell schon im 13. Jahrhundert Markt, dessen Bürger unter anderen Freiheiten das Privi-
leg hatten, nicht ins Gefängnis gebracht oder in Eisen gelegt
zu werden, sondern die Haft für die Dauer des Prozesses im
eigenen Haus absitzen zu dürfen. Am Bauernkrieg nahmen
die Zeller nicht teil. Sie erhielten daher den Ehrennamen
›getreue Knechte Sankt Ruperts‹, hatten auf der Wallfahrt
zum Salzburger Dom den Vortritt und wurden im Hofkeller
kostenlos bewirtet. In der Mitte des Marktes stand eine große
Linde und eine Laube, wo die Bürgerschaft sich einst am Tanz
vergnügte.

Die Stadt ist ein Stück Alt-Pinzgau, mit behäbigen Bürgerhäusern, Gasthäusern und Hotels, mit dem einstigen Schloß

Rosenberg aus dem 16. Jahrhundert, das jetzt als Rathaus und Heimatmuseum dient, mit einer hübschen Friedhofskapelle von 1771, dem hohen Turm am Hauptplatz, vielleicht ein ehemaliger Getreidekasten aus dem 13. Jahrhundert?

Der wichtigste Bau ist die Stadtpfarrkirche Sankt Hippolyt, tausendjährig dem Ursprung, achthundert Jahre dem Mauerbestand nach. Wie erwähnt, gründeten um 790 Salzburger Mönche hier eine Cella. Erzbischof Odalbert (923-933) wählte Zell während der unsicheren Jahre zwischen der Niederlage des bayerischen Heeres bei Preßburg und der siegreichen Schlacht von 955 gegen die Ungarn auf dem Lechfeld bei Augsburg Zell als Zufluchtsstätte im Gebirge. Er hat wohl die erste Kirche bauen lassen. 1130 übernahmen die Augustinerchorherren das Stift und errichteten eine neue Kirche. Es folgte im ersten Viertel des 14. Jahrhunderts ein Umbau im Innern. Damals erhielt die Kirche eine neue Apsis, das Kreuzrippengewölbe, und der ganze Raum wurde gotisch übergangen. In der zweiten Hälfte des 15. Jahrhunderts wurde der Turm an der Westseite gebaut. Die Ausstattung des Inneren mit Fresken erstreckte sich vom 14. bis ins 17. Jahrhundert.

1770 tat ein großer Brand beträchtlichen Schaden, und dreiundzwanzig Jahre später mußten die brüchig gewordenen Gewölbe des Langhauses abgebrochen werden, ja man dachte an einen völligen Neubau. 1813 erhielt die Kirche im Langhaus eine Kassettendecke. Die letzte Restaurierung stellte, wenigstens im Außenbau, den romanischen Charakter des Gotteshauses weitgehend wieder her.

Die Einrichtung ist neugotisch, aber in den Altären stehen noch alte Figuren, so im Hochaltar die Heiligen Rupertus und Virgil, um 1480, am südlichen Seitenaltar eine thronende Muttergottes, um 1450, an der Orgelemporenwand die Heiligen Hippolyt und Florian, um 1520. Bemerkenswert sind die Freskenreste. In der Apsis des nördlichen Seitenschiffs sehen wir die Muttergottes zwischen Heiligen, frühes 14. Jahrhundert, die Gewölbe des südlichen Seitenschiffs tra-

gen reizende Blumen- und Rankenmalerei des frühen
17. Jahrhunderts, die Wand des Presbyteriums zeigt den
Schmerzensmann, aus der ersten Hälfte des 15. Jahrhunderts,
der Vorraum der Apsis des nördlichen Seitenschiffs Enthauptung und Begräbnis der Heiligen Katharina, aus dem
14. Jahrhundert und im zweiten Joch vier Medaillons mit den
Evangelistensymbolen der gleichen Zeit. Rechts neben und
hinter dem Hochaltar ist auf ein Fresko hinzuweisen, dessen
Mittelfigur den Auferstandenen zwischen den beiden Johannes darstellt, um 1500. Ein Kleinod aber ist die Orgelempore,
eine der schönsten im Salzburger Land, 1514-1515 entstanden, auf zwölf Marmorsäulen ruhend. Die reiche Schauwand
ist in Kielbögen mit Krabben und zierlichen Fialen geöffnet,
die Brüstung von reichstem, elegantestem Maßwerk durchbrochen. So hat jedes Jahrhundert die Kirche bereichert, die
in ihrem ältesten Bestand zu den bedeutendsten romanischen
Bauten Salzburgs gehörte.

Kapruner Tal

Von Zell ist es nicht weit ins Kapruner Tal, durchflossen von
der Kapruner Ache. Unweit des Ortes steht die Ruine der
Burg, wo einst die Herren von Walchen, dann von Felben
saßen. Vom Ende des 15. Jahrhunderts bis 1600 war die Burg
Sitz eines Salzburgischen Pflegegerichts, dann verfiel sie.

Aber nicht dem alten Schloß gilt heutzutage das Interesse,
sondern dem in den Jahren 1938-1952 gebauten riesigen
Tauernkraftwerk in 2000 Meter Höhe. Es war ein kühnes
Unternehmen, welches das größte Alpenkraftwerk Europas
entstehen ließ, und es hat Unsummen, Menschenleben und
viel Schweiß gekostet. Drei große Stauseen, der Tauernmoos-
See, der tiefer gelegene See Moserboden und der noch weiter
unten liegende See Wasserfallboden, speichern die Wasser
aller von den Gebirgen herabstürzenden Bäche. Das weite
Hochtal wird von der Limbergsperre abgeriegelt, einer tech-
nisch vollendeten Konstruktion, 357 Meter breit und 120

Meter hoch. Auch unterhalb des Pasterzengletschers am Großglockner liegt ein Stausee namens Margaritze, dessen Wasser durch einen zwölf Kilometer langen Druckstollen, den Möllstollen, in den Moserbodensee fließen. Italiener, Franzosen, Jugoslawen, Deutsche, Österreicher, Arbeiter aus ganz Europa kamen herbei, Sprengmeister, Bauhandwerker, Mineure. Es muß wie ein Fieber gewesen sein, und sicher hat sie nicht allein der Lohn gelockt, sondern war auch Abenteuerlust die Triebfeder zur Arbeit dort. Staatsanleihen und Marshallplangelder ermöglichten den Bau, der jährlich von 350000 neugierigen Touristen besucht wird. 830 Millionen Kilowattstunden Strom erzeugt das Kraftwerk im Jahr, ausreichend für ein Gebiet, das von Wien bis ins Ruhrgebiet, von Triest bis in die Tschechoslowakei reicht. Nichts mehr erinnert an die gewaltige Arbeit, die dort geleistet worden ist. Die Berge spiegeln sich in den Seen, als wäre es immer so gewesen.

Zu den Krimmler Fällen

Von Zell aus wollen wir der Salzach in westlicher Richtung folgen, immer begleitet von mächtigen Gebirgszügen, rechts die Kitzbüheler Alpen, links der Tauern.

In *Walchen* finden wir die kleine Kirche Sankt Ulrich und Elisabeth, die 1755 nach Entwurf von Kassian Singer aus Kitzbühel neu gebaut worden ist. Sie birgt eine reizende bunte Rokokoausstattung, hübsche Votivbilder und ein eindrucksvolles Kruzifix, um 1500.

Bei *Uttendorf* zweigt das Stubachtal ab, dessen Berge der Glockner- und Granatkogelgruppe angehören. Wegen seiner reichen landschaftlichen Gliederung gehört es zu den schönsten Tauerntälern. Es endet im Tal des Weißbachs, in dem der Grünsee schimmert, über dem, mit der Schwebebahn erreichbar, der Weißsee unter dem Gletscher des Granatkogel liegt. Weiter salzachaufwärts gelangen wir nach *Stuhlfelden,* einstmals salzburgisches Priorat und Kelleramt und älteste Pfarrei des Oberpinzgau, ein prächtiges Dorf, an dessen Rand Schloß

Lichtenau steht, ein stattlicher Bau unter hohem geschindelten Dach mit vier Ecktürmchen. Die Herren von Rosenberg,
eine Gewerkenfamilie aus Zell, sollen es im Jahre 1506 gebaut haben. Es folgten als Besitzer die bayerischen Grafen
von Törring, dann die Grafen von Khuen-Belasi, die dem
Schlosse 1624 sein heutiges Aussehen gaben. Heute ist es
Diözesanhaus.

Schön ist die Kirche Sankt Maria, die 963 urkundlich
genannt wird. Es ist eine einschiffige gotische Kirche mit im
Kern romanischem Langhaus, Süd- und Westportal aus der
Zeit um 1250. Am marmornen Hochaltar, der 1783-1785
nach Entwurf des Salzburgers Wolfgang Hagenauer aufgestellt wurde, stehen rechts die Figuren der Heiligen Katharina
von Siena, Virgil und Leonhard, links die der Heiligen Rupertus, Dominikus und Joseph, von der Hand des Petrus Schmid
1783 geschaffen. Die Muttergottes entstand im Jahre 1480.
Der 1740 gestiftete Altar der Michaelskapelle enthält ein
Gemälde von Jakob Zanusi, und das große Wandbild, die
Taufe der Heiligen Odilia aus dem Elsaß, ist von Michael
Rottmayr 1696 gemalt worden. Hübsch ist die Allerseelenka-
pelle mit Sternrippengewölbe und Altar von 1720.

Hauptort des Oberpinzgaus ist *Mittersill,* beherrscht von
seinem Schloß, das einst Sitz der Grafen von Matrei-Lechsgemünd war. An ihm vorüber führt die Straße über den Paß
Thurn nach Kitzbühel. Seit 1228 war die Burg erzbischöflich;
sie wurde nach Zerstörungen im Bauernkrieg ab 1532 gro-
ßenteils wieder aufgebaut. Die Bauten gruppieren sich um
zwei Höfe, die man durch den Torturm erreicht. Die herrliche
Aussicht von der Terrasse umspannt das Salzachtal weit nach
Westen und Osten mit allen Gebirgszügen. Wir schauen ins
Felbertal, das zum Felbertauerntunnel führt.

Man soll *Felben* nicht vergessen: Findet man hier doch noch
besonders schöne, ganz unberührte Pinzgauer Bauernhäuser
des 17. Jahrhunderts nach uralter Weise aus warmem dun-

kelbraunem, samtig wirkenden Balkenwerk gefügt, vor allem
bei dem alten Turm, einst Wohnturm der Herren von Felben,
der 1332 urkundlich genannt wird, später als Getreidekasten
verwendet wurde und heute das Heimatmuseum von Felben
birgt.

Das Anmutigste aber ist die Sankt Nikolauskirche, wohl
1479 fertiggestellt, ein kleiner netzrippengewölbter Bau mit
einer Einrichtung des 17. und 18. Jahrhunderts, alles das im
unbekümmerten Nebeneinander, doch durch den schönen
Zusammenklang so anziehend und behaglich wirkend – ein
wahres Bilderbuch, bunt, vielgestaltig und qualitätvoll.

Drei Altäre stehen im Raum. Den Hochaltar hat der Mit-
tersiller Schreinermeister Ruep Niederfilzer 1631 gearbeitet.
In ihm stehen die um 1500 geschnitzten Figuren des Kirchenpatrons Sankt Nikolaus und der vierzehn Nothelfer sowie die
Muttergottes aus der Zeit um 1600. Die Seitenaltäre sind
1781 aufgestellt worden. Der rechte ist dem Heiligen Martin,
der linke der Heiligen Familie geweiht. Auf dem rechten
sehen wir die Heiligen Wendelin und Florian; die Gemälde
zeigen den Heiligen Martin und oben die Heilige Barbara.
Der linke Altar ist geschmückt mit den Statuen der Heiligen
Nepomuk und Antonius, während das Altarblatt den Heiligen Wandel, das Auszugsbild Magdalena zeigen. Die Bemalung des Kanzelkorbs – die Kanzel wurde 1631 geschaffen –
stellt die Heiligen drei Könige dar, auf den Wangen des
Aufgangs Christi Geburt und den Bethlehemitischen Kinder-
mord. Wir blättern weiter in diesem hübschen Bilderbuch
und betrachten am Chorgewölbe das Fresko der Dreifaltigkeit mit Maria und kniendem Nikolaus, 18. Jahrhundert.
Unter der Orgelempore, die ebenfalls 1631 eingebaut und mit
Heiligen bemalt ist, entdecken wir Reste eines Freskos von
1476, das einen Zug von Säumern über den Felbertauernpaß
darstellt. An der Nordseite ist ein großes Wandbild der vierzehn Nothelfer und der sieben heiligen Zuflüchten aus dem
18. Jahrhundert. Ein kleiner barocker Sankt Georg mit dem
Drachen, Votivtafeln und Kreuzweg beleben den reizenden

Raum. Bilder, Skulpturen, Fresken scheinen miteinander zu
wetteifern, alles voller Farbigkeit und Innigkeit – man wagt
zu sagen: von himmlischer Heiterkeit.

Wir kommen nach *Hollersbach*. Auch von hier aus führt ein
Tal in südlicher Richtung in die Welt der Gebirge. Es endet
am Kratzenbergsee, den man nur zu Fuß erreichen kann. Mit
der alten Pfarrkirche in Hollersbach – die heutige wurde
1892-1893 gebaut – ist eine Sage verbunden. Der Metzger
von Uttendorf, so wird erzählt, war mit seinem Wagen von
Jochberg auf den Paß Thurn heraufgekommen und wollte
nach Hause fahren. Da kam ihm auf dem Paß ein Reiter nach.
Dieser sprach ihn an und sagte: Du könntest mir helfen und
einen ganz großen Gefallen tun. Du brauchst nur zum Vikar
nach Hollersbach zu fahren, der wird dir sagen, was du tun
sollst. Der Metzger tat, wie ihm geheißen, und berichtete dem
Vikar von seiner Begegnung. Der Vikar sagte, daß er das
große Werk vollbringen könne, aber vorher müsse er beich-
ten und kommunizieren. Das tat der Mann und kam am
nächsten Tag wieder. Der Vikar: Heute Abend mußt du in die
Kirche kommen und du mußt die ganze Nacht auf dem Altar
liegen bleiben, darfst durchaus nicht aufstehen, mag es zuge-
hen, wie es will, bis ich dich herunterhole. Es wird vielleicht
wüst hergehen, aber du mußt auf dem Altar aushalten, bis ich
komme! So geschah es. Der Vikar half dem Metzger auf den
Altar und versperrte dann die Kirche. Als es zwölf Uhr geschlagen hatte, ging es los. Der Mesner ist gekommen, hat
aufgesperrt; wie er den Mann auf dem Altar sah, hat er zu
schreien und zu jammern angefangen, dann ist es in der
Kirche zum Brennen gekommen, der Mesner hat Sturm geläutet, Leute sind hereingestürzt, haben geweint und gejam-
mert und geschrien: Die Kirche brennt! Es hat lichterloh
gebrannt, der Altar ist ins Brennen gekommen, ein furchtba-
res Prasseln und Krachen, ein Tuschen und Poltern, daß es
schrecklich zu hören war. Der Vikar ist gekommen, die Leute
haben dem Metzger zugeschrien: Steig herab vom Altar, du

verbrinnst ja! So ist der unerhörte Lärm dahingegangen, bis
es im Turm ein Uhr schlug. Da war auf einmal der ganze Spuk
vorbei. Als am Morgen wirklich der Vikar kam, hat der
Metzger ihm alles erzählt, der Vikar hob ihn vom Altar und
sagte: Morgen und übermorgen wirds noch viel ärger werden, denn das tut der böse Feind, aber wenn du es aushältst,
tust du ein großes gutes Werk. In der nächsten Nacht brach
der Bach in die Kirche ein, wälzte Schlamm und Felsbrocken,
die Leute schrien, die Sturmglocken läuteten, aber der Metzger blieb liegen, bis der Vikar ihn erlöste. Es kam die dritte
Nacht. Um zwölf Uhr kamen Leute in die Kirche, diesmal still
und wie gewöhnlich. Sie fragten: Wer liegt denn dort auf dem
Altar? Das ist ja der Uttendorfer Metzger! Ja richtig, der ist's.
Was hat er denn? Ist er narrisch geworden? Ja, der Metzger is
narrisch geworden. Schaut's den Narren an auf dem Altar!
Immer mehr Leute kommen, schauen, lachen, spotten, wit-
zeln, es läutet zum Gottesdienst. Es wird zur Messe hergerichtet, zusammengeläutet, die Kerzen angezündet, das Kissen
unter dem Kopf herausgerissen, der Vikar schreit aus der
Sakristei heraus: Jetzt schau, daß d' runterkommst vom Altar,
ich muß jetzt Meß lesen! Der Vikar liest die Messe, der
Metzger rührt sich nicht vom Fleck, selbst bei der Wandlung,
obgleich ihm ganz übel zumut ist, und als es ein Uhr schlug,
war alles vorbei. Am Morgen sagte der Vikar: So, jetzt hast
du etwas ganz Großes getan. Du hast die arme Seele erlöst.
Wie dankbar wird dir der schwarze Reiter sein.

Es folgt *Mühlbach,* wo einst Kupferbergbau betrieben
wurde. Ein Fußweg führt ins Mühlbachtal nach Norden,
zwischen Wildkogel und Großem Rettenstein, der wegen
seines schroffen Kalksteingipfels der auffallendste unter den
nördlichen Bergen des Pinzgaus ist. Von hier zog der alte
Saumweg über das Stangenjoch in das Tiroler Spertental.

Nur wenig weiter liegt das stattliche Dorf *Bramberg* unter
dem Wildkogel mit seiner Kirche Sankt Laurentius, die

1505-1511 erbaut, in den Jahren 1787-1789 nach Westen erweitert worden ist. Im Hochaltar von 1765 befinden sich Skulpturen von Petrus Schmid aus Mittersill, sowie eine sitzende Muttergottes der Zeit um 1500, an den Pfeilern gute Statuen von Aposteln und Heiligen von der Hand Franz Öfners aus Kitzbühel, 1733 geschaffen. Die eindrucksvollste Figur aber ist die herrliche Pietà am südlichen Seitenaltar, ein Werk von etwa 1400.

Im Jahre 1713 prügelten sich zwei Frauen in der Kirche derart, daß die eine schwerverletzt liegen blieb. Sie hatte so viel Blut verloren, daß die Kirche neu geweiht werden mußte. Wie in vielen anderen Ländern, trieb der Hexenwahn auch im Pinzgau giftige Blüten. Als 1574 ein schweres Unwetter das Land zwischen Kaprun und Zell verheert hatte, gab man die Schuld der Pfarrköchin von Bramberg, Eva Neidegger. Die wütenden Bauern schickten eine Abordnung nach Salzburg und verlangten die Verhaftung der Frau. Erzbischof Johann Jakob von Khuen-Belasi ordnete eine Untersuchung an. Die unsinnigsten Beschuldigungen wurden vorgebracht, darunter die, daß jedem Wetter Vögel als Wegweiser voranflögen. Diese Vögel seien der Pfarrer von Bramberg und seine Köchin. In der Folter gab die arme Frau alles zu, beschuldigte auch den Pfarrherrn, und beide sind verbrannt worden.

Verlassen wir Bramberg, sehen wir rechter Hand den Weyerhof, Rest eines Wohnturms, der vormals dem Bistum Chiemsee gehörte und wohl aus dem 12. oder 13. Jahrhundert stammt. Im zweiten und dritten Obergeschoß weist eine Apsis auf die ehemalige Kapelle hin. Noch soll es eine getäfelte Stube geben, die für den Aufenthalt des Fürstbischofs oder seines Vertreters vorgesehen war. Bei dem Weiler Weyer beginnt das *Habachtal,* in dem einst auf Smaragde gegraben worden ist. Es kann nicht mit dem Wagen befahren werden. Seine Berge, vor allem auf der rechten Seite, steigen hoch auf, bis zu 3000 Metern, so die Hohe Fürlegg vor dem Kleinen- und Großvenediger. Die Fürlegg mit der fast senkrecht aufschießenden Fatzenwand, dem großen Gletscher über dem

Besteigung des Großvenedigers

Immer haben die Gebirge die Menschen angezogen, aber erst ganz am Ende des 18. Jahrhunderts fingen sie an, sie zu besteigen. Vorher sahen sie lieber aus sicheren Tälern zu den Bergriesen auf, erfreuten sich an der heroischen Landschaft, an ihren Schluchten, zerrissenen Graten und im Firn leuchtenden Gipfeln. Sie waren froh, wenn sie nach langer beschwerlicher Reise im Postwagen die Paßstraßen überwunden hatten, doch hinaufgestiegen sind sie nicht. Die Venedigergruppe zu besteigen wäre niemand in den Sinn gekommen. Woher mag sie ihren Namen haben? Wahrscheinlich vom Handel mit Venedig, denn ›venedische Waren‹ wurden über die Pässe ins Land gebracht. Schon die keltischen Taurisker – sie gaben dem Gebirge den Namen – brachten Gold, Erze und Salz nach Italien. Der Name Venediger aber ist auch mit Sagen verknüpft. Wir liebten als Kinder die Geschichten von den Venedigermännlein, den Goldsuchern aus der Lagunenstadt, die einen durchaus historischen Kern haben. Sie trugen schwarze Mäntel und spitze Hüte und zeigten sich hie und da dem Wanderer. Auch besaßen sie Zauberspiegel, welche ihnen die in den Tiefen ruhenden Schätze anzeigten.

Am 3. September 1841 bezwang eine Schar mutiger Männer zum ersten Mal den Großvenediger. *Nie, so lange die Welt steht, hat ein Menschenfuß seinen schauerlichen Rükken betreten; nie ein Mensch die schauerliche Stille auf dieser eisigen Christenburg je gestört. Jetzt ist er erstiegen!* Das schrieb Ignaz von Kürsinger, einer der Männer, die an dem kühnen Unternehmen teilgenommen hatten. Man muß bedenken, daß sie keineswegs so gut ausgerüstet waren wie Bergsteiger unserer Tage, ganz im Gegenteil. Wir lesen im Bericht Kürsingers: *Es war am 2. September des Jahres 1841, als eine Schar von Vierzig, voran ein lustig flatterndes Fähnlein, durch Oberpinzgau's bergumschlossenes Alpenthal dahin zog, umringt überall, wo sie hinkam, von der Menge; allein nicht nur angegafft von ihrer Menge, sondern aufs*

*herzlichste begrüßt von ihrer warmen Theilnahme und be-
gleitet von ihren frömmsten Wünschen. Aus Heimischen bestand der Zug, zusammen geströmt am bestimmten Tage aus
allen Theilen des Ländchens; allein auch von weiter Ferne
Gekommene schlossen sich an. Über die Wolken hinaus hoch
in die Lüfte hebt im Süden des Ländchens ein mächtiger
Bergkoloß, des Glockners ebenbürtiger Nachbar, sein kühnes Haupt empor, sich nennend nach der ehedem so stolzen
Stadt, der Herrscherin des Oceans. Weithin über die Länder,
über die ausgedehnten, schaut das hohe Haupt hinaus; weit-
her von den Ländern sieht man selbes in den ersten Strahlen
der Morgensonne glänzen; allein kein Sterblicher hat noch
Kunde gebracht von der unbetretenen Spitze. Dahin lenkt der
Zug der Vierzig; dahin über rauhe Wege, Klippen und Abhänge; über ein Chaos von Felsentrümmern und ein wild
starrendes Meer tausendfältig zerklüfteter Eismassen; dahin
über unsichern, beweglichen Boden, durch unbekannte Re-
gionen und ein ungewohntes Element; hinansteigend die
steile Höhe, die himmelnahe; immer höher und höher hinauf-
klimmend; erlahmend, endlich, allein nach vorwärts trach-
tend – und sieh! – erstiegen wird die eisstarrende Veste; von
ihrer höchsten Zinne nieder flattert im Winde das Fähnlein,
und zum Erstenmale tönt freudiger Ruf von ihr herab, wo nie
eine menschliche Stimme erklungen; ertönt in die ätherischen
Lüfte ein Lebehoch dem kaiserlichen Hause! ... Während wir
alle 15-20 Schritte keuchend ausruhten, und durch kurzes
Niederlassen im Schnee neue Kräfte zur letzten Anstrengung
zu gewinnen suchten, während unser Mittelzug todesmüde
auf der höchsten Schneekante zwischen dem großen und
kleinen Venediger eine Weile ausruhte, um die nach Norden
noch ganz unbewölkte spiegelreine unendliche Aussicht an-
zustaunen, sahen wir den ersten Zug oder die Vorhut mit der
Fahne über die kaum drei Schuh breite Kante des großen
Venedigers auf seine noch immer ungetrübte eisige Spitze wie
kleine dunkle Punkte langsam zuschreiten. Die Uhr zeigte $9^{1/2}$
Uhr Vormittags ...*

Die Fahne wurde aufgepflanzt, und dann schrien alle: Hoch lebe das Haus Österreich! Hoch lebe die ganze Gesellschaft! Hoch leben alle Pinzgauer! Schon im Jahre 1828 hatte Erzherzog Johann die Besteigung des Berges versucht, da aber Lawinengefahr bestand, befahl der Erzherzog umzukehren.

Zum Großglockner

Von Bruck aus zieht die berühmte Straße zum Großglockner durch das Fuscher Tal über die Edelweißspitze nach Heiligblut. Jede Kehre bringt neue überraschende Ausblicke – wenn das Wetter schön ist. Das Tal beginnt weit und offen; schmale Seitentäler zweigen ab, wie das Sulzbachtal und Hirzbachtal bei Fusch, in denen vor Zeiten Goldbergbau betrieben worden ist. Heinrich Noé berichtet von einem Gespräch, das er in einer Gaststube am Königssee hatte. *Das Gespräch drehte sich um allerlei seltsame Dinge, die oben in den Einöden der Berge vorgehen, und der Saalfeldner war der beredteste von allen… ›Du, Zirnitzer‹, unterbrach auf einmal ein alter Bursche, den ich öfter auf dem Königsee rudern gesehen hatte, den Saalfeldner, ›wie ist's denn damit, daß der Tauern alle Jahre Menschenleben fordern soll?‹ ›Wohl, das ist wahr‹, erwiederte der Zirnitzer. ›Auch der Zeller See bei mir daheim verlangt alle Jahr sein Opfer und auch die Feuersbrünste oder, wie die Leut bei uns sagen, der Feuergeist. Ich kann's euch sagen, warum das so ist. Es mag jetzt an die vierzig Jahr her sein. Ich war damals so ein Bub von vierzehn bis sechzehn Jahren und denk's wie heut – da ist einmal ein Bergknapp bei uns über Nacht geblieben; der sagt, daß die Berg-, Luft-, Wasser- und Feuergeister früher von den Leuten nicht so viel erzürnt wurden wie jetzt. Die Leut werden zu aufgeklärt, auf die alten Sachen wird nichts mehr gehalten, alles geht zurück und darum verschwinden auch die Schätze mehr und mehr.‹ Einige lachten, Andere schauten den Saalfeldner groß an, dieser aber fuhr, das Licht schneuzend, ruhig*

*fort: ›Früherer Zeit, wo noch mehr gebetet worden ist und die
Leut auch den Geistern alle Jahr wenigstens einmal geopfert
haben, ist so viel Unglück auf dem Tauern und sonst nicht
vorgekommen. Erz, Holz und Früchte hat's im Überfluß
gegeben und jetzt leiden wir an allem Not. Wenn ein Knappe
früher in der Grube gepfiffen hat, so ist ihm vom Hutmann
auf's Maul geschlagen worden, denn das erzürnt und ärgert
die Berggeister. Noch gröber war der Hutmann, wenn Einer
gescholten oder unsauber geredet hat – heutzutage tut jeder
was er will. Im Übrigen ist es von den Alten haarklein voraus-
gesagt worden, wie Alles werden wird. So trifft's ein. Wo
früher Gold und Kupfer in Menge waren, da ist eine Spur
davon schon eine Seltenheit. So ist's auch in der Fusch in
Hirzbach, wo ich sonst öfter hingekommen bin. Ich kenne
viele, die von ihrem Vater gehört haben, am Hirzbacher Berg
liegt das Gold so groß wie ein baierischer Silberkreuzer und
wie schaut's jetzt aus?‹ ›Das wird halt so sein, weil schon
Alles abgegraben ist!‹, meinte ein baierischer Holzknecht.*

*›Ja freilich‹, sagte der Zirnitzer, glauben tut Niemand
mehr was – das ist den Leuten schon zu dumm. Darum hört
man auch nimmer, daß wohltätige Geister bei der Nacht
reden und warnen, wie es in der Gastein zur Pestzeit gewesen
ist oder wie's sonst in den Gruben war. Hört man die alten
Leute reden, so sind alle Ereignisse im Bergbau von Stimmen
vorher verkündet worden, so daß die Knappen die Warnung
verstehen mußten. Jetzt bleibt alles stumm. Gerade so ist's
auch mit den Bergmandln –‹. Die Bayern aber lachten den
Zirnitzer aus.*

Links von Fusch geht es ins *Weiselbachtal* mit Bad Fusch
unter dem Schwarzkopf. Nach Fusch geht es bergan; es öffnet
sich der Talboden von *Ferleiten,* weit und grün, mit bewaldeten Lehnen, begleitet von Dreitausendern, wie Hoher Tenn
oder Großes Wiesbachhorn. Im Süden bildet die tiefe Einsat-
telung der Pfandlscharte den Übergang auf den Pasterzenkees
unter dem Großglockner, doch der eigentliche Talschluß ist
das Käfertal zu Füßen des Fuscherkarkopfes, aus dessen Glet-

schern Wasserfälle in Kaskaden herabstürzen. Lassen wir noch einmal Noé zu Wort kommen, der vor allem Herbsttage im Hochgebirge geliebt hat.

Die Farben der Berge sind wandelbarer als in wärmeren Tagen. Besonders der feuchte Südwind, der oft so urplötzlich einbricht und wieder verweht, zackt nicht nur die goldenen Wolkenbänke in federige Fasern aus, sondern schwimmt auch in tieffeuchtem Glanze über Höhen und Tiefen hin, daß jäh Alles verwandelt wird. Dunkle Felsen schimmern oft wie helle Gletscher und umgekehrt. Am meisten aber erfreut der späte Sonnenaufgang in Schluchten und Klammen – wie auf dem gegenüberliegenden Gebirge sich der scharfe Grat zu entzünden scheint, über dem die Sonne heraufdringen will – in einem Lichte und in einer farbigen Dunsthülle gleich dem Aufflackern von Löschpapier unter dem Brennglas.

Als erster hat Bischof Franz Altgraf von Salm-Reifferscheidt den Großglockner bestiegen. Auf einem Maultier sitzend machte er sich auf den Weg. Ziel des ersten Tages war die in 2638 Meter Höhe errichtete Hütte, die Salm-Hütte, eigens für dieses Unternehmen gebaut. Sturm zog auf, der Gipfel war unsichtbar geworden, Nebel brauten, und die Bergsteigergruppe mußte zwei Tage warten. Erst am 22. August 1799 klarte es auf, so daß die Bergsteiger ihren Weg fortsetzen konnten. Sie gingen über den Gletscher und glaubten, bald ihr Ziel erreicht zu haben, als das Wetter abermals umschlug und Schneefall einsetzte. Man mußte umkehren, aber das für den Gipfel bestimmte Kreuz wurde zurückgelassen. Der Bischof gab nicht auf. Nach einer Nachtruhe in Heiligenblut machten sie sich erneut auf den Weg, der diesmal tief verschneit war. Um die Mittagsstunde war der Gipfel erreicht. Sie hörten von Heiligenblut her das Krachen der gratulierenden Böller, stellten das eiserne Kreuz am 25. August 1799 auf, aber man hatte sich geirrt, es war der Kleine Glockner, den sie bezwungen hatten. Salm rüstete deshalb eine neue Expedition aus, ließ eine neue, höher gelegene Hütte bauen und begann am 28. Juli 1800 erneut den Versuch, den Berg zu bezwingen. Tatsächlich gelang es Pfarrer Horasch von Döllach und vier Männern, den höchsten Gipfel der Tauern zu erreichen, wo sie das Kreuz aufstellten.

Von Bruck ins Rauristal

Zwischen Bruck und Taxenbach, an der Straße über der Salzach nach Lend, liegt hoch am Berg das *Sankt Georgs-kirchlein,* ein schlichter Bau des frühen 15. Jahrhunderts mit bemerkenswerter Ausstattung. Das Deckengemälde malte Thomas Valtiner 1758, die Chorfresken, Kreuzigung, Aufer-stehung, Eucharistie, zwei Kirchenväter, Dreifaltigkeit, sind spätgotisch. Interessant ist der Altar, vielleicht eine Berchtes-gadener Arbeit, da der Stifter Georg Stöckl Urbarpropst des Stiftes Berchtesgaden war. Der Altar ist 1518 ganz aus Mar-mor gearbeitet worden und mit Reliefs geschmückt. Die Pre-della zeigt den Heiligen Georg und die Stifterfamilie, das Hauptfeld die Krönung Mariens, flankiert unten von den Heiligen Dionysius und Nikolaus, oben der Kreuzigung und dem Stifterwappen. Im Aufsatz tragen zwei Engel die Lei-denswerkzeuge. Das Ganze ist eine eigentümliche Verbin-dung von Elementen der Spätgotik und Renaissance.

Von Taxenbach fahren wir hinauf durch die Wälder der Kitzlochklamm; dann öffnet sich das Tal, vielleicht das schönste der aus dem Pinzgau südwärts ziehenden Tauerntä-ler. Es wird durchflossen von den schnellen, klaren Wassern der Rauriser Ache, welche die zahllosen, von den Wänden der Gebirge stürzenden Gießbäche aufnimmt.

Hinter Wörth gabelt sich das Tal in Seidlwinkel- und Hüttenwinkltal. Über Fußsteige lassen sich Gasteinertal im Osten und Fuschertal im Westen erreichen. Es ist uraltes Siedlungsgebiet, in dem behäbige Einzelhöfe, manche von großer Schönheit, vorherrschen.

Ringsum stehen die prachtvollen Hochgebirge, so der Bern-Kogel über Rauris, Gamskar-Kogel, Kram-Kogel,

Schafkar-Kogel, die schön geformte Pyramide des Ritterkopfes, Hoher Sonnblick und Goldzechenkopf am Talende, unter denen sich Hochalmen, Wälder und Wiesen hinziehen.

Es ist ein Gebiet mit uralter Bergbaugeschichte. Schon früh sind die Wege über den Rauriser Tauern begangen worden. Das bezeugt der 1874 auf der Maschlalm im Seidlwinkeltal gefundene goldene Halsring der Latène-Zeit, um 400 vor Chr.

Das Rauristal ist sehr reich an Mineralien, wie den glasklaren Bergkristallen, mit denen auch die Lourdesgrotte der Michaelskapelle der Rauriser Pfarrkirche ausgekleidet ist. Im Geschiebe der Bergbäche sind winzige Goldkörner zu finden, und im frühen Mittelalter ist die Goldwäscherei betrieben worden. Im Hüttenwinkl sind fast alle Berge nach Gold durchforscht worden, und der Hohe Goldberg zu Füßen des Neunerkogels war das reichste und am längsten betriebene Goldbergwerk. Dort stehen noch die Mauern der Berghäuser, in denen die Knappen hausten. Im Vogelmair-Ochsenkar am Hohen und Niederen Sonnblick, im Titterkar und am Hocharn lagen reiche Fundorte für Golderz. Als die Römer sich festgesetzt hatten, brachten sie neue Methoden und Geräte zum Bergbau ins Land, und das Tauerngold hatte bald als norisches Gold einen guten Klang. Zwischen 1400 und 1600 erreichte der Metallbergbau im Salzburger Land seine höchste Blüte, vor allem um Gastein, wie wir gehört haben, und im Rauriser Tal. Die größten Erzgruben lagen in Höhen bis zu 2000 Meter; die Arbeit war schwer und nicht ungefährlich. Nach 1500 ging es mit dem Goldbergbau in den Tauern langsam bergab. Die den Landesherren zu zahlenden Abgaben waren sehr hoch, denn der Unternehmer mußte ein Drittel des Ertrages an die landesfürstliche Kammer in Salzburg abführen. Hoch waren auch die Gebühren für die Scheidung der Metalle und für das Brennen. Die bedeutendsten Gewerken in Rauris waren die Zach und Ainater, die Voglmair und Ainkäs.

Rauris selbst ist ein sehr stattlicher Markt mit zum Teil

prachtvollen alten Häusern, unter ihnen das Voglmairhaus des 16. Jahrhunderts am Marktplatz mit seinen vier Erkern auf festen Kragsteinen und dem spätgotischen Portal, dann das einstige Landrichterhaus, Nr. 3., von 1562, oder das Grimming-Haus, Sitz der Landrichter von Grimming, erbaut 1650-1657. Die Familie Grimming spielte in Rauris eine gewisse Rolle, denn aus ihr gingen auch die Landrichter von Gastein und Werfen hervor. Frau Argula von Grimming war es, die das Gnadenbild aus Bayern nach Maria Plain bei Salzburg gebracht hatte, wie wir schon gehört haben. Im Ort verstreut stehen viele schöne Häuser, Blockbauten auf gemauerten Sockeln, meist aus dem 16. Jahrhundert. Beherrscht wird der Markt von dem hohen Turm mit Spitzhelm der Pfarrkirche Sankt Jakob und Martin, die, urkundlich belegt, 1354 stand und vermutlich von den Herren von Goldegg, die auch in diesem Tal Besitz hatten, gebaut wurde. 1411 ist die neue Kirche geweiht worden; 1510-1516 baute der bayerische Peter Intzinger den Chor mit Strebepfeilern. An der Westfront stehen in Nischen die Muttergottes und die Heiligen Georg und Martin aus dem 18. Jahrhundert. Im Jahre 1706 äscherte ein großer Brand viele Wohnstätten ein, und auch die Kirche wurde beschädigt, die in den Jahren 1774-1780 ihre heutige Gestalt erhalten hat. Baumeister war der Lienzer Thomas Mayr.

Es ist ein tonnengewölbter Saal mit kräftigen Wandpfeilern. Die Fresken, Himmelfahrt Mariae, Evangelistensymbole, Heilige Barbara, Wappen des Erzbischofs Colloredo, malte der Lienzer Thomas Valtiner; das Fresko im Schiff, den Heiligen Martin darstellend, ist neueren Datums. Der prächtige, mit Säulen bestellte Hochaltar, den der Rauriser Tischler Joseph Hacksteiner 1792 gefertigt hat, zeigt als Altarblatt die ›Anbetung der Könige‹ von Franz Nikolaus Streicher, 1787. Ihm zu Seiten stehen die von Joseph Mayr aus Saalfelden geschnitzten Statuen der Apostel Johannes und Andreas, im Auszug sehen wir die Dreifaltigkeit, flankiert von Heiligen. Die Seitenaltäre aus der zweiten Hälfte des 18. Jahrhunderts,

zeigen auf der Südseite zwei Figuren von 1520, die Heiligen
Sebastian und Florian, wohl von Sebastian Loscher. Vor
allem der Florian ist von hoher Qualität. Das Altarbild von
F. N. Streicher zeigt die Heilige Familie, im Auszug steht eine
Marienfigur aus der zweiten Hälfte des 15. Jahrhunderts. Der
nördliche Seitenaltar enthält die Kopie des Gnadenbildes in
Maria Dorfen in Bayern, das Vikar Stephan Sternhueber
1731 gestiftet hat. Die seitlichen Statuen zeigen Sankt Anna
und Josef, 18. Jahrhundert. Im Schiff sehen wir eine eindrucksvolle Kreuzigungsgruppe vom Ende des 15. Jahrhunderts; der Taufstein ist datiert 1497, und in der Turmhalle
befinden sich Freskenreste des 17. Jahrhunderts (?).

Etwas Besonderes sind die neun Meter langen buntbemal-
ten Schneestangen, die zur Erinnerung an einen gewaltigen
Schneefall gestiftet wurden. Die Sage berichtet, daß auf dem
Hohen Goldberg vier Knappen in ihrer Stube schliefen und
sich morgens wunderten, daß es nicht hell werden wollte. Sie
waren über Nacht vollkommen eingeschneit worden. Vom
Haus aus konnten sie durch einen gedeckten Gang den Stollen erreichen, und sie glaubten, der warme Wind werde den
Schnee schon wegschmelzen. Aber der Wind blieb aus, und so
waren sie nicht in der Lage, ins Tal hinunter zu steigen. Als
die Vorräte zur Neige gingen, beschlossen sie, den wohlgenährten Bergschmied zu schlachten, aber er roch den Braten
und kroch im Kamin der Schmiedesse hinauf ins Freie. Dann
kämpfte er sich mühsam hinunter ins Tal. Die Knappen
bemerkten bald seine Flucht, nahmen den gleichen Weg und
waren gerettet. Aus Dankbarkeit stifteten sie die beiden Stangen in die Kirche.

Im Friedhof steht die kleine Michaelskapelle, ein reizvoller Bau von 1497 mit Netzrippengewölbe, mit Fresken des
16. und 17. Jahrhunderts in zwei Schichten. Man erkennt
eine Schutzmantelmadonna, Evangelistensymbole, Gnadenstuhl und Engel. Hübsch ist das bunte Altärchen mit gedrehten Säulchen von 1755, besetzt mit Engeln, den Heiligen
Notburga und Isidor zu Seiten des Altarbildes der Sieben

Zufluchten. An den Wänden stehen prächtige rotmarmorne Wappengrabsteine des 16. bis 17. Jahrhunderts. Angebaut ist eine Totenkapelle, über deren Eingang sich ein Relief von 1519 befindet. Man erkennt eine verstümmelte Figur, um deren Hals sich eine Schlange windet, wohl als Sinnbild des Todes.

Es war Anfang Oktober, als wir das Rauristal besuchten. Am frühen Nachmittag waren wir eingefahren. Auf Gipfeln und Hängen lag der Glanz der langsam sinkenden Sonne, ließ die Felswände glühen, die Matten in allen Schattierungen von Grün bis Orange leuchten. Wir besuchten im Seidlwinkeltal das Gasthaus Schütthof, das bald zweihundert Jahre im Besitz der Familie Buchner ist und von den Waldnern 1520 gebaut wurde, wie die Jahrzahl im Deckenbalken der Gaststube bezeugt. Es ist ein besonders schönes, stattliches Haus mit qualitätvoller Ausstattung an bemalten Schränken und Truhen des 17. bis 18. Jahrhunderts und einer bemerkenswerten Stube, deren Fenster von reicher Renaissancemalerei von 1628 umrahmt sind. Dort steht auch ein prachtvoll geschnitzter Rokokoschrank. Das *Seidlwinkeltal* ist von außerordentlicher landschaftlicher Schönheit. Hier führte einst der Saumweg über die Gebirge, einer der wichtigsten Übergänge über den Tauern, denn er war das ganze Jahr offen. Er kam von der Fuscher Wegscheide durch das Tal, und führte über das Hochtor, 2575 Meter hoch, nach Heiligenblut und weiter nach Kärnten. Wein, Gewürze, Südfrüchte und Seide wurden von den Säumern ins Salzburgische gebracht, Salz hinausgeführt.

Das Sträßlein zieht, vorüber an Bauernhöfen, langsam bergan. Das Tal wird enger zwischen hohen waldigen Bergwänden, hinter denen weiße Gipfel aufragen. Die Seidlwinkler Ache rauscht durch Erlengehölze und Wiesen, von den Wänden stürzen silberweiße Gießbäche herab. Das Tal weitet sich wieder zu einer großen Alm, und dort muß man den Wagen stehen lassen und zu Fuß weiter gehen. Es ist ein

Vergnügen, denn die Luft ist frisch und rein, das Landschaftsbild verändert sich immer wieder, und als wir gegen Abend
zurückkehrten, stand der Mond über dem Land. Es war ganz
still, nur das Brausen der Ache war zu vernehmen.

Am nächsten Tag regnete es. Tief zogen Wolken und
Nebelschwaden um Gipfel und Grate, aber wir machten uns
auf, das *Hüttenwinkltal* zu erforschen. Ungeachtet der Kühle
und Nässe war es schön. Da ist bei *Wörth* die Einödkapelle
im stillen abgelegenen Bezirk des Bergwaldes über der Rauriser Ache... Sie ist 1730 neu gebaut, 1801 erweitert worden
und enthält ein blaugoldenes Altärchen von 1730 mit einem
Gemälde der Marienkrönung sowie den Statuen der Heiligen
Wolfgang und Blasius aus dem 16. Jahrhundert und des Heiligen Joseph zwischen Joachim und Anna. Nicht nur sollen
die Schätze der Gewerkenfamilien Zott und Ainater hier
oben vergraben sein, wo man in den Christnächten ein Licht
um die Kapelle geistern sehen kann, es hat auch eine andere
Bewandtnis mit der Kapelle. Auf dem Weg zu ihr kommen
wir an einem Felsblock vorüber, auf dem sich eine Lärche
angesiedelt hat, und dieser Baum ist Mittelpunkt der folgenden Sage. Einst wurden die Talbewohner von Schlangen so
sehr geplagt, daß sie nicht mehr aus und ein wußten. Da
erschien ein Jüngling im Tal und versprach Abhilfe. Er könne
es aber nur tun, wenn es keine weiße Schlange mit goldenem
Krönchen gäbe. Gegen sie sei er machtlos. Der Vikar, der
wußte, daß diese Schlange gesehen worden war, beruhigte
den Burschen und sagte, man habe zwar von ihr gehört, sie
aber nie gesehen. Gut, sagte der junge Mann, legte um die
Lärche einen Reisighaufen und zündete ihn an. Dann stieg er
ins Geäst des Baumes und gab das Zeichen. Rauch stieg auf,
man hörte das liebliche Getön einer Flöte, und alsbald kro-
chen die Schlangen zu Hunderten herbei, stürzten sich in die
Glut und kamen um. Die Dorfbewohner schauten dem
Schauspiel aus den Fenstern zu und freuten sich über das
Vernichtungswerk. Die Dämmerung sank, von Rauris her
klang das Aveläuten, da verstummte das Flötenspiel. Ein alter

Bauer, der auf einem benachbarten Baum saß, um alles besser
verfolgen zu können, sah zu seinem Schrecken eine riesige
weiße Schlange, auf deren Kopf eine goldene Krone funkelte,
herankriechen. Sie kroch durch die Glut, die ihr nichts anzu-
haben vermochte, am Stamm empor und wand sich um die
Füße des Jünglings, der starr vor Angst dasaß, unfähig sich zu
rühren. Einige beherzte Männer wollten ihm zu Hilfe eilen,
aber es war zu spät. Der Jüngling stürzte in die Glut und
verbrannte. Das Dorf war zwar befreit, aber die Seele des
Burschen harrt der Erlösung. In der Nacht ging ein furchtba-
res Gewitter nieder, und am nächsten Tag war die Lärche
verschwunden. Ein Erdrutsch hatte sie samt Felsen ein Stück
ins Tal hinab getragen, dahin, wo sie heute steht. Die Bauern
aber bauten oberhalb als Dank für ihren Retter die Einödska-
pelle.

Weiter in Richtung Kolm-Saigurn fahrend, biegen wir
bald links ab und gelangen an der Flanke des Fröstelbergs zur
Salcheggkapelle neben einem alten hölzernen Bauernhof. Der
kleine freundliche, helle Bau des 18. Jahrhunderts birgt etwas
besonders Schönes: eine große sitzende Muttergottes der
zweiten Hälfte des 17. Jahrhunderts mit alter Fassung. Sie
soll von Benedikt Faistenberger geschaffen und aus der Pfarrkirche von Rauris heraufgebracht worden sein. Die Gruppe
ist von besonderem Zauber. Da sitzt Maria, lächelnd, wie
eine schöne Rauriser Bäuerin anzusehen, und das Christkind
steht auf ihrem Knie und streckt dem Eintretenden mit strah-
lendem Lächeln die Arme entgegen. Es ahnt noch nichts von
seinem Schicksal, wie es eines der Votivbilder schildert. Da
deutet Christus, halb kniend, halb liegend, noch an die Gei-
ßelsäule gefesselt, auf ein Schriftblatt, worauf zu lesen ist, daß
er den Schlägern auch die andere Wange hingehalten, daß er
das Leiden für uns auf sich genommen habe.

Ganz in der Nähe, ebenfalls an der Flanke des Fröstelbergs, liegt der Weiler *Bucheben,* über ihm auf einem Wiesenhügel die Kirche Sankt Hieronymus und Leonhard, ein sehr
ansprechender schlichter Bau von 1784, nach den Plänen des

Hofmaurermeisters Johann Pogensperger errichtet. Erzbischof Graf Colloredo steuerte einen großen Teil der Kosten
bei. Kanzel und Orgel aus dem 18. Jahrhundert kamen aus
der abgebrochenen Wallfahrtskirche Maria Elend, die wir
noch besuchen werden. Am Hochaltar stehen um das 1902
gemalte Bild der Immaculata die Heiligen Hieronymus und
Leonhard als Hauptpatrone, auf den seitlichen Altardurch-
gängen die Apostel Petrus und Paulus. Die Kirche bildet mit
dem stattlichen Pfarrhof aus der gleichen Zeit und dem kleinen Friedhof eine sehr reizvolle Gruppe, und man schaut von
dort oben weit hinaus ins Tal.

Weiter führt die Straße, nun stetig steigend, dem Talende
zu, und bei Bodenhaus geht es steil hinauf in den Bergwald
mit uralten Fichten und kleinen Moorseen. Und dann ist
Kolm-Saigurn erreicht. Vor uns erhebt sich über Geröllhal-
den das Massiv des Sonnblicks, auf den eine Seilbahn führt.
Der Berg hat eine Besonderheit. Man sieht auf seinen Spitzen
in der Dunkelheit nicht selten die Feuerbüschel von Sankt
Elmsfeuern. Im ganzen Rauriser Gebiet lassen sich die herrlichsten Spaziergänge und Hochtouren machen. Als wir das
Tal verließen, stand ein wolkenloser tiefblauer Himmel über
dem Land, und die Pyramide des Ritterkopfs blitzte im frischen Schnee.

Ehe wir aber das Tal verlassen, sollten wir die kleine
Wallfahrtskapelle Maria Elend über Embach aufsuchen. Sie
liegt hoch oben auf einer Wiese im Wald, mit einem Blick auf
die Grate und Zacken des Hochkönigs jenseits der Salzachschlucht. Der Bau entstammt dem Jahre 1842, der Chor ist
fünf Jahre später hinzugefügt worden. Es ist ein anheimeln-
der weißer Rundbau. Ringsum an den Wänden erzählen
Votivtafeln von Gebetserhörungen. Im Altar steht eine Pietà,
eine Nachbildung des alten Gnadenbildes, das jetzt in der
Kirche von Embach aufbewahrt wird. Maria Elend war eine
beliebte Wallfahrt, zu der im 18. Jahrhundert bis zu 40 000
Menschen pilgerten, aber noch heute wird sie gern aufge-
sucht. Hier ist die Grabplatte der Ursula Peningerin aus Ta-

xenbach, welche 1552 die Kirche stiftete. Sie war mit ihrem zwölfjährigen Töchterchen zu Besuch in Embach. Das Mädchen, das blind war, ging Beeren suchen und verirrte sich. In ihrer Not tat Ursula das Gelübde, eine Kapelle zu bauen, wenn ihr Kind lebend gefunden werde. Am dritten Tag fand man es wohlbehalten und zur größten Freude mit wiedergeschenktem Augenlicht. Die Peningerin hielt ihr Versprechen und ließ die Kapelle bauen, die 1757 durch eine Kirche ersetzt wurde. Im Jahre 1785 verbot Erzbischof Graf Colloredo die Wallfahrt, und die Kirche mußte abgebrochen werden, aber die Bevölkerung wünschte dringend die Wiederherstellung des beliebten Wallfahrtsortes, und so wurde 1842 die neue Kapelle gebaut.

Von Embach führt eine Straße hinab zur Salzachschlucht, immer durch die herrlichste Berglandschaft.

DAS BERCHTESGADENER LAND

›Pax intrantibus et inhabitantibus‹ – dieser Gruß steht auf einer Tafel am Hangenden Stein bei Schellenberg an der Grenze ins Salzburgische. Den Einreisenden empfängt ein kleines, von hohen Gebirgsstöcken umrahmtes Land, allein über Pässe zugänglich, über den Paß Hallthurm von Reichenhall her, den Dürrnberg von Hallein aus, den Steinpaß von Lofer und von Inzell her über die Schwarzbachwacht, im Volksmund ›Wachterl‹ genannt.

»In keinem Teil der vielgepriesenen Schweiz hat die Natur auf so kleinem Raum des Hohen und Tiefen, des Großen und Schönen, des Schauerlichen und Anmutigen so viel zusammen und so zugänglich geschaffen wie im Umfange von Berchtesgaden«, schrieb Koch von Sternfeld im 19. Jahrhundert. Er hat recht, denn das Berchtesgadener Land gehört zu den herrlichsten Landschaften des bayerischen Hochlands.

Um das Jahr 700 schenkte der Agilolfinger Theodo, Herzog von Bayern, die Almen Gauzo und Ladusa dem Bischof Rupertus von Salzburg. Es ist die erste urkundliche Nachricht über dieses damals ganz weltabgeschiedene Hochgebirgsland. Ob das Gebiet schon vorher besiedelt war, ist ungewiß, denn die dort gefundenen Waffen und Geräte aus der Zeit vor Christi Geburt lassen nicht mit Sicherheit darauf schließen. Es mag sich auch um verlorene Gerätschaften durchziehender Jäger und Hirten handeln. Vermutlich besaß hier Perchtold, ein Angehöriger des großen bayerischen Aribonengeschlechts, ein Jagdhaus, einen ›Gaden‹, den ›Perchtoldsgaden‹. Gräfin Irmingard von Sulzbach, deren Familie das Berchtesgadener Gebiet durch Erbschaft zugefallen war, hatte die Absicht, ein Stift zu gründen, kam aber nicht dazu, ihren Plan auszuführen. Erst ihr Schwiegersohn Graf Berengar von Sulzbach gründete um 1110 das Augustinerkloster »in einem schrecklichen Wald mit ständiger Kälte und Schneefällen, einer Einöde, in der vor kurzem noch wilde Tiere und Drachen gehaust haben«, wie einer der Patres schreibt. Die Grafen von Sulzbach waren ein mächtiges Haus und spielten in der Reichspolitik eine bedeutende Rolle. Eine

Tochter Berengars war mit König Konrad III. verheiratet, die andere mit Kaiser Manuel von Byzanz. Berengar besetzte das Kloster mit Mönchen von Rottenbuch, die sich aber wegen der Unwirtlichkeit des Landes nicht zu halten vermochten und sich in Baumburg an der Alz einer anderen Sulzbachschen Gründung, in der Nähe des Chiemsees, niederließen. Graf Berengar gab nicht auf. Er reiste mit dem Baumburger Propst Eberwein nach Rom, wo er von Papst Paschalis II. die Gründung des Augustinerchorherrenstifts bestätigen ließ. Nach seiner Rückkehr aus Rom ging Eberwein im Jahre 1120 nach Berchtesgaden, brachte Handwerker, Knechte und Vieh mit und ließ ein festes Haus errichten. Es heißt, er habe vom Untersberg aus das Gebiet überschaut, um den geeigneten Ort für die Klostersiedlung auszumachen. Das Stift im Gebirge war nun wirklich gegründet, und Eberwein, ein umsichtiger, kluger Mann, erhielt manche Landschenkung. Bauern kamen und rodeten das Land. Aus dieser Klostergründung, die sich wegen des Salzreichtums sowohl der bayerischen Herzöge als auch der Salzburger Erzbischöfe zu erwehren hatte, entwickelte sich die gefürstete, reichsunmittelbare Propstei Berchtesgaden. Das kleine Land lebte sein eigenes abgeschiedenes Leben und erscheint zum ersten Mal 1520 auf der bayerischen Landtafel von Aventin.

Propst Heinrich I. erhielt von Kaiser Friedrich I. Barbarossa anläßlich seiner Hochzeit mit Beatrix von Burgund in Würzburg 1156 das Bergwerksregal, das Recht der freien Vogtwahl und die Festlegung der Landesgrenzen. 1294 verlieh König Adolf von Nassau dem Stift die hohe Gerichtsbarkeit, wodurch die Reichsunmittelbarkeit erworben war. Fortan mußte jeder neue Propst aus der Hand des Kaisers das Reichslehen entgegennehmen. Koch-Sternfeld beschreibt diese Zeremonie:

Zur Einholung des Reichslehens ging Graf Kuefstein nach Wien ab. Kaiser Karl VI. hielt selbst am 26. Juni 1733 die Belehnung mit großem Zeremoniell. Der Stiftskapitular war in langem, schwarzseidenem Talar in einem sechsspännigen

Wagen unter Vortretung von sechs Bedienten in Berchtes-
gadnischer Livree aufgefahren – unter den versammelten
Hofherren bemerkte man auch den Prinzen Eugen von
Savoyen.

1190 begann der Salzbergbau, was in Salzburg und Reichenhall großen Zorn auslöste. Reichenhaller Salinenarbei-
ter drangen über den Paß Hallthurm ein und zerstörten die
Salzpfannen; Halleiner Bergknappen kamen über den Dürrnberg und vermauerten die Berchtesgadener Stollen. Doch das
Stift behauptete sich.

Zur Zeit des Investiturstreites im 11. Jahrhundert hielt
Salzburg zu Rom. Deshalb ließ der Kaiser Berchtesgaden
seinen besonderen Schutz angedeihen, da er das Stift als
Stützpunkt gegen das feindliche Salzburg betrachtete. Immer
ist das Salz, der eigentliche Reichtum des Landes, der Zankapfel zwischen Berchtesgaden und Salzburg gewesen. Die
Erzbischöfe belegten es mit höheren Zöllen, sie klagten beim
Reich und in Rom, aber die Augustinerchorherren setzten
sich durch, und die Pröpste waren mutige, energische Männer, die ihren Konvent in Zucht und Ordnung hielten. Am
Ende des 14. Jahrhunderts war das Stift in Schulden geraten;
der Propst wurde abgesetzt und Berchtesgaden dem Erzbistum Salzburg inkorporiert. Man wandte sich an Kaiser und
Papst. Letzterer widerrief die Einverleibung ohne Erfolg.
Hilfe kam schließlich von Bayern, denn die Herzöge sahen
mit Mißfallen Salzburgs ständig zunehmende Macht. Sie
setzten 1409 die erneute Selbständigkeit des Chorherrenstifts
durch. Ein ausgezeichneter, tatkräftiger Fürstpropst, Peter
von Pienzenau, stand damals an der Spitze des Stifts, er tilgte
die Schulden, so daß es wieder aufwärts ging. Die letzte große
Auseinandersetzung mit Salzburg wurde unter Erzbischof
Wolf Dietrich von Raitenau ausgetragen, von dem wir bereits
gehört haben, und zwar gerade in dem Augenblick, als es in
Berchtesgaden zu einer Rebellion gegen Fürstpropst Jakob
Pütrich gekommen war. Dieser rief Bayern um Vermittlung
an, und der Ritter Fuchs von Fuchsberg wurde beauftragt, die

Angelegenheit als Schiedsrichter zu regeln. Der ›Fuchsbrief‹ ordnete die inneren Verhältnisse, Raitenau aber lockte den Propst nach Salzburg, setzte ihn fest und ließ Truppen in Berchtesgaden einmarschieren. Als Pütrich wieder frei war, berief er den Prinzen Ferdinand von Bayern als Koadjutor, der sogleich die Salzburger aus dem Land jagte. Da Ferdinand auch Kurfürst-Erzbischof von Köln war, weilte er nur selten in Berchtesgaden. Raitenau wagte daher einen neuen Einfall, wurde jedoch von Herzog Maximilian von Bayern zurückgeschlagen. Nachfolger in Berchtesgaden wurde Prinz Maximilian Heinrich von Bayern, der das Kloster zur Residenz ausbaute. Die Chorherren, denen die Titulierung ›Euer Gnaden‹ zustand, lebten gut und erhofften die Umwandlung in ein weltliches Kollegiatstift, was jedoch erst am Ende des 18. Jahrhunderts erfolgte. Der dritte Wittelsbacher, Joseph Clemens, ebenfalls Erzbischof von Köln, wurde 1688 Fürstpropst. Spanischer Erbfolgekrieg, Schulden, Schwierigkeiten in der Verwaltung überschatteten das Land. Nach Joseph Clemens lehnte das Kapitel die Wiederwahl eines bayerischen Prinzen ab; sie wollten einen Herrn, der im Land blieb. Die ganz und gar in Unordnung geratenen Finanzen trieben das Stift dem Ruin entgegen, und auch der letzte Fürstpropst, Joseph Konrad Freiherr von Schroffenberg, ein sehr tüchtiger, gebildeter und beliebter Herr, zugleich Bischof von Freising und Regensburg, vermochte nichts mehr zu bessern. Nicht die Schulden in Höhe von 300000 Gulden aber machten dem alten Stift den Garaus, sondern die Säkularisierung. Das Stift fiel 1803 an den Großherzog von Toskana, zwei Jahre später an Österreich, welches die Residenz als Kaserne benutzte, und wurde 1810 bayerisch.

Damit begann eine neue Zeit, die Zeit des Fremdenverkehrs. Schon Schroffenberg hatte versucht ihn ins Land zu ziehen, denn im 18. Jahrhundert entdeckte man, angeregt durch das Gedicht ›Die Alpen‹ von Albrecht von Haller in Bern, die Schönheiten des Hochgebirges. So besuchte 1784 ein geistlicher Herr, der Professor für Botanik an der Univer-

sität Ingolstadt war, Franz von Paula Schrank, Berchtesgaden, um Studien zu machen. Er bestieg das Seehorn, den
Schneibstein und die Watzmannscharte und schreibt
darüber:

*Stellen Sie sich zwo ungeheure Wände von Kalksteinen
vor, die so gerade sind, als die Wände Ihres Zimmers, zwischen diesen Wänden ein Thal, das noch viel steiler bergan
läuft als der steilste Landberg und mit Trümmern angefüllt
ist, die alle Jahre von diesen Wänden herabstürzten. Ich stand
hier, das einzig lebende Geschöpf in dieser weiten Wildnis,
zwischen den Trümmern zweyer Berge und sah vor mir ewigen Schnee und um mich Bilder des Todes...*

Fünfhundertzwölf Kräuter und Blumen hat Schrank in
seiner ›Flora Berchtesgadensis‹ registriert. Um 1800 begann
die Vermessung des Landes, an der auch Alexander von
Humboldt teilnahm, der das Berchtesgadener Land eines der
schönsten der Erde nennt. Der junge Priester Valentin Stani-
ger bestieg 1799 und 1803 als erster den Hohen Göll und die
Mittelspitze des Watzmanns. Joseph Haydn, der bei seinem
Bruder Michael in Salzburg zu Gast war, besuchte Berchtesgaden und schrieb 1788 die Kindersymphonie, die ›Sympho-
nia Berchtolsgadensis‹, in der zu zwei Geigen und zwei Bässen
das ganze Berchtesgadener Spielzeug auftritt.

Die österreichischen Salzstollen am Dürrnberg stoßen im
Gebiet von Oberau in bayerisches Gebiet vor. Als Ausgleich
erhielt Bayern durch die Salinenkonvention von 1829 die
Forstämter Unken, Sankt Martin bei Lofer und Leogang im
Salzburgerland.

König Maximilian I. Joseph von Bayern wählte im Jahre
1818 die Propstei als Sommersitz, ließ 1820 das Schloß instandsetzen, das seitdem ein Lieblingsaufenthalt der bayerischen Herrscher gewesen ist, vor allem des Prinzregenten
Luitpold und seines Enkels Kronprinz Rupprecht. 1923 ist
das Schloß dem Hause Wittelsbach als persönliches Eigentum zugesprochen worden. Die Grenzen des Stiftslandes sind
im Norden Salzburg, im Nordwesten Reichenhall, im Westen

die Saalach, im Osten die Salzach, und darum herum bilden die Gebirge einen fast geschlossenen großartigen Rahmen, im Norden und Westen Untersberg, Lattengebirge und Reiteralpe, im Süden und Südosten Hochkalter, Watzmann, Steinernes Meer, Hagengebirge und Hoher Göll. Wir wollen uns aufmachen, diese wundervolle, vielfältige Welt kennenzulernen.

Berchtesgaden

Es ist ein schöner Ort, vor allem vor oder nach der Hauptreisezeit, wenn er nicht voller Autos und Menschen ist. Anfang Mai verbrachten wir dort einige Tage in einem hübschen Haus hoch über der Stadt, mit einem weiten Blick auf Göll, Jenner, Steinernes Meer und Watzmann über den Wiesen und Wäldern des unter ihnen abfallenden Mittelgebirges. Es ist ein vielgestaltiges, wechselvolles Tal, in dem das uralte Stift liegt.

Stilgefühl, Sinn für Maß und Proportion sind im Berchtesgadener Stadtbild zu erkennen, vor allem in der Nonntal- und Metzgergasse und am Markt. Von ganz anderer Art als die Salzach- und Innstädte, sind es feste, behäbige Häuser in einer Mischung der ländlichen Salzburger und oberbayerischen Hausform: stark vorspringende Giebeldächer einerseits, Vorliebe für Fassadenmalerei andererseits. Viele sind farbig getönt, grün, ocker, rosa, hellblau, zum Teil mit Stukkaturen des Rokoko oder Empire geschmückt, umgeben sie den Schloßplatz.

Ein besonders reizvolles Beispiel der Fassadenmalerei um 1600 zeigt das 1594 von Georg Labermeier gebaute Gasthaus zum Hirschen. Die Fresken gehören zur Dokumentation des ständisch gegliederten Lebens im 16. und frühen 17. Jahrhundert, wie Walter Salmen in seinem Aufsatz darlegt (Schönere Heimat 1976, Heft 1). Die menschliche Gesellschaft erscheint in Gestalt von Affen, dem Sinnbild der Eitelkeit. Sie sitzen beim Spiel am Schachbrett, am Spinnrad, gehen auf die

Jagd, tanzen, sind beim Geldwechseln und musizieren. Über einem der Fenster sehen wir eine musizierende Gesellschaft. Eines der bekanntesten Muster für diese Art der Darstellung hatte 1546 der Nürnberger Hans Sebald Beham als eine Folge von zehn Kupferstichen zu dem Thema ›Das Bauernfest oder die zwölf Monate‹ gestochen. Die gleiche Zusammensetzung der Musikanten und Instrumente erscheint auf dem Fresko von 1545 von Erhard Sansdorffer im oberhessischen Schloß Büdingen, wo wir den bayerischen Komponisten Ludwig Senfl im Kreise der Familie des Grafen Anton zu Ysenburg beim musizieren sehen.

Im Berchtesgadener Hausbau finden wir das, was der heutigen Architektur abgeht, die sich in trostlosen Wohnmaschinen austobt. »Es ist die Apotheose des Wasserklosetts«, sagte einmal ein Freund. Angesichts solcher Bauten fällt es schwer, zu glauben, daß die Baukunst zu den ›Schönen Künsten‹ gehört wie einst in einer Zeit, als selbst Ställe noch schön gebaut worden sind.

In der Stadt liegen drei Kirchen. Besuchen wir zuerst die *Stiftskirche Sankt Peter und Johannes,* deren Türme das Ortsbild beherrschen. Es ist ein sehr stattlicher Bau mit hohem Chor am Schloßplatz. Die Gründung des Augustinerchorherrenstiftes zwischen 1100 und 1110 war Ausgangspunkt für die Entstehung des Ortes. 1122 (Weihe) war die älteste Kirche, wohl eine Notkirche, vollendet, der in der zweiten Hälfte des 12. Jahrhunderts das eigentliche Münster folgte. Es war eine dreischiffige romanische Basilika mit zwei Westtürmen und Vorhalle. 1596 fielen die Türme einem Unwetter zum Opfer, und nur der Nordturm wurde wieder aufgebaut, aber auch dieser wurde 1819 vom Blitz getroffen und mußte 1845 bis auf die Höhe des Langhauses abgetragen werden. Die heutigen Türme sind 1856-1864 errichtet worden. Turmuntergeschosse und Portalfassade erinnern in ihrem Wechsel grauer und rötlicher Marmorsteinlagen an Italienisches. Das Westportal ist in spätgotischer Zeit überarbeitet worden und erhielt im 19. Jahrhundert sein Mittelstück.

Stufen führen in die dämmerige Vorhalle mit einem Gewölbe
des 13. Jahrhunderts und dem Portal der gleichen Zeit mit
reich skulptierten Kapitellen. Hier sehen wir auch ein Kruzifix des frühen 16. Jahrhunderts, dessen Haupt einen Mechanismus enthält, der die Zunge bewegt, wohl, um am Karfrei-
tag das Leiden des Herrn noch eindringlicher zu machen.

Wir treten in den hohen, von Rundsäulen getragenen
Raum des Langhauses aus der zweiten Hälfte des 15. Jahrhunderts, an das sich der hohe, strenge Chor anschließt.
Obgleich etwas nüchtern ist es ein Raum von hohem Ernst
und steinerner Mächtigkeit, feierlich, streng und klar, ein
vornehmes Haus für das vornehme Reichsstift. Der ganze
Raum ist von einem Netzrippengewölbe überspannt, deren
verschobene Figuration im Schiff etwas Schwankendes hat,
bedingt durch eine kaum merkliche Verschiebung der Säulen-
stellungen. Im 18. Jahrhundert sind elegante Oratorien eingebaut worden.

Der Hochaltar aus Untersberger Marmor, ein mächtiger
Aufbau mit vier Säulen, den Bartholomäus Opstal von
1663-1669 fertigte, umschließt die Gemälde des Düsseldor-
fer Hofmalers Johann Spielberger des Jüngeren, Mariae
Himmelfahrt und Taufe Christi. Die beiden Seitenaltäre sind
1644 und 1657 entstanden. Der Augustinusaltar enthält ein
Gemälde von Johann Heinrich Schönfeld (zugeschrieben),
Augustinus im blauen Augustinerchorherrenmantel, flan-
kiert von den Statuen der Heiligen Gelasius und Patricius.
Der Rosenkranzaltar zeigt ein Altarblatt von Joachim von
Sandrart, ›Maria überreicht den Heiligen Dominikus und
Katharina von Siena den Rosenkranz‹. Assistenzfiguren sind
der Salzheilige Rupertus und der Holzpatron Sebastian. Die
Orgelempore wurde im Jahre 1685 eingezogen.

In der Vorhalle des Nordportals enthält das Tympanon
ein frühes Werk des Salzburgers Rueland Frueauf von 1474,
darstellend den Gnadenstuhl zwischen Maria und Johannes
Evangelist, dahinter Johannes der Täufer und Petrus und in
der Ecke kniend Fürstpropst Erasmus Pretschlaipfer.

Im Chor ist das Gestühl bemerkenswert, laut Inschrift von Marquart Zehenter aus Reichenhall 1436-1443 im Auftrag des Fürstpropstes Johann Braun und des Stiftsdekans Ulrich Plankenfelser geschnitzt. Seine Wangen sind mit Rankenwerk, allerlei Tieren und Fabeltieren geschmückt. Es sind gute Kopien der farbig gefaßten Originale, die sich im Bayerischen Nationalmuseum in München befinden.

Prächtige rotmarmorne Grabdenkmäler stehen an den Wänden des Langhauses, darunter das des Propstes Gregor Rainer, 1508, von Hans Valkenauer, das Grabmal des bedeutenden Propstes Peter II. von Pienzenau (1404-1432) mit dem Wahlspruch ›hab got lieb‹ und das Grabmal des letzten Propstes Joseph Konrad von Schroffenberg an der Südwand.

Das Schönste aber im Stiftskirchenbereich, jedenfalls für mich, ist der Kreuzgang. Er ist das Herzstück der Gesamtanlage von Münster und Kloster und stammt den Stilelementen zufolge überwiegend aus dem Ende des 12. Jahrhunderts, ist also gleichzeitig mit dem romanischen Münsterbau entstanden. Die Marmorsäulchen sind von großer Verschiedenheit, gedreht, kantig, rund und glatt, geflochten und geschmückt mit Bandornamenten, Tieren, Fratzen, Fabelwesen und Menschen in bunter Abwechslung, manchmal fast karikatural wirkend.

Es ist ein kleines, stilles, kühles Geviert, unversehrt in seiner romanischen Erscheinung erhalten, die Wände bedeckt von Grabplatten und Epitaphien aller Jahrhunderte. An einer Wand steht ein barockes Epitaph, in dessen Giebel ein echter Totenkopf sitzt. Man erzählte mir, daß ein alter Stukkator, als er es restaurierte, dort das Köpfchen seiner Enkelin einsetzte, weil er es nicht ertragen konnte, es im Beinhaus liegen zu sehen. Sicherlich hat es hier einen schöneren Platz zum Ausruhen gefunden.

Am sogenannten Anger liegt die *Franziskanerkirche* oder ›Unsere liebe Frau am Anger‹, denn sie war einst die Kirche der Nonnen, deren Kloster Fürstpropst Gregor Rainer hierher verlegte. Ihr Baumeister ist vermutlich Peter Intzinger,

der auch die Margarethenkapelle im Sankt Petersfriedhof zu
Salzburg gebaut hat. Der Bau fällt in die Jahre 1488-1519; er
wurde vor allem durch die Fürstpröpste Gregor Rainer
(1508-1522) und Wolfgang II. Griesstetter (1541-1567) gefördert. Der stattliche Turm ist 1682 hinzugefügt worden.
1699 zogen die Franziskaner in das Kloster ein. Dem hohen
Schiff unter mächtigem Dach ist ein niedriger Kapellenbau
angefügt worden. Wir stehen in einer zweischiffigen Halle,
deren Rundpfeiler ein schön gebildetes Rippengewölbe tragen. Auch diese Kirche ist etwas nüchtern, mit Ausnahme der
1673 angebauten und reich stuckierten Marienkapelle, auf
deren Altar das Gnadenbild der Madonna im Ährenkleid
steht, ein Werk um 1500. Unter den Grabmälern seien erwähnt das des Fürstpropstes Griesstetter und des Stiftsdekans und Erbauers des Adelsheimer Schlößchens, Degenhard
Neuchinger, gest. 1624, von dem ich im Buch ›Weiß-blaue
Museumsfahrten‹ berichte.

Die *Andreaskirche,* ehemalige Pfarrkirche, steht dicht bei
der Stiftskirche, 1379 gebaut und 1699 in schlichte Formen
umgebaut. Es ist eine große Hallenkirche mit drei Chören
und einem Tonnengewölbe aus Holzbohlen. Das schönste
Stück der Ausstattung ist die Figur des Heiligen Christophorus aus dem Ende des 17. Jahrhunderts.

Gehen wir also in Berchtesgaden spazieren. Es ist malerisch, und im Auf und Ab der Straßen wechseln rasch die
Bilder und Ausblicke; über Kirchen, Bürgerhäuser und Plätze
schauen die Berge herein.

Das Schloß

Im Anschluß an den Chorbau des Münsters um 1300 muß ein
Um- und Ausbau des Klosters erfolgt sein. In dieser Zeit
entstand die schöne zweischiffige Halle des Dormitoriums
mit ihren schlanken, polygonalen Marmorsäulen, die das
Kreuzrippengewölbe tragen. 1458 ließ Fürstpropst Bernhard
von Leoprechting gegenüber dem Stift einen Getreidekasten
und das Kassierhaus errichten; sie schließen den Klosterkom-

plex im Westen. Propst Wolfgang Lenberger begann 1532 den Neubau des Klosters. Sein Nachfolger Wolfgang Griesstetter schloß 1548 die Bauarbeiten ab. Es handelte sich dabei um die Propstei auf der Westseite des mittelalterlichen Klosters, aber auch Getreidekasten und Kassierhaus wurden umgestaltet und der Laubengang angefügt. Fürstpropst Herzog Maximilian Heinrich von Bayern erweiterte in der zweiten Hälfte des 17. Jahrhunderts die zu klein gewordene Residenz, und Joseph Clemens, der Sohn des bayerischen Kurfürsten Ferdinand Maria, Kurfürst Erzbischof von Köln und Fürstpropst von Berchtesgaden (1688-1723) richtete sich 1710 ein Appartement im neuen Südflügel am Kreuzgang ein, die Herrenzimmer, heute Galeriezimmer. Freiherr Julius von Rehlingen, Fürstpropst seit 1723, setzte die von seinem Vorgänger begonnenen Arbeiten fort und Fürstpropst Freiherr Cajetan Anton von Nothaft brachte sie zum Abschluß. Der Burghausener Stukkator Josef Höpp legte einen einheitlichen Dekor über die Fassade der Propstei. Gleichzeitig wurden die Erdgeschoßräume stuckiert. Schroffenberg, der letzte regierende Herr von Berchtesgaden, ließ 1781-1784 die Fassade des Südflügels am Schloßplatz von dem Salzburger Peter Pflauder neu stuckieren, ebenso die beiden Säle im ersten Obergeschoß des Renaisseancetraktes sowie die Räume im ersten Obergeschoß des Südflügels. Aus dieser Zeit stammt auch der Dekor einiger Wohnräume in beiden Trakten und das Stiegenhaus im Westflügel. Der Berchtesgadener Joseph Prantner schuf das schöne schmiedeeiserne Gitter der Treppe. Als letzter Bau folgte 1785 die Verlängerung des Südflügels, der im Inneren Rohbau geblieben ist und auch keine Fassadendekoration mehr erhalten hat.

Reich ausgestattet sind die Wohnräume des Schloßmuseums mit italienischen, französischen und deutschen Möbeln von hoher Qualität, mit Gobelins nach Entwürfen des Lauinger Malers Gerung, um 1540 für Kurfürst Ottheinrich von Pfalz-Neuburg gewirkt, mit Familienbildnissen des Hauses Wittelsbach von bekannten Meistern, herrlichem Porzel-

lan. Eine Galerie mit Gemälden des 19. Jahrhunderts und
eine ostasiatische Sammlung vervollständigen die Einrichtung dieses wahrhaft fürstlichen Sitzes. Die Waffenkammer
enthält Rüstungen, Harnische und Waffen vom 16. bis zum
18. Jahrhundert.

Stiftsdekan Freiherr von Mändl baute 1721 den eleganten
Gartenpavillon vor dem bastionartig vorspringenden Priesterstein-Gärtchen. Heute wird er Rehbachstöckl genannt,
weil hier der Kapitular von Rehbach wohnte. Zweiunddrei-
ßig Jahre später wurde ein zweites Gartenhaus errichtet, das
Balbierstöckl, so benannt nach dem Neffen des letzten Fürstpropstes, eines Herrn von Balbier.

Das Priesterstein-Gärtchen ist einer der schönsten Plätze
des Klosterbezirks. Hier und auf der Schloßterrasse wurde
schon im 17. Jahrhundert eine Gartenanlage geschaffen, die
Kronprinz Rupprecht instandsetzen ließ und mit dem graziösen Brunnen von 1666 schmückte, den die reizende italienische Bronze-Venus von etwa 1550 krönt. Eine Freitreppe
führt zum Rehbachstöckl empor, jenem eleganten kleinen
Bau mit rot gefaßter Architekturgliederung und gutem Stuckdekor von Bandelwerk und Palmetten. Sitzt man in diesem
Garten an einem warmen Sommernachmittag, vor sich das
wundervolle Landschaftsbild, ist man tief angerührt von der
Anmut und Großartigkeit des Landes und verspürt etwas von
der Atmosphäre eines kleinen geistlichen Hofs. Man wäre
nicht erstaunt, wenn sich die Türe des Rehbachstöckls öffnete, und der Herr Stiftsdekan die Treppe herabstiege, um,
Brevier lesend, den Garten zu durchmessen, immer das gewaltige Massiv des Watzmanns vor Augen, das sich über den
grünen, waldigen Vorhöhen aufbaut.

Nicht reich und prächtig wie die großen bayerischen und
österreichischen Barockabteien ist Berchtesgaden, doch ein
echt bayerisches Gewächs von einnehmender Liebenswür-
digkeit, das von der Verbundenheit der geistlichen, dann der
königlichen Herren mit ihrem Land spricht. Ihre Zimmer
schauen über die Dächer des Ortes, über Baumkronen, Wald-

hänge zu den Gebirgen, die groß, weit und mit silbernen Spitzen den Talkessel umlagern.

Der Kronprinz

Zu Beginn des Dritten Reichs reiste mein Stiefvater Richard Merton zu einer Sitzung nach München. Im Abteil saß ihm gegenüber ein älterer Herr mit weißem Haar und Schnurrbart und durchdringenden hellblauen Augen. Ein alter General, dachte mein Stiefvater, ein sympathischer General. Sie kamen ins Gespräch, und der ›General‹ sprach außerordentlich klug und unterrichtet über politische, militärische und kulturelle Probleme. Sie unterhielten sich so angeregt, daß sie die Ankunft in München kaum bemerkten. Der alte Herr verabschiedete sich und stieg aus. Merton folgte und sah auf dem Bahnsteig einige Herren, die sich mit gezogenen Hüten tief verneigten. »Wer ist das?«, fragte er einen Bahnbeamten. »Das wissen's net? Das ist der Kronprinz Rupprecht«, antwortete der Mann.

Der alte Herr war mehr als Prätendent auf den Thron, den er auch nicht mehr erstrebte. Er war der Repräsentant seines Landes, war der ungekrönte König, der auch nach 1945 nicht selten von der Staatsregierung um seine politische Meinung befragt wurde.

Mit königlicher Würde verband er den Charme, die Weltläufigkeit des sehr gebildeten, weitgereisten, klugen großen Herrn, mit einem starken Sinn für Humor. Als er 1869 geboren wurde, standen die Schlösser Linderhof, Neuschwanstein und Herrenchiemsee noch nicht, war Deutschland noch kein Kaiserreich geworden. Er erlebte Bismarcks Reichsgründung, später den ersten Weltkrieg als einer der fähigsten Armeeführer, dessen treffenden Ratschlägen man nicht folgte. Er sah das Ende der Monarchie 1918, ging durch schwere Jahre, als Hitler die Macht ergriffen hatte. Er hat alle Höhen und Tiefen des Lebens durchmessen.

Der Kronprinz erhielt eine strenge Erziehung, studierte,

machte seinen Doktor und reiste mit Gewinn, wie seine ›Reiseerinnerungen aus Ostasien‹ zeigen. Nach dem militärischen Zusammenbruch und der Revolution schrieb er 1919 dem bayerischen Landtagspräsidenten:

...Daß ich selbst Kraft der unbestreitbaren Tatsache einer achthundertjährigen glücklichen und segensreichen Schicksalsgemeinschaft zwischen Bayern und Wittelsbach die monarchische Staatsform für lebensfähig halte, wird jeder billig denkende Deutsche mir glauben und mir die Freiheit geben, es offen auszusprechen. Da ich aber in der Monarchie keinen Personenkult, sondern ein geistiges Prinzip sehe, steht für mich über jeder Dynastie das Land. Darum verlange ich von mir, wie von jedem deutschen Fürsten, daß er sich vorbehaltlos der staatlichen Entwicklung seiner Heimat fügt und alle Versuche weit von sich weist,... sich in den inneren Gestaltungsprozess einzumengen... Das Einfügen in die Bedürfnisse der eigenen Heimat ist für die Deutschen jeden Standes das Gebot der Stunde.

1934, nach dem sogenannten Röhm-Putsch und den darauf folgenden Morden durch die Führer des Dritten Reichs, bereitete der Kronprinz für den Notfall die Flucht vor, denn er war den Machthabern ein Dorn im Auge. Als er überzeugt war, daß Hitler einem Krieg zusteuere, entschloß er sich, Deutschland zu verlassen und damit seinen Protest an den herrschenden Zuständen zu dokumentieren. Er ging nach Ungarn auf das Gut Sarvar. Da man seine Abreise als Flucht darstellte, seine Vertrauten verfolgte und zum Teil ins Gefängnis warf, kehrte er sogleich zurück und wurde von der Gestapo verhört. Erst Ende 1939 folgte der Kronprinz einer Einladung des italienischen Königs und ließ sich in Florenz nieder. Sein Vermögen wurde beschlagnahmt. 1944 entging er mit knapper Not der Verhaftung durch die Gestapo, doch die Kronprinzessin, die sich nach San Martino di Castrozza in den Dolomiten geflüchtet hatte, wurde dort mit ihren Töchtern festgenommen und in ein KZ gebracht, wo sie beinahe Hungers gestorben wäre. 1945 kehrte der alte Herr nach

Bayern zurück. Das Berchtesgadener Schloß gestaltete er zu einem wahrhaft fürstlichen Sitz und füllte es mit seinen Sammlungen. Wie alle Wittelsbacher, ist der Kronprinz Sammler gewesen. Durch gründliche Studien, ausgedehnte Reisen und lange Erfahrung im Umgang mit Kunstwerken hatte er hohe Kennerschaft erworben. Daß aber auch er ein Opfer von Fälschungen werden konnte, zeigt folgende Geschichte, die sich nach dem letzten Krieg zugetragen hat und mir von dem daran beteiligten Herrn erzählt wurde.

Der Kronprinz bat den Leiter eines großen Münchner Museums zu sich hinaus, führte ihn vor eine italienische Holzbüste und bat um Beurteilung. Wie bring ich es dem alten Herrn bei, überlegte der Professor. Die Büste ist falsch. Der Kronprinz sah die Verlegenheit seines Gastes, lächelte und meinte: Da hat man den alten Mann übers Ohr gehauen, nicht wahr?

Im August 1955 ging auf Schloß Leutstetten die weiß-blaue Rautenfahne auf Halbmast. Kronprinz Rupprecht war gestorben, und viele Menschen sagten: Der König ist tot!

Fürstpropst Joseph Konrad

Im Berchtesgadener Heimatmuseum im Schlößchen Adelsheim, einem der schönsten Museen dieser Art in Bayern, hängt das Bildnis des letzten regierenden Fürstpropstes Joseph Konrad Freiherrn von Schroffenberg, eines Herrn mit freundlichem, klugem Gesicht, im veilchenfarbenen Berchtesgadener Propsttalar und Hermelinumhang, auf der Brust das brillantenbesetzte Kreuz. 1743 war er in Konstanz geboren worden; mit siebenundzwanzig Jahren wurde er als Novize im Stift Berchtesgaden aufgenommen. Bald galt er als der fähigste Kopf unter den Kapitelherren, so daß er 1780 zum Fürstpropst gewählt wurde. 1788 wurde er Fürstbischof von Freising und zwei Jahre später Fürstbischof von Regensburg. Er führte nicht, wie sein Vorgänger in Regensburg, Graf

Maximilian Prokop von Törring, »ein sehr ärgerliches Leben«, wie Eduard Vehse schreibt, sondern war »ein Herr
besserer Eigenschaften«. Der Hamburger Hess sagt von ihm:
»Er versprach bei seinem Antritt sehr viel. Er besuchte in
eigener Person die Normalschulen, schaffte mehrere zweck-
lose Gebräuche ab, unterrichtete sich von allem selbst und
ließ seine Räte schon früh morgens um vier Uhr kommen.« Er
selbst schrieb über seine Aufgabe:

Sowie Wir selbst die Heiterkeit Unseres eigenen Gemütes
und überhaupt Unsere eigene Seelenruhe als das Unschätz-
barste aller menschlichen Güter schätzen und lieben, so be-
ziehen und wünschen Wir auch, zur Erleichterung Unserer
Regierungs-Bürde und Belohnung Unserer rastlosen Sorgfalt
nichts sehnlicher, als das sanfte Gefühl der Zufriedenheit, das
Gepräg einer sittsamen Fröhlichkeit und die Sprache des
inneren Friedens wie der äußerlichen Eintracht an allen, die
Uns umgeben und vorzüglich an dem Betragen Unserer Her-
ren Kapitularen, immerfort wahrzunehmen.

Als dreifacher Kirchenfürst muß er viel unterwegs gewesen
sein, um die mit seinen Ämtern verbundene Arbeit bewältigen zu können. Er war ein Freund der Aufklärung, von Kunst
und Wissenschaft, ordnete die Armen- und Krankenpflege
und eröffnete 1795 die erste Volksschule in Berchtesgaden.
Doch auch ihm ist es trotz seiner guten Verwaltung nicht
mehr gelungen, die Schuldenlast des Stifts zu tilgen, obgleich
er einiges unternahm, um das gewerbliche Leben des Landes
zu heben. Zunächst hatte er durch Sparmaßnahmen und
Tilgung der laufenden Schuldzinsen einige Erfolge, doch die
Erhöhung der Bezüge der Kapitulare und unvorhergesehene
Hochwasserschäden an den Salinen- und Triftwerken zwan-
gen ihn zu neuen Anleihen bei Bayern, mit dessen Kurfürsten
Carl Theodor ihn persönliche Freundschaft verband. Zuletzt
versuchte der Fürstpropst im Jahre 1795 durch Verpfändung
aller Salzwerke und der Forsten den drohenden finanziellen
Ruin aufzuhalten. Die wichtigsten Erwerbsquellen des Lan-
des gingen somit in bayerische Verwaltung über, und Joseph

von Utzschneider übernahm als Administrator das Berchtesgadener Salzamt. Darunter hat die Beliebtheit des Fürsten in
Berchtesgaden merklich gelitten; das Volk murrte über die
›ausländischen‹ Beamten, die sich wie Landesherren aufführ-
ten, neue Wegezölle festsetzten, die Forstaufsicht bean-
spruchten, ja selbst das Bierbrauen erschwerten, was besonderen Groll hervorgerufen haben dürfte.

Kam aber der Fürstpropst nach Berchtesgaden, wurde
nach wie vor, trotz der Schulden das althergebrachte aufwen-
dige Zeremoniell genau beobachtet. Es gibt eine blumige
Schilderung über den Besuch Schroffenbergs, der als »der
geliebteste Fürst, der wachsamste Hirt« wieder einmal nach
Berchtesgaden kam. Früh um sieben Uhr ritt die prächtig
uniformierte Kavallerie – es dürften nur wenige Reiter gewesen sein – zum salzburgischen Grenzpaß, wo sie Höchstden-
selben am Hangenden Stein erwartete. Der Berchtesgadni-
sche Paßturm war mit einer Wache von sechs Mann besetzt,
Ein- und Ausgang der Brücke nach Schellenberg waren mit
grünen Bögen und Pyramiden geschmückt, über denen verschiedene Inschriften angebracht waren. Hof- und Regie-
rungsrat von Tschiderer für Bürger- und Landschaft, der
Dechant Graf Dietrichstein namens des hochwürdigen Stifts
begrüßten Seine Hochfürstliche Gnaden, der das alles auch
sehr gnädig entgegennahm. Als er in Berchtesgaden einfuhr,
begannen die Glocken zu läuten, donnerten die kleinen Ka-
nonen Salut, klangen dumpf die Trommeln und schmetterten
die Trompeten. Zwischen den Triumphbögen stand die Bürgerwehr in brauner Uniform mit hellroten Aufschlägen, mit
Fahnen und Musikkapelle Spalier, und unter dem Portal der
Residenz begrüßten Dechant, Kapitel, Hofstaat und die
Pfarrgeistlichkeit erneut ihren Herrn.

Wieder zeigte sich der Fürst höchst huldvoll und begab
sich mit seinem Gefolge ins Schloß. »Neben der ersten und
zweiten Flügeltür der fürstlichen Appartements standen vier
der schönstgewachsenen Männer des Landes als Hoftraban-
ten in Schweizer Kleidung, wie auch das Portal und die Stie-

gen von sechs gewöhnlichen Trabanten besetzt waren.« Im Audienzsaal nahm Schroffenberg noch einmal die »untertänigsten Bewillkommnungskomplimente« entgegen. Während man bei Tisch saß, schoß die Bürgerwehr im Hof einige Male Salut, dann zog sie befriedigt ab und verzehrte, »was ihnen der gnädigste Herr sehr reichlich anweisen ließ«, in den Wirtshäusern bei Musik und Tanz.

Aber mit der Herrlichkeit sollte es bald vorbei sein. Am 17. Dezember 1800 zogen französische Truppen in Berchtesgaden ein. Joseph Konrad war zur Stelle, empfing den Kommandeur und zahlte den größten Teil der Quartierlasten für die Bevölkerung aus eigener Tasche. Drei Jahre später besetzten die Österreicher das Ländchen. Es wurde dem neugebildeten Kurfürstentum Salzburg eingegliedert, das für Großherzog Ferdinand von Toskana, einen Bruder des Kaisers, geschaffen worden war.

Im Schloß Adelsheim unterzeichnete Joseph Konrad die Abdankungsurkunde am 23. Februar 1803. Sie hat folgenden Wortlaut:

Wir Joseph Konrad von Gottes Gnaden Bischof von Freising und Regensburg, Propst und Herr zu Berchtesgaden, des Heiligen Römischen Reichs Fürst, aus dem Freiherrlichen Geschlechte von Schroffenberg zu Moos, Auenhofen und Hövenhofen etc... Entbieten Unserm lieben Wohlerwürdigen Reichsstifts-Kapitel, Unseren sowohl geistlichen als weltlichen Dienern, wie auch der Bürgerschaft der Märkte Berchtesgaden und Schellenberg und Unseren sämtlichen geliebten Untertanen Gruß und alles Gute.

Nach ausführlicher Darlegung der staatsrechtlichen Veränderungen heißt es am Schluß: *Belebt von dem Gedanken... legen wir also hiermit Unsere bisherige Regierung des Fürstlichen Reichsstiftes und Landes Berchtesgaden in die Hände Sr. Königlichen Hoheit des Herrn Erzherzogs Großherzogs Ferdinand nieder; so wie auch Wir zugleich Unser Wohlehrwürdiges liebes Reichsstiftskapitel, alle Unsere geistlichen und weltlichen Diener, auch alle übrigen Reichsstift-Berch-*

tesgadnischen Untertanen der Uns beschworenen Pflichten
förmlich und zwar mit der angelegentsten Ermahnung entlas-
sen, sich mit Erneuerung ihrer gewöhnlichen Anhänglichkeit
und Untertanentreue, so wie durch gewissenhafte Erfüllung
aller ihrer Pflichten der Huld und hohen Gnade ihres neuen
Durchlauchtigsten Regenten, zu Hochdessen Vergnügen und
ihrem eigenen Glücke, würdig zu machen und zu erhalten.
Gegeben unter Unserer eigenhändigen Unterschrift und Bei-
druckung Unseres Fürstlichen Insiegels, Berchtesgaden den
11. Hornung 1803.

Wenige Tage später starb der Fürstpropst. Sein Grabmal
steht in der Stiftskirche. So traten die geistlichen Fürsten von
der politischen Bühne des Reichs ab, auf der sie so lange eine
bedeutende Rolle gespielt hatten.

Am Königssee

Der Name soll nichts mit Königen zu tun haben, sondern sich
vom Hofe des Bauern Chuniger (?) herleiten, der an Stelle der
heutigen Lände lag, wo wir das Schiff zur Rundfahrt auf dem
See besteigen. Wie dem auch sei, es ist ein königlicher See,
einst ein sehr einsamer Ort, und die Stille war so tief, daß
selbst die Ruderschläge ein Echo weckten, daß man fein den
Klang des auf den Hochalmen weidenden Viehs vernahm. So
still ist es hier nicht mehr, denn Tausende von Menschen
besuchen das Jahr hindurch den Königssee, und wenn auch
die elektrisch betriebenen Schiffe fast lautlos dahingleiten, ist
die Menschenmenge lärmend genug.

Fürstpropst von Schroffenberg hatte bereits Fahrten auf
dem See eingerichtet, und Friedrich Graf von Spaur berichtet
darüber:

Aus größeren und kleineren Gondeln kann man die An-
zahl der Schiffsleute wählen, welchen nach einer vorgeschrie-
benen Taxe Lohn gegeben wird. Kaum haben günstiger Wind
und eifriges Rudern die Gondeln eine halbe Stunde vorwärts

*gelenkt und ist der westliche felsige Abhang des Watzmanns,
der Falkenstein, umschiffet, so eröffnet sich zwischen den
wolkentragenden, beynahe senkrechten Felsbergen ein mei-
lenlanger grüner Wasserspiegel, an dessen hervorragender
Erdzunge die Bartholomäuskirche und das daran gebaute
Jagdschloß einen entzückenden Ruhepunkt dem Auge ge-
währt. Während die Schiffe die Wellen durchfahren, ergötzt
rechts und links die manigfaltigste Aussicht vieler und zum
Teil reicher Wasserfälle, die pfeilschnell oder zerstäubt in
ihren tiefen Behälter oft von hundert Klafter Höhe hinabstür-
zen. Dann schweiget der Ruder Plätschern, und sieben bis
acht mal wiederholet von Klüften, Felsen, Höhen und Zinnen
das äffende Echo das frohe Gejauchze der Schiffer oder den
aus der Gondel gegen die steile Felswand gerichteten Pisto-
lenschuß.*

Geschossen wird nicht mehr, sondern einer der Schiffer
bläst auf dem Horn eine Melodie, die von den Wänden klar
und deutlich zurückgeworfen wird. Diesen ›Kunstgenuß‹ begleitet er mit mehr oder weniger witzigen Redensarten.

Das Boot gleitet am Inselchen Christlieger mit der Nepo-
mukstatue von 1711 vorüber. Hier ankerte vormals das ›Für-
stenschiff‹ der Pröpste, vergleichbar dem Bucentaurus der
bayerischen Kurfürsten auf dem Starnbergersee. Linker
Hand taucht der Malerwinkel unter der Rabenwand auf,
hinter welcher der Jenner sich emporreckt, und dann öffnet
sich der weite Kessel des Sees.

Wir besuchten den Königssee Ende September, im Glauben ihn ganz für uns zu haben. Weit gefehlt. Menschenmas-
sen drängten sich in die Schiffe. Doch war es ein schöner,
sonniger Tag; an den steilen Wänden leuchtete das Herbst-
laub zwischen dem dunklen Grün der Fichten; die Flut lag
spiegelglatt, im Schatten fast schwarz, unter dem tiefblauen
Himmel. Immer neue Gipfel tauchen auf: der Felsriegel des
Steinernen Meers mit der Schönfeldspitze, dem Teufelshorn,
und den Funtenseetauern, im Zurückschauen das Hohe Brett
und der Hohe Göll. Die Watzmannostwand wächst immer

mächtiger auf, fahlgrau, von Schrunden zerrissen, an deren
Fuß gewaltig herabdonnernde Lawinen einen Eiskegel gebildet haben, der nicht abschmilzt. Es ist der am tiefsten gelegene Gletscher der Alpen.

Vor dieser riesigen Wand liegt auf einer grünen Landzun-
ge Sankt Barholomä, weißleuchtend mit rotgestrichenen
Kuppeln, und spiegelt sich im See. Die Fürstpröpste haben
Kirche und Jagdschloß gebaut, denn um den See lagen die
beliebtesten Reviere der geistlichen Jäger. Hier pirschten sie
auf Gams und Hirsch, schossen Enten und Auerwild. Ein
kleines Bild im Schloß zeigt, wie die Hirsche von Hunden ins
Wasser getrieben und vom Boot aus erlegt wurden. Das tat
auch noch König Maximilian II. von Bayern, der diese Landschaft besonders geliebt hat. Früher gab es hier Steinadler,
doch der berühmte Adlerjäger Graf Maximilian von Arco-
Zinneberg, dessen Trophäensammlung im Schloß Hubertus
in Unterstein bei Scheffau zu sehen ist, rottete diese herrlichen
Vögel fast aus. Nun gibt es am Untersberg wieder einen
Steinadlerhorst und man hofft, daß der stolze Vogel erneut
heimisch wird.

Sankt Bartholomä ist eine kleine Welt für sich, einst ein
stiller Bereich der Frömmigkeit, der Jäger und Fischer, heute
ein beliebtes Ausflugziel. Die kleine Kirche steht dicht am
Wasser. Mit seinen verschieden geformten Kuppeln und
Türmchen, seinen schlichten weißen Mauern und Fenstern
verkörpert dieser reizvolle Bau den Geist des Barock. Vorbild
war der Salzburger Dom Santino Solaris; wie dort ist hier das
Schiff mit dem Kuppelraum verbunden, der durch Anfügung
von drei Konchen zu drei Vierteln eines Zentralbaus erweitert ist. Das Westende der Kirche ist als Rotunde gestaltet.
Die Kirche wurde an Stelle älterer Bauten nach 1697 gebaut
und 1723 von Fürstpropst Cajetan Anton Freiherrn Nothaft
von Weißenstein geweiht. Das Innere ist hell, schlicht und
angenehm, gegliedert durch jonische Pilaster. Joseph
Schmidt aus Salzburg trug um 1710 die sparsame, vorwiegend aus Akanthusranken bestehende Stukkierung an. Das

Hochaltarbild von Johann Degler, 1698, ist dem Heiligen Bartholomäus gewidmet. Früher war Sankt Bartholomä ein beliebter Wallfahrtsort für die Pinzgauer, die den beschwerlichen Weg über das Steinerne Meer nicht scheuten, um hier zu beten. So wie das Kirchlein vor uns steht, ist es ein Sinnbild des bayerischen Landes, fromm und menschlich heiter zugleich.

Echt bayerisch ist auch die Anekdote, die der Historiker Karl Alexander von Müller in seinen Erinnerungen an Kronprinz Rupprecht mitteilt. Er besuchte mit ihm den Königssee, und der Kronprinz erzählte, wie die Kunde von der Abdankung Ludwigs I. einst hierher gedrungen war. Der See war seit Wochen tief eingeschneit und vereist, Förster Hohenleitner in Sankt Bartholomä von der Welt abgeschnitten. Einem Jäger gelang es endlich vom Felsufer der Gotzenalm aus auf das Eis des Sees zu gelangen und den Förster gegenüber in Sankt Bartholomä durch lautes Rufen an das Ufer zu locken. »Was gibt's?«, rief Hohenleitner hinüber. »Der Kini is nimma Kini«, hallte die Antwort übers Eis. »Ja waar net aus!«, scholl es zurück. »Er hat o'dankt.« Darauf antwortete der Förster Hohenleitner nichts mehr, er ging in seine Stube und weinte.

Das Jagdschloß ist 1708/09 in seine heutige Form gebracht worden, ein einfacher, ländlicher Bau von guten Maßen. Dr. F. A. Specht berichtet von einem Besuch Schroffenbergs im Jahre 1791. Auf seinem Jagdschiff mit rot und weiß gekleideten Schiffsleuten fuhr der Fürstpropst mit Gefolge und Gästen nach Sankt Bartholomä. »Kaum hatte man Erde, so gingen wir in die dasige Kapelle und das übrige Schloßgebäude, wo selbst die Fischmeisterin alsbald ganze Schüsseln voll frisch gebackener Saiblinge anbot, auch jedermann mit Begierde verkostete, solche auch viel schmackhafter, als wenn sie anderswohin geschickt werden, fand...« Zur kleinen Siedlung gehören noch das Jagdhaus und der Rupprechtskaser im Eiswinkel, den Kronprinz Rupprecht für sich und seine Familie baute, und am Fuß der Watzmannostwand steht die Sankt Johann- und Paul-Kapelle von 1617 sowie die sogenannte Eiskapelle, von der Noé berichtet:

Einmal, als auf keine der angegebenen Arten der Zugang zum Ufer möglich war, führte ein treuer Knecht ein Wagstück aus, welches nicht allemal gelingen wird. Als eines der Kinder des Forstwartes krank lag und dringend einer Arznei bedurfte und weder Wasser noch Eis einem Menschen Bahn boten, da entschloß sich dieser Knecht rasch und ging durch das lawinengefährliche Eisthal zur Eiskapelle und von dieser an den schauerlichen Wänden hinauf zur Herrenroint-Alm, und von dieser durch den klaftertiefen Schnee herab nach Berchtesgaden und auf dem nämlichen Wege zurück zur unnahbaren Halbinsel und brachte dem Kinde die Arznei.

Nahe von Sankt Bartholomä wurde einst das für den Berchtesgadener Salinenbetrieb benötigte Holz gefällt und von der Burgstallwand herab in den See gestürzt, aus dem es der Ache zugetrieben wurde. Spaur berichtet davon:

Fremde können leicht den Tag erfragen, wenn das merkwürdige Schauspiel eines Holzsturzes statthaben soll. Wenn am jenseitigen Ufer fest angeklammert die Gondeln harren und die Blicke der Zuschauer auf die im Hintergrund über achttausend Fuß sich thürmende Wand geheftet sind, erwartet man nicht ohne bange Ahnung das Zeichen zum Beginn des schaudervollen Schauspiels.

Es muß wirklich sehr eindrucksvoll gewesen sein, wenn die Stämme krachend über die Wand herabfuhren. Nach altem Brauch begab sich ein Priester in einem Boot auf den See und erteilte dem Unternehmen, das für die Holzknechte gefährlich ausgehen konnte, seinen Segen. Am Ende des Sees liegt die Haltestelle Saletalpe, von wo wir zum Obersee aufsteigen, überragt von den Zacken der Teufelshörner. ›In der Fischunkel‹ heißt dieser einsame Ort, ein Lieblingsplatz König Maximilians II. Von hier aus kann man zum Grün- und Funtensee aufsteigen.

Drei Wallfahrtskirchen

Kurz vor Berchtesgaden, von Reichenhall kommend, wollen wir links abbiegen, um nach *Maria Gern* hinauf zu fahren. Da steht das Kirchlein Maria Gern vor den hier dolomitartig zerklüfteten Wänden des Untersbergs, ein weißleuchtender Bau mit braunrosa getönter Architekturgliederung unter geschindeltem Zeltdach und zierlicher barocker Turmhaube.

> Wer zu mir kombet in die Gern,
> dem will ich sein Bitt erhörn,
> ein Muetter ich mich zeigen will,
> der Zeichen suecht, hier findt' er vill.

Das steht in der Kartusche unter dem Gnadenbild, das Wolfgang Huber aus Salzburg, Waldmeister zu Hopfgarten, 1666 geschnitzt hat. Huber stammte aus Gern und soll das Marienbild einem älteren gotischen nachgebildet haben. Er brachte sein Werk in die Hintergern, wo er es im Haus ›Schwitz an der Ebn‹ unterbringen konnte, bis mit Hilfe des Berchtesgadener Stifts eine Kapelle dafür gebaut wurde, die sich bald zur beliebten Wallfahrt entwickelte. Diese Kapelle ist zwischen 1701 und 1724 neu gebaut worden, mit tatkräftiger Unterstützung des Stiftsdekans von Pießer, dessen Wappen sich über der Tür zum Chor befindet. Es ist der reizendste, innigste Kirchenbau des Berchtesgadener Landes, der das Gnadenbild umschließt, das unter schweren Kronen und reichen, auswechselbaren Gewändern kaum zu sehen ist.

Aus der Vorhalle betreten wir durch ein prächtiges elegantes Gitter des Berchtesgadener Hofschlossers Johann Brandtner von 1777 die Kirche. Der Raum – er wiederholt durch seinen ovalen Grundriß mit vier kreuzförmig angeordneten Altarnischen das bereits im Außenbau angestimmte Thema einer heiteren Frömmigkeit – ist hell und festlich, gegliedert durch rot abgesetzte Pilaster mit üppigen Kapitellen. Das Gewölbe ist überzogen von leichter Stukkatur des Salzburgers Joseph Schmidt, Akanthusranken, Eichenlaub, Fruchtgehänge, Blumen und Putten, rosa, blaugrün, ocker-

farben um die Deckenbilder spielend, welche der Laienbru-
der Christoph Lehrl aus dem Augustinerstift Höglwörth von
1712-1715 mit Szenen aus dem Marienleben schmückte, die
1874 eine neue Fassung erhielten. Über dem Hochaltar sehen
wir die Dreifaltigkeit, im Chor den Traum des Joachim,
Mariae Tempelgang, ihre Verlobung mit Josef, Verkündigung, Geburt Christi, Begegnung mit Elisabeth, Verkündigung an die Hirten und den Traum Josefs. Im Mittelfeld des
Schiffs schaut Maria als ›Mutter der schönen Liebe‹, ein
durch die Wessobrunner weit verbreitetes Motiv, auf uns
herab. Die sie umgebenden Medaillons zeigen Anbetung
Jesu, Simon und Anna, den zwölfjährigen Jesus im Tempel,
Hochzeit zu Kana, das Haus in Nazareth, Christi Abschied
von der Mutter und die Ausgießung des Heiligen Geistes.
Unter der Orgelempore ist der Tod Mariens dargestellt, das
Begräbnis, ihre Aufnahme in den Himmel und ihre Krönung.
An der Orgelbrüstung sehen wir die Evangelisten Johannes
und Markus, sowie die Heilige Cäcilie, ein Gemälde von
1874. Auf der Orgelbrüstung stehen die guten Figuren der
Heiligen Sebastian und Antonius und der harfenschlagende
König David.

Von zwei Engeln getragen, schwebt das Gnadenbild in der
Mitte des braungoldenen, mit blauen Säulen geschmückten
Hochaltars, den der Berchtesgadener Kaspar Schneider
1715/16 arbeitete. Rechts und links stehen die Heiligen Joachim und Anna, im Auszug streitet Michael gegen den Teufel. Der Schellenberger Andreas Stangassinger schuf diese
Gruppe. Die beiden Seitenaltäre sind zwischen 1739 und
1740 aufgestellt worden, und zwar von Anselm, dem Sohn
Kaspar Schneiders; Johann Zick hat 1740 das schöne Altarblatt des Heiligen Josef gemalt. Die vier von Engeln gehalte-
nen Medaillons zeigen Szenen aus dem Leben Josefs. Der
Kreuzaltar ist mit Szenen eines unbekannten Meisters geschmückt, die Passion Christi darstellend, und über dem
Altar zeigt ein Fresko den Tod des Heiligen Antonius. Zahlreiche Votivbilder, das älteste von 1618, das jüngste von

1952, vervollständigen den Schmuck dieses reizenden, anmutigen Kirchenraumes.

Eines Tages stand ein Wanderer vor der Kirche, betrachtet bald sie, bald die herrlich ringsum ausgebreitete Gebirgslandschaft, als eine Bäuerin zu ihm trat und sagte: »Derfst scho aa in Kirch einigehn! Brauchst net draußen rumlaffa!« Der also Angeredete war Kardinal Döpfner, der die Gern liebte und oft die Kneifels-Spitze erstieg. Wir haben es auch getan. Es ist ein kurzer, aber sehr steiler Aufstieg. Das Dunkel der Fichtenwälder herrschte vor, durchschossen vom lichten ersten Grün der Buchen und Ahorne, dazwischen das Weiß des Schnees, der vor allem Grate und Spitzen noch deckte und aus dem die grauen Wände und Schroffen aufstiegen. Welch großartigen Blick hatten wir von dort oben über Berchtesgaden, den Königssee, Göll, Mühlsturzhörner, Watzmann und weit hinaus ins Salzburgische, das im Fernduft verschwamm.

Wallfahrtskirche Kunterweg

Die zweite, vielleicht originellste der drei Wallfahrtskirchen ist Maria Kunterweg. Man erreicht sie, wenn man von der Pfarrkirche Ramsau aus dem Kalvarienberg folgt, nach kurzem Aufstieg durch den Wald. Am Beginn des Weges steht eine große offene Kapelle von 1774, deren Schindeldach von Säulen getragen wird. In ihr befindet sich eine große Kreuzigungsgruppe. Die Kirche soll ihren Namen von Kunta, Kunter, was so viel wie Kleinvieh heißt, erhalten haben. Kunter aber heißt auch ein bösartiger Almgeist, und der Sage nach machten »nächtliche forchtsame Spukgesichter« den Weg unsicher. Deshalb brachte ein Unbekannter um die Mitte des 17. Jahrhunderts an der Felswand hinter der heutigen Kirche ein Muttergottesbild an, das Wolfgang Huber aus Gern geschnitzt haben soll. 1690 ließ der Ramsauer Vikar Feichtinger eine Nische zur Aufnahme des Bildes aushauen, wohin am Himmelfahrtstag desselben Jahres eine Muttergottesstatue vom Laurentiusaltar der Pfarrkirche Ramsau gebracht

wurde. Es ist das heutige Gnadenbild. Als es in der Kirche
aufgestellt war, hörte der Spuk auf dem Kunterweg sogleich
auf.

1708 baute man eine Kapelle; 1731 legte Fürstpropst
Julius Heinrich Freiherr von Rehlingen den Grundstein zur
neuen Kirche, und sein Nachfolger Cajetan Anton Freiherr
von Nothaft vollendete sie 1733. Baumeister war der Salzburger Sebastian Stumpfegger, der etwas besonders Hüb-
sches geschaffen hat. Das Gelände war schmal, daher die
Aufgabe schwierig. Der Eingang mußte auf die Schmalseite
gelegt werden. Davor setzte Stumpfegger einen halbrunden
Anbau mit geschwungener, von einem offenen Glockentürmchen bekrönten Kuppel. In gleicher Weise ist der Chor gebaut
worden. Die Langseiten haben einen Mittelrisalit mit Giebel,
und so wirkt der Bau aus der Ferne – man sieht ihn, wenn
man vom Hintersee her kommt – wie die Fassade einer breiten zweitürmigen Kirche. Der hohe Innenraum ist, wie Maria
Gern, außerordentlich heimelig, gegliedert durch Doppelpi-
laster, reich stuckiert mit weißem Laub- und Bandwerk auf
rosa Grund von Johann Schaffner. Der Hochaltar mit Säu-
lenstellung und reichem Baldachin, 1756 vom Berchtesgadener Hoftischler Christoph Datz d. J. aufgestellt, umschließt
das Gnadenbild und darüber ein Bild der Dreifaltigkeit, getragen von zwei Engeln. Zu Seiten des Gnadenbildes und des
Tabernakels stehen Josef, König David, Johannes der Täufer
und Elisabeth, oben die Heiligen Katharina und Valentin,
vermutlich Arbeiten des Reichenhallers Christoph Egasser.
Das Altarblatt des linken Seitenaltars, den heiligen Josef,
malte Johann Zick 1741. Zu Seiten stehen die Heiligen Rupert, Augustinus, Georg und Leonhard. Zick hat auch das
Johann Nepomuk-Bild des rechten Altars geschaffen, flankiert von den Heiligen Florian und Vinzenz, Wolfgang und
Kaiser Sigismund.

Das große Deckenbild stellt den Sieg der Jungfrau Maria
über den Irrglauben dar. Zu ihren Füßen sehen wir das Stift
Berchtesgaden, sowie den Heiligen Augustinus und den Wap-

penhalter des Fürstpropstes Nothaft, der 1733 das Emigrationspatent für die Protestanten unterschrieb. Sie sind am unteren Bildrand zu sehen, und ein Engel schleudert Blitze auf die Abtrünnigen.

Das reiche Abschlußgitter arbeitete Johann Brandtner 1774; zahlreiche Votivtafeln sprechen für die Beliebtheit der Wallfahrt.

Ettenberg

Die dritte Wallfahrtskirche, ist Maria Ettenberg, hoch über Schellenberg. Sie liegt auf einer Wiese vor dem mächtigen Massiv des Untersbergs, gegenüber von Göll, Watzmann und Hochkalter. Vielleicht ist sie die schönst gelegene der drei Kirchen. Wir besuchten sie an einem frühen Maitag von unbeschreiblicher Klarheit. Keine Nebelbank in weiter Runde, der Himmel von lichtestem Blau über den rundum aufsteigenden Gipfeln, tief unten in den Tälern lagen noch die blauen Schatten. Die Legende erzählt, daß sich beim Stierlinglehen in Unterettenberg ein altes Marienbild befand, das eines Tages – wir begegnen gleichen Vorgängen allenthalben in Bayern und Österreich – an einer Linde hing, da wo heute die Kirche steht. Man brachte das Bild an seinen alten Platz zurück, aber Maria schien das nicht mehr zu behagen, denn bald darauf war sie wieder an der Linde zu finden. Also ließ man sie dort, und schon 1670 kamen die ersten Pilger, um sie zu verehren. Ein Votivbild von 1696 zeigt eine kleine hölzerne Kapelle, zum Schutz der Gottesmutter errichtet. Sie wurde bald durch eine richtige Kapelle ersetzt. 1723 befahl Fürstpropst von Rehlingen, ein großer Anhänger des Marienkultes, den Bau der Kirche Mariae Heimsuchung, der 1724/25 erfolgte, und zwar durch den Berchtesgadener Maurermeister Peter Schaffner. Der Turm stammt aus den Jahren 1834-1836. Das Gnadenbild ist wahrscheinlich so verwittert gewesen, daß Innozenz Anton Warathi 1727 ein Gnadenbild für den Hochaltar malte, das 1733 durch ein geschnitztes ersetzt worden ist.

Es ist ein einschiffiger Bau mit halb rundem Chor und ebensolchen Anbauten am Langhaus für die Seitenaltäre. Gewölbe, Wände und Kanzel sind leicht stuckiert mit Muscheln, Laub- und Bandwerk von dem Burghausener Joseph Höpp. Der reiche Säulenbau des Hochaltars steht über dem Stumpf der Linde, in der Maria sich niedergelassen hatte, flankiert von den Heiligen Georg und Florian, oben von Joachim und Anna neben der Darstellung der Heimsuchung Mariens. Die beiden prächtigen Seitenaltäre sind den Heiligen Franziskus und Antonius geweiht, die beiden Altäre im Schiff dem Heiligen Rupertus und dem Kreuz. Am Rupertusaltar sehen wir Bergleute, vermutlich Knappen aus Schellenberg, die alljährlich hier oben ihren Knappentag hielten. Das große Deckenbild von Warathi zeigt Esther vor Ahasverus, über dieser Szene kniet Maria vor der Dreifaltigkeit, umgeben von den vierzehn Nothelfern. Unter den anderen Deckenmedaillons fällt die dramatisch geschilderte Seeschlacht bei Lepanto auf. Auf der Orgelempore steht ein überlebensgroßer Christophorus, wohl um 1700 geschaffen.

Alle drei Kirchen sind eingebettet in die eindrucksvolle Beständigkeit und Stille der Landschaft. Sie bilden eine anmutige Einheit, als seien sie auf einen Wurf entstanden. Die Einheit des Ausdrucks findet sich auch in der Harmonie der farbigen Erscheinung: Heller Verputz zwischen dunkleren Architekturgliederungen, Deckung mit Schindeln, im Innern von schöner Klarheit und Bewegtheit der Formen, gleich weit entfernt von Armseligkeit wie von überreicher Pracht und daher so wohltuend. Alles das in vollkommen gelassener Ruhe vor der Großartigkeit der Hochgebirge, ländlich und doch von kultivierter Vollendung. Eine Wallfahrtskirche soll schön und anziehend sein, denn schon ihr Äußeres soll die Pilger herbeilocken. Es scheint, als hätten die Baumeister das gewußt, und so gehören eigentlich alle Wallfahrtskirchen, sei es die Wies, Maria Heuwinkel bei den Osterseen oder Maria Gern, Ettenberg und Kunterweg zu den reizvollsten und feinsten Bauten des 18. Jahrhunderts. Stehen wir vor der versunkenen Welt dieses Jahrhunderts, müssen wir an Talleyrands Wort über diese Zeit denken. Das als Lebensstil in all seinem schöpferischen Reichtum uns so durchaus Entrückte erscheint uns beinahe als ein Zustand der Unschuld, von Geborgenheit, obgleich auch damals die Welt durchaus nicht ›in Ordnung‹ war. Was wir ebenfalls kaum noch fassen können, ist die souveräne Meisterschaft, die Anwendung raffiniertester Mittel, die sich selbst bei ländlichen Baumeistern finden und ihnen ganz zur zweiten Natur geworden war. Hinzu kommt die selbstverständliche Frömmigkeit, die nichts von der Problematik des heutigen religiösen Lebens hatte. Selbst die kleinen Wallfahrtskirchen sind ein Theatrum Sacrum in der Gestaltwerdung des Heiligen. Gerade die Begabung des bayerischen Stammes für das Bildnerische und die Schaustellung hat hier die höchste Ausbildung erfahren.

Almbachtal und Roßfeld

Auf der Fahrt von Salzburg über Schellenberg haben wir bereits die Wallfahrtskirche Mariae Heimsuchung am Ettenberg besucht. Unweit von Schellenberg biegt das Almbachtal in den Gebirgsstock des Untersbergs ab. Gleich zu Beginn liegt die Kugelmühle, die letzte ihrer Art eines vormals blühenden Gewerbes im Land. Dort werden Marmorkugeln aller Größen geschliffen. Die Steine werden zwischen gegeneinander laufende Scheiben gelegt, deren untere aus Sandstein, deren obere aus Holz gefertigt sind. Das darüber strömende Wasser schleift sie in fünf bis sechs Tagen glatt und rund. Sie haben sogar Ballast für Seeschiffe geliefert. Die Kugelmühlen arbeiteten schon 1683, und noch um 1850 trieb der Almbach etwa vierzig Mühlen.

Etwas weiter, Berchtesgaden zu, zweigt eine Straße links ab, die auf den Obersalzberg und das Roßfeld unter dem Hohen Göll führt.

Alljährlich besuchen Tausende Neugieriger aus dem In-
und Ausland Hitlers einstige Bergresidenz auf dem Obersalzberg. Es ist dort gar nichts mehr zu sehen als die wundervolle
Aussicht über die Bergwelt, denn der Berghof wurde 1952
von den Amerikanern gesprengt, die damit die Bildung eines
Mythos verhindern wollten. Warum also kommen die Touristen? Wahrscheinlich, um die Stätten, wo der Un-Mensch
gehaust hat, mit geheimem Grausen zu betrachten. Die Frem-
denindustrie weiß Geld aus der Neugier zu schlagen. Es gibt
Photographien, ja ganze Alben mit Bildern des Führers. Der
Führer in seiner geliebten Bergwelt, mit Hunden, Kindern,
seinen Paladinen schrecklichen Angedenkens. Im berühmten
Teehaus auf dem Kehlstein, das der Sprengung entgangen ist,
kann man Würstchen essen und Bier trinken. Alles in allem ist
es ein Spektakel schauerlicher Art für die Nachfahren des
großen ›Tausendjährigen Reichs‹!

Das Roßfeld ist ein landschaftlich wundervolles Mittel-
gebirge mit Wiesen, Waldparzellen, weithin verstreuten Lehen, Ortschaften, Pensionen und Gasthäusern, vor allem mit
immer wechselnden herrlichen Ausblicken ins Salzburger
und Berchtesgadener Land.

Früher hatte Berchtesgaden zahlreiche Almen. Die wenigen noch bewirtschafteten feiern nach wie vor den festlichen
Almabtrieb des Viehs im Herbst, wenn die Gipfel schnee-
überzuckert sind, die Wälder dunkel und flammend gelb und
rot unter tiefblauem Himmel stehen. Erika Schwarz berichtet
davon:

*Plötzlich fern der dumpfe Klang einer Glocke. Ein Irr-
tum? Nun trägt der Wind den Ton näher heran, bald sind
mehrere Glocken zu unterscheiden, bewegt von einem eigen-
artigen Rhythmus. Es dauert seine Zeit, ehe der Zug erscheint. Dann, voraus die Glockenkuh, einen breiten, geschmückten Riemen mit Glocke um den Hals, auf die Stirn
gebunden ein beinahe zwei Meter hohes Bäumchen, gebän-
dert, gerüscht, mit bunten Sternen übersät, dann Kuh an Kuh,
jede mit diesem phantastischen Kopfschmuck, der Stier be-*

hängt mit einer zehn Meter langen Girlande, die Kälber mit
Stirnkränzchen, die Schafe mit Sternchen im Fell, die Senne-
rin in der Tracht mit weißer Schürze, am Schluß der Alpwa-
gen mit der Habe der Sennerin und den Geräten; das Pferd
geschmückt, der Bauer mit dem vergoldeten Almrausch auf
dem Hut, wie es Brauch ist – ein ländlicher Festzug ohneglei-
chen. Wochenlang bereiten die Sennerinnen den Schmuck für
die Almtiere vor, doch wenn Vieh abstürzt oder ein anderes
Unglück auf der Alm geschah, wird nicht ›gekranzt‹. Nur
selten mehr tragen die Kühe Larven zum Schutz gegen Dämo-
nen zwischen Alm- und Hausfrieden. Ehe die Sennerin die
Alm verläßt, legt sie ein Feuerkreuz auf die Herdstelle, und
dann, so heißt es, bezieht das Kasermandl über Winter die
Hütte.

Der Jahreskreis

Es gibt uralte Volksbräuche. Manche waren unheimlich und
unverständlich wie die finstere Nacht, die meisten aber verbinden christlichen Glauben und heidnische Überlieferung zu
schöner Innigkeit mit Mensch, Tier, Haus, Hof und Natur.
Die Forschung hat ihren Sinngehalt weitgehend erhellt. Sagen, Märchen, Legenden, Sprichwörter, Kinderspiele, geheimnisvolle Riten, festliche Umzüge, alles das hat seine Bedeutung im Leben des alpenländischen Volkes, und alles hat
seine tiefe Wurzel im Religiösen. Vieles ist verloren gegangen
oder am aussterben, denn niemand glaubt mehr daran, weil
die Arbeit auf dem Bauernhof technisiert worden ist, die alten
Gegebenheiten also fehlen.

»*Wo gibt es noch einen Hof, auf dem der Bauer in der*
Silvesternacht Brot und Salz fürs Neue Jahr auf den Tisch
legt?... Auf welchem Hof wird noch Silvester Schlag Mitter-
nacht die Haustür sperrangelweit geöffnet, um das alte Jahr
ausziehen zu lassen?...«, schreibt Hans Heyn in seinem Buch
›Drudenhax und Allelujawasser‹.

An einige der alten Bräuche, die das bäuerliche Leben

durch das Jahr begleiteten, soll hier erinnert werden. Da gibt
es die Klöpfelnächte zwischen Andreas und Thomas. Vor
Weihnachten zogen die ›Klöckileit‹, wie sie in Berchtesgaden
genannt werden, rußgeschwärzt und vermummt durch die
Dörfer und zu den Höfen. Heute tun es nur noch die Kinder.
Am dritten Donnerstag vor Weihnachten wurde das Klöpfel-
gehen gefährlich, denn es ist eine Losnacht, eine Perchten-
nacht, in der sich der Teufel unter die Gruppe mischen
konnte. Ganz aus der Übung gekommen ist der Brauch des
Christkindlwiegens. Auf einem Seitenaltar der Kirche stand
eine kleine, oftmals reich geschmückte Wiege. Mütter ließen
ihre Kinder das Christkindl wiegen, damit sie besser schlafen
könnten. Kinderlose Frauen wiegten in der Hoffnung, selbst
ein Kind zu bekommen, und in der Christnacht wiegten
unbescholtene Mädchen mit langen Seidenbändern und sangen Wiegenlieder.

In der Gemeinde Au bei Berchtesgaden gab es die Kirchen-
sänger, die verpflichtet waren, an Sonn- und Feiertagen auf
dem Kirchenchor zu singen und dafür 18-24 Kreuzer erhielten, welche die Familien der Gemeinde zahlten. Die Singer
zogen am Stephanitag von Hof zu Hof, trugen einen Stern,
sangen ein Dreikönigslied oder Weihnachtslieder und sam-
melten das Geld ein.

*Am ersten Adventssonntag bewegt sich zwischen Bi-
schofswiesen und dem Loipl ein seltsamer Zug: voraus das
Nikoloweibl, dahinter der Bischof Nikolaus, dann der Teufel, gefolgt von zwölf Butt'nmandln, die ganz in Stroh ge-
kleidet sind, Fellmasken mit Gamskrickeln und heraushän-
gender roter Zunge tragen und Kuhglocken auf den Rücken
gebunden haben. Auftakt der weihnachtlichen Bräuche,
christliche Legende (Bischof Nikolaus, Teufel) verflochten
mit heidnischem Gedankengut (Nikolausweibl, Butt'n-
mandln, Fruchtbarkeitsgeister). Die Glocken dröhnen
durch die Nacht, der Zug bewegt sich von Hof zu Hof. Am 5.
und 6. Dezember gehen in allen Gemeinden Bischof Nikolaus, Butt'nmandln und Kramplern.* (Erika Schwarz)

Am heiligen Abend wurde Frau Percht gespeist. Sie erhielt den ›Bächlkorb‹. Am gleichen Tag fütterte die Bäuerin die Bäume: »Baam esst's!«, sagte sie und streute Reste aus der Muspfanne auf die Baumscheiben. Auch wurden an den vier Windrichtungen des Hofes Teller für die Vögel aufgestellt. In Wirklichkeit waren es Opfergaben für die Geister, vor allem für Frau Percht. Diese, vielfach als Wotans Frau gedeutet, liebte es vor allem, in der Dreikönigsnacht zu erscheinen. Sie hat zwei Gesichter. Einmal ist sie die schöne, milde, hilfreiche Göttin, zum andern eine Unholdin, die nach liederlichen Mädchen und ungezogenen Kindern ausschaut. Man erzählt, sie schleppe diese an den Haaren durch die Luft und lasse sie in den Chiemsee fallen.

Am 24. Dezember durfte nicht gearbeitet werden. Schaufelte der Bauer dennoch das Korn um, so tat er es als kultische Handlung, denn er mischte es mit geweihten Körnern, oder er hielt Zwiesprache und Fürbitte mit all denen, von denen er sich abhängig glaubte, wie Heilige oder Geister. In der Christnacht erhielt das Vieh geweihtes Salz und Kräuter, die Pferde Christkindlhafer, und vorher wurden Hof und Stall ausgeräuchert. Alle Besen stellte der Bauer mit den Stielen nach unten in die Türen, damit die Drud und die bösen Geister an den Besenreisern hängen blieben.

Das Christkindl wird im Gebirge ›angeschossen‹, wie es heute noch in Berchtesgaden der Brauch ist. »Welch großartiges Getöse, Gekrache und Gedonner, ein dumpfes Rollen, das über das Tal hingeht, sich an den Bergen bricht und zurückgeworfen wird.« Es beginnt mit dem Nikolauszug, dann folgen die Klöckileit, um anzuklopfen. *Kürzer werden die Tage, das Bergland versinkt in Stille und Schneedämmerung. Herbergssucher sind auf dem Weg, Ministranten, die von Haus zu Haus gehen mit einem Bild, das die Herbergssuche von Joseph und Maria darstellt. In Versen und mit Gesang bitten sie für das Bild um Herberge für eine Nacht. Mehr und mehr rüstete man zum Fest, auf dem Schlitten bringt der Bauer den Christbaum und den Mettenstock heim,*

Das Schwein wird geschlachtet, die Hausmutter backt den Mettenwecken und kauft Wachs und Räucherkerzen ein... Nach elf Uhr beginnt es draußen zu krachen und zu toben. Nach dem Befehl des Schützenmeisters wird geschossen: Einzelfeuer, Schnellfeuer oder Salven. Die Pistolen sind Familienerbstücke, oft kunstvoll verziert. Sie werden mit Pulver geladen, das mit einem Holzhammer eingeklopft wird. Fünfundvierzig Minuten unvorstellbaren Lärms: es ist die Zeit der Zwölf Nächte: Dämonen, Unholde, Perchten und das wilde Gejaid sind unterwegs – um sie abzuhalten, schlug der Bauer Lärm, mit Prügeln und Dreschflegeln einst, später mit der Pistole, um das göttliche Kind zu ehren. (Erika Schwarz).

War alles vorüber, zogen die Landleute mit ihren Laternen zur Christmette. 1887 hatte der ›Votzenschmied-Wastl‹, der eigentlich Sebastian Bieler hieß, den ersten Weihnachtsschützenverein im Berchtesgadener Land ins Leben gerufen, doch das Weihnachtsschießen kannte man schon im 17. Jahrhundert.

Auch die Bedeutung der Zwölfnächte oder Rauhnächte ist weitgehend vergessen worden. Es ist die Zeit zwischen den Jahren, die friedlichste Zeit, denn es durfte kein Streit ausgefochten, kein Gericht gehalten werden. Wer an die Tür klopfte, wurde eingelassen, weil in diesen Tagen auch Himmlische unter den Besuchern sein konnten. Durch die Nacht aber raste die Wilde Jagd, angeführt von Wotan, gefolgt vom Heer der Toten, dem Troß der Unholden, darunter der Wilde Jäger, die Selbstmörder. Sie jagten auch die harmlosen Naturgeister wie Moosweiblein und ›mandln‹, die sich retten konnten, wenn sie sich auf einen Baumstumpf setzten, in den der Holzknecht drei Kreuze geschlagen hatte.

Am Tag vor Dreikönig wurden Haus und Hof wieder ausgeräuchert mit mancherlei Kräutern, mit Wacholderbeeren, um die bösen Geister zu vertreiben. Der Vater führte die Räucherprozession an, und man zog durch alle Räume, wo Truhen und Kästen offen stehen mußten. Den Kühen wurde ein Stück Brot, bestreut mit Dreikönigssalz und geweihten

Kräutern, ins Maul geschoben. Die Hexen konnten ihnen nun nichts Böses mehr antun. Getreideboden, Schuppen, Scheune wurden ebenfalls ausgeräuchert, der Hofbrunnen erhielt einige Tropfen Weihwasser, daß er nicht versiege, auch das Herdfeuer wurde nicht vergessen, damit es nicht ausgehe und keine Feuersbrunst verursache. Ungesegnet blieb der Backofen, wohin sich die Hexen zurückzogen, die beim ersten Backen verbrannt wurden. Die Kreideinschrift K+M+B an den Türen bannt Dämonen. Die Nacht vor Dreikönig ist die letzte Rauhnacht, und da mußte die böse Frau Percht ausgetrieben werden.

Am 2. Februar wird Maria Lichtmeß gefeiert; die Lichte Messe ist fast ein vergessener Begriff, seit die Elektrizität ihren Einzug in die Häuser gehalten hat. In der Frühe ging der Bauer zu den Bienenstöcken und sagte: »Imp, Liachtmessn is da!« Die Bienen sollten an den zu erwartenden Sommer und das Bedürfnis an Wachs erinnert werden. Wachsstöcke und schwarze Wetterkerzen wurden in der Kirche geweiht.

Gewitter im Gebirge sind besonders laut. Der Donner brüllt zwischen den Bergwänden, und das Echo wirft den Schall tausendfach zurück. Ich erinnere mich der Großtante Lori, Schwägerin meines Großvaters Wittgenstein, in Egern am Tegernsee, die, sobald das Wetter losbrach, ihre Wetterkerze nahm und sich mit ihrem Hündchen in einen Schrank zurückzog, in dem ein Stuhl stand. Dort blieb sie, bis alles vorüber war, und wir nannten ihr Refugium den Donnerschrank.

An Josephi, am 19. März, wurde in Berchtesgaden einst ein besonderer Brauch geübt, das Amt der Zimmerleute in der Franziskanerkirche. Dabei wurde ›Baumwollbrot‹ geopfert, vier zusammenhängende Weißbrotwecken, die schon im Fasching gebacken worden waren.

In der Berchtesgadener Stiftskirche sieht man am Palmsonntag an den Palmbäumen ›Gschabertbandln‹, bunte Hobelspäne, sowie ausgeblasene, gefärbte Eier. Zum Palmbuschen gehörten früher neun heil- und zauberkräftige Kräuter:

Erika, Segenbaum, Wacholder, Eichenlaub, Buchs, Seidel-
bast, Mistel und drei Zweige der Blitz und Hexen bannenden
Haselstaude. Fronleichnam, vormals Herrgottstag genannt,
fällt in die Jahreszeit, da in den Gärten ›die große Prang‹, die
Pfingstrosen, blühen. Wir kennen die reich geschmückten
Prangstangen im Pongau und Lungau, und in Bayern wurden
Zweige von Prangstauden im Herrgottswinkel, in Kammern,
Stall und Scheune angebracht. Den längsten Zweig steckte
die Bäuerin in das Flachsfeld, damit der Lein ebenso hoch
wachse wie der Zweig. ›Prangen gehen‹ heißt mit Pracht und
Prunk in der Prozession gehen.

Schließlich sei noch der Sonnwendnacht gedacht, die
noch immer, auch an Johanni und Peter und Paul, gefeiert
wird. Der größte Feuerzauber ist am Steinernen Meer über
Saalfelden im Pinzgau zu sehen, wo Hunderte von Bergfeuern
lohen.

Nur einiges aus dem Reichtum an Volksbräuchen ist erzählt worden. Wer mehr darüber wissen will, der lese Hans
Heyns schönes Buch.

Salz

*Das Dreikönigssalz lieferte den Salzstein, den heute der
Bauer kauft. Mit dem Dreikönigswasser verrührte die Bäue-
rin den Brei zu einem Klumpen... Der Brei wurde oft mit den
Händen geknetet, Sie glaubten, daß die Berührung mit dem
geweihten Salz und Wasser Kraft und Gesundheit bringt*
(Hans Heyn).

Der Klumpen wurde gedörrt und hing dann am Türpfo-
sten. Krankem Vieh wurden mit dem geweihten Salz Maul
und Zunge eingerieben; es wurde vor das Fenster gestreut,
wenn ein Wetter drohte. Erika Schwarz hat ein instruktives
Büchlein ›Bayerisches Salz‹ geschrieben, dem die folgenden
Zitate entnommen sind.

Salz ist lebensnotwendig, Homer nennt es göttlich, und
man opferte den Göttern Salz und Brot, wie man es auch dem

Gast reichte. Ich habe es noch im letzten Krieg in einem russischen Bauernhaus erlebt. »Salz zerstört den Zauber, Salz bricht die Macht der Dämonen, und der Teufel kann kein Salz essen.«

Steinsalz wird im Bergbau gewonnen, Meersalz in Salzgärten, wie z. B. in der französischen Camargue, Siedesalz aus der Sole. Aus der chemischen Industrie ist das Salz nicht wegzudenken.

Wir haben gehört, daß Hallstatt im Salzkammergut eines der berühmtesten Salzbergwerke gewesen ist, 800-400 vor Chr. Die Kelten nannten das Salz ›hal‹, daher die Namen Reichenhall, Hallein, Hallstatt. Die Griechen nannten es ›hals‹, die Römer ›sal‹. Sankt Rupertus begab sich einst zu den beiden kleinen Seen auf dem Salzachjoch, auch Brichsnerhöhe genannt, um den Namen des Flusses zu erfahren, der hier entspringt. Er erfuhr ihn als Salza, und so heißt der Fluß Salzach, die Stadt Ruperti Salzburg.

In Reichenhall wird Salz durch Salinen gewonnen. »Nur hochprozentige Quellen sind siedewürdig, sie werden der Saline zugeleitet und dort mit der auf 26 Prozent Salzgehalt angereicherten Berchtesgadener Sole vermischt und versotten.«

Das Berchtesgadener Salz liegt in den Ausläufern des Göll. Die Salzlager ziehen unter dem Dorf Oberau zum Obersalzberg und Faselsberg. »Das Salz entstand hier vor einigen hundert Millionen Jahren durch Eindämmung, Abschnürung und Verdunstung vorzeitlicher Meeresteile. Das Gestein wurde dabei mit Salz durchtränkt; durch Überschiebungen entstanden in der ältesten Triaszeit Zwischenlagerungen im Haselgebirge, das aus Ton, Gips und Salz besteht. Im Durchschnitt beträgt der Salzgehalt dieses Gebirges 50-60 Prozent, ausgenommen ›Kernsalzzüge‹: große, reine Partien von Steinsalz, die heute in sogenannter Schießarbeit abgebaut werden. Im übrigen läßt sich auch mit modernster Technik bei der Salzgewinnung der Umweg über das Zwischenprodukt Sole nicht vermeiden. Typisch für den alpinen Salzbergbau sind die Sinkwerke, die ausgesprengten Kammern von 35 mal 60 mal 2 Metern, in welchen durch Auslaugungsprozeß des salzhaltigen Gesteins Sole gewonnen wird. Daneben wurde ein neues Verfahren entwickelt: das Bohrspülwerk. Aus einem trichterförmigen Bohrloch wird durch einen Schacht die auf 26 Prozent Salzgehalt angereicherte Sole herausgepumpt. Das Volumen des Trichters ist erweiterungsfähig, der Ertrag steigt von 300000 auf eine Million Kubikmeter Sole im Jahr. In Berchtesgaden gibt es etwa 20 Sinkwerke; die Anlage von mehreren Bohrspülwerken ist vorgesehen...

Die Kelten, die aus Südgallien eingewandert waren und sich auf Bronzeguß, Lederarbeit, Keramik und Eisenbearbeitung verstanden, leiteten die Sole über erhitzte Tontafeln, brachten das Wasser zum Verdunsten und kratzten das an den Tafeln haftende Salz mit einem geschliffenen Stein ab; sorgfältig, damit das Salz unter Feuchtigkeit nicht leide, verpackten sie es zum Transport. Ausgangspunkt des Salzhandels war Nonn, früher ›nanna‹ genannt, auf einer Terrasse über dem Reichenhaller Tal gelegen. Der Platz bot Schutz vor Wetter und Feind, vor allem vor Hochwasser. Deshalb führte die Straße, die Salzburg mit Tirol verband, über Nonn; diese Straße war für den Salzhandel wichtig. Ein weiterer Weg lief am nördlichen Saum des Gebirges entlang nach Westen, auch dieser Weg diente frühzeitig dem Salztransport.«

Auch den Römern war das Salz wichtig, ja es gehörte zum Kaiserlichen Krongut, und die Salinen wurden an römische Prokuratoren verpachtet. Der heilige Rupertus, erster Bischof von Salzburg, erhielt vom bayerischen Herzog Theodo Sudpfannen und Salzquellen als Geschenk, und die Karolinger unterstellten das Salzgebiet Hallgrafen wie den Grafen von Plain und Peilstein, während die Erzbischöfe von Salzburg ihr Salz selbst verwalteten.

Aber auch der Medizin ist das Salz dienlich, und so entstand 1846 das Heilbad Reichenhall mit Salinen, Solebädern und Trinkbrunnen. Im Reichenhaller Quellenbau befindet sich die Brunnhauskapelle, eine Stiftung Herzog Albrechts V.

von Bayern, die mit einer ewigen Messe ausgestattet war. Täglich las man dort die Messe für den Fortbestand der Solequellen, doch heute wird nur noch im Sonntagsgottesdienst ein Gebet dafür gesprochen.

Der Salinenbetrieb bedurfte riesiger Mengen Holzes, und als im Jahre 1613 eine neue starke Solequelle in Reichenhall erschlossen wurde, fehlte es an Brennmaterial. Die bayerische Hofkammer legte den Plan für eine Soleleitung nach Traunstein vor, wo es genug Holz gab. Kurfürst Maximilian I. ließ 1615 den Vorschlag überprüfen, den der Hofbaumeister Hans Simon Reifenstuel 1617-1619 in die Tat umsetzte, über eine Strecke von 31 Kilometern. Zweihundert Jahre hat die Leitung funktioniert. Im Dezember 1817 wurde in Anwesenheit des Königs die dritte Soleleitung von Berchtesgaden nach Reichenhall eröffnet. Die Sole stieg von Ilsank zu dem 356 Meter höher gelegenen Söldenköpfl hinauf, und das Pumpwerk Georg von Reichenbachs war ein technisches Wunderwerk der damaligen Zeit, ja sie galt als ›größte Kunstmaschin‹ der Welt. Wir können die hölzernen ›Deichel‹ der Leitung noch auf dem alten Soleleitungsweg über Berchtesgaden in der Ramsau sehen. Hundertfünfzig Jahre später war sie nicht mehr brauchbar und rationell genug; man baute daher eine neue Leitung vom Berchtesgadener Salzbergwerk über Hallturm, Bayerisch Gmain nach Reichenhall. Im November 1961 lief zum ersten Mal die Sole durch die neue Leitung. Das bedeutendste Bergwerk des ›weißen Goldes‹ liegt im Osten von Berchtesgaden am Fuß des Obersalzbergs, in das man einfahren kann. Auf einer Fahrt über zwei Kilometer Länge lernen wir den Sinkwerkbau kennen. In der Eingangshalle werden wir durch Dioramen und eine Beschreibung der Salzgewinnung vorbereitet. Auf einer Rutsche, dem uralten Beförderungsmittel eines Bergwerks, erreichen wir den tiefsten Punkt. Wir sehen die von Georg von Reichenbach entwickelte Wassersäulenhebemaschine, fahren über einen großen Salzsee und gewinnen einen guten Einblick in das Wesen des Salzbergbaus.

Die Bergleute beginnen und beschließen ihren Tagesablauf mit Gebeten. Zur Ausfahrt aus den Stollen sprechen sie: »Himmlischer Vater, gütiger Gott, wir danken Dir, daß Du uns Unwürdige beschützt hast, daß Du uns beigestanden bist mit Deiner göttlichen Gnade, daß wir so glücklich wieder ausfahren konnten. Wir erkennen Deine Güte, die Du uns täglich zuteil werden lässest. Ohne Deinen Segen ist all unser Bemühen umsonst; o segne unsere Arbeit, segne unsern Verdienst, segne unsere Vorgesetzten, segne uns alle. Um dieses bitten wir Dich, durch Jesum den Gekreuzigten, Deinen lieben Sohn, unsern Erlöser. Amen.«

In der Ramsau

Ehe wir, von Berchtesgaden kommend, Ramsau erreichen, beginnt das *Wimbachtal,* das sich zwischen Watzmann und Hochkalter erstreckt. Wie allenthalben in den Alpen, geschehen auch in diesem Gebiet, sonderbare Dinge. So wurde am Eingang zum Wimbachtal ein Haus durch Geisterlärm beunruhigt, ohne daß Bauer und Bäuerin je etwas zu erblicken vermochten. Aber die Kinder sahen von Zeit zu Zeit eine alte Frau durchs Haus gehen. Das entsprach der Überlieferung, die behauptete, es gehe im Haus um, weil die Großmutter, ein neidisches, böses Weib, die Kuh der Nachbarin, die manchmal auf ihrer Weide graste, in eine verlassene Hütte gesperrt und dort hatte verhungern lassen. Der Bauer bat den Pfarrer von Ramsau um Hilfe. Dieser kam eines Abends in das Haus, um sich selbst von dem Spuk zu überzeugen. Er saß lesend in der Stube, als ein schreckliches Krachen erscholl, als ob der Deckenbalken breche, gefolgt von einem Trippeln, als ob tausend Mäuse ihr Unwesen trieben. Der Pfarrer stand auf, ging zum Bauern und forderte ihn auf, mit ihm hinaufzusteigen. Oben aber war nicht das geringste zu sehen oder zu hören, und der geistliche Herr ging, ohne etwas zu unternehmen.

Wir erreichen das Tal durch die enge Klamm. Tief unten

zwischen den Stämmen des Waldes braust und tobt der Bach, stürzen zahllose größere und kleine Wasserfälle von den Fels- wänden. Das Tal selbst ist weit und wüst, überall weißes Geröll in einem sehr breiten Bett – das Gries –, durch das nach Regenfällen die Wassermassen mit unheimlicher Ge- walt herabtosen. Am Ende des Tals schießen die Palfelhörner steil auf. Ziemlich am Talende steht das einstige fürstpröpst- liche Jagdhaus, ein sehr schlichter, uninteressanter Bau. Zur Zeit König Maximilians ii. von Bayern wurde im Wimbach- tal viel gejagt.

Durch die Ramsauklamm, durchrauscht von der Ache, gelangen wir dann in das frische, grüne Hochtal und zum Dorf *Ramsau* unter den grauen Wänden von Watzmann, Hochkalter, Reiteralpe und Lattengebirge, auf denen der Schnee funkelt, während sich unten grüne Wiesen mit präch- tigen Bergahornen breiten. Gleich an der Straße steht die Pfarrkirche Sankt Fabian und Sankt Sebastian, ein wohlpro- portionierter Bau, den Fürstpropst Gregor Rainer 1512 er- richten ließ. Er erhielt 1611 ein Kreuzrippengewölbe und 1697 wurde er nach Westen verlängert. Um 1700 baute man den Turm, fügte man den Ölberg außen hinzu. Es ist ein einschiffiger Bau, dessen gotische Fenster nur über der Orgel- empore erhalten sind. 1680 erhielt die Kirche den Hochaltar (1746 Neufassung) mit einer Darstellung des Martyriums Sebastians. Im Auszug befindet sich das Bild des Heiligen Georg, seitlich davon Engel und unten die Heiligen Rochus und Wendelin. Die beiden Seitenaltäre arbeitete Christoph Datz 1745. Der rechte ist mit dem Bild des Heiligen Lauren- tius, im Auszug der Heiligen Margarethe, der links mit dem der Muttergottes und der Heiligen Barbara geschmückt. Die beiden Altäre im westlichen Anbau stammen aus dem Jahr 1699 und enthalten sehr gute Reliefmedaillons des 18. Jahr- hunderts, Anna selbdritt und Krönung Mariae. Wahrschein- lich aus der ersten Kirchenausstattung stammen die ausge- zeichneten, gefaßten Holzfiguren der zwölf Apostel und des Erlösers an der Westemporenbrüstung. Von hier kommt man über den Kalvarienberg zur Wallfahrtskirche Maria Kunterweg, die wir bereits besprochen haben.

Von Ramsau ist es nicht weit zum *Hintersee,* einer lieblichen Landschaft. Unter der Reiteralpe blinkt der Spiegel des Sees, umgeben von Wiesen und Wäldern wie dem ›Zauberwald‹, durch den die Ramsauer Ache sich ihren Weg ins Tal sucht. Einst war der See viel größer; jetzt macht er den Eindruck eines großen, klaren, im Waldgrund eingebetteten Moorsees, dessen Wasser am Ufer rötlich und gelblich gefärbt erscheinen, bedeckt von Binsen, Schilf und Wasserrosen. Draußen ist der See tiefgrün, in seiner Flut spiegeln sich der Hochkalter, Wolken und Wälder.

Gegründet und gewachsen im Sinn frommer Stifter, sich im Streit zwischen kaiserlicher und päpstlicher Macht behauptend, haben das große Stift Salzburg und das kleine Stift Berchtesgaden mit der Auflösung des Heiligen Römischen Reichs Deutscher Nation aufgehört zu bestehen. Wir nehmen Abschied von den schönen Ländern, die wir bereits durchstreift haben, von ihren einstigen Herren, den Salzburger Erzbischöfen im Purpur, den Berchtesgadener Fürstpröpsten im veilchenblauen Talar.

Die Schönheiten des Salzburger und Berchtesgadener Landes können neben den berühmtesten Stätten der Welt bestehen und zugleich im kleinsten Dorf begriffen werden. Schauen, immer wieder schauen müssen wir, um die Schönheit des Landes aufzunehmen. Das bringt uns Freude und Einsicht in die Kunst, das Leben und Wirken seiner Bewohner.

ANHANG

Verzeichnis und Nachweis
der Abbildungen

Autor und Verlag danken allen Museen, Sammlungen und Bibliotheken für die entgegenkommende Unterstützung bei der Suche von Bildvorlagen und die freundliche Erteilung von Abdruckgenehmigungen. Besonderer Dank für wiederholt in Anspruch genommene wertvolle Hilfe gebührt dabei Herrn Dr. Albin Rohrmoser und seiner Mitarbeiterin, Frau Irene Dürnberger, vom Salzburger Museum Carolino-Augusteum, Herrn Ernst Pflügl von der Residenzgalerie Salzburg, den Herren der Galerie Welz in Salzburg sowie Herrn Hans Aumüller von der Bayerischen Staatsbibliothek in München. Fotovorlagen, die im folgenden Verzeichnis nicht eigens nachgewiesen sind, wurden von den betreffenden Instituten angefertigt und zur Verfügung gestellt.

Farbtafeln

Einfarbige Abbildungen

Bildteil STADT SALZBURG Seite 49–56

Den Abdruck von drei Strophen des Gedichtes ›Gang im Gewitter‹ von Carl Zuckmayer auf Seite 132 gestattete freundlicherweise der Verlag S. Fischer in Frankfurt am Main.

Verzeichnis der benutzten Literatur

Arnold, Carl Franklin: *Die Vertreibung der Salzburger Protestanten und ihre Aufnahme bei den Glaubensgenossen*. Leipzig 1900.

Biehn, Heinz: *Große Welt reist ins Bad*. München 1960.

Breitner, Anton: *Juvaviae Rudera. Römische Fundstätten im Salzburger Flachgau*. Leipzig-Reudnitz 1898.

Brettenthaler, Josef: *Das Salzburger Sagenbuch*. Zweite Auflage, Salzburg 1969.

Bühler, Adolf: *Salzburg und seine Fürsten*. Bad Reichenhall 1910.

Clarus, Ludwig (pseud. für Wilhelm Volk): *Die Auswanderung der protestantisch gesinnten Salzburger in den Jahren 1731 und 1732*. Innsbruck 1864.

Decker, Michael: *Meinrad Guggenbichler*. Wien 1949.

Dehio-Handbuch: *Die Kunstdenkmäler Österreichs, Salzburg Stadt und Land*. Wien 1963.

Füglein, Hygin: *Joseph Konrad, der letzte Fürstpropst von Berchtesgaden*. Berchtesgaden 1903.

Hager, Franziska und Heyn, Hans: *Drudenhax und Allelujawasser, Volksbrauch im Jahreslauf*. Rosenheim 1975.

Handbuch der Historischen Stätten Österreichs, Band 2. Stuttgart 1966.

Herm, Gerhard: *Die Kelten. Das Volk, das aus dem Dunkel kam*. München 1976.

Heydecker, Joe Julius: *Kronprinz Rupprecht von Bayern. Ein Lebensbild*. München 1953.

Hinterseer, Sebastian: *Gastein und seine Geschichte*. Bad Gastein 1965.

Hirn, Ferdinand: *Tirols Erhebung im Jahre 1809*. Innsbruck 1909.

Kirche des hl. Hippolyt, Zell am See. Zell am See 1975.

Koch-Sternfeld, Josef Ernst von: *Geschichte des Fürstenthums Berchtesgaden und seiner Salzwerke*. München 1861.

Koch-Sternfeld, Josef Ernst von: *Die Gründung und die wichtigeren geschichtlichen Momente des ehemaligen fürstl. Reichsstifts und heutigen Fürstenthums Berchtesgaden...* München 1861.

Kolb, Annette: *Festspieltage in Salzburg*. Amsterdam 1937.

Kriß-Rettenbeck, Lenz: *Das Berchtesgadener Weihnachtsschießen und verwandte Bräuche*. Wien 1941.

Kürsinger, Ignaz: *Der Groß-Venediger in der norischen Central-Alpenkette, seine erste Ersteigung am 3.Sept. 1841*. Innsbruck 1843.

MacGarvie, Michael: *Francis Joseph I. A study in monarchy*. London 1966.

Martin, Franz: *Berchtesgaden. Die Fürstpropstei der Regulierten Chorherren (1102-1803)*. Augsburg 1923.

Martin, Franz: *Das Berchtesgadener Land*. Wien 1922.

Martin, Franz: *Kleine Landesgeschichte von Salzburg*. Salzburg 1971.

Martin, Franz: *Salzburgs Fürsten in der Barockzeit 1587-1812.* Salzburg 1952.

Mayr, Josef Karl: *Die Emigration der Salzburger Protestanten von 1731/1732. Das Spiel der politischen Kräfte.* Salzburg 1931, (zugleich: *Mitteilungen der Gesellschaft für Salzburger Landeskunde,* Band 69-71, 1929-1931).

Moy, Johannes Graf von: »Die historischen und soziologischen Grundlagen der Salzburger Schlösserkultur« in: *Mitteilungen der Gesellschaft für Salzburger Landeskunde,* Band 107/1967.

Moy, Johann Graf von: »Beiträge zur Geschichte des ›Neubaus‹ in Salzburg« in: *Mitteilungen der Gesellschaft für Salzburger Landeskunde,* Band 109/1969.

Ohlenschlager, Otto: *Der Königssee und seine Berge.* Berchtesgaden 1920.

Paumgartner, Bernhard: *Salzburg.* Salzburg 1966.

Reclam-Kunstführer: *Österreich II.* Stuttgart 1961.

Röhrig, Floridus: *Alte Stifte in Österreich.* Band II, Wien 1967.

Roth, Gertrud: *Die gefürstete Propstei Berchtesgaden in der Zeit ihres letzten gefürsteten Propstes: 1780-1803.* München 1939.

Roth, Hans: *Gordian Guckh. Leben und Werk eines Laufener Malers um 1500.* Freilassing 1969.

Schreiber, H.: *Salzburg und Salzburger Land.* Bern 1975.

Schwaighofer, P.: *Straßwalchen, Irrsdorf.* Salzburger Kunststätten Heft 44. Salzburg 1963.

Schwarz, Erika und Baumann, Ernst: *Berchtesgaden, Land im Gebirge.* Freilassing 1967.

Sedlmayr, Hans: *Johann Bernhard Fischer von Erlach.* Wien–München 1956.

Spaur, Friedrich Graf von: *Salzburger Spaziergänge.* Salzburg 1834.

Srbik, Heinrich Ritter von: *Studien zur Geschichte des österreichischen Salzwesens.* Innsbruck 1917.

Stadler, Georg: *Wallfahrtsort Maria Ruhe.* Salzburg o. J.

Wackernagel, Hans Georg: *Altes Volkstum der Schweiz. Gesammelte Schriften zur historischen Volkskunde.* Basel 1956.

Westrum, G.: *Studien zu Orangerien des Barock im Hl. Römischen Reich 1648-1806.* Phil. Diss. (Masch., ungedr.) Salzburg 1974.

Wopfner, Hermann: *Bergbauernbuch. Von Arbeit und Leben des Tiroler Bergbauern in Vergangenheit und Gegenwart.* Innsbruck–Wien–München 1951-1960.

Zimburg, Heinrich von: »Gasteinerische Chronika 1540« in: *Mitteilungen der Gesellschaft für Salzburger Landeskunde,* Band 81/1941.

Zimmer, Heinrich (u. a.): *Die romanischen Literaturen und Sprachen mit Einschluß des Keltischen.* Teil I, 11. Abteilung des Sammelwerks: *Die Kultur der Gegenwart. Ihre Entwicklung und ihre Ziele.* Leipzig 1909.

Register